UTB
FÜR WISSEN
SCHAFT

Eine Arbeitsgemeinschaft der Verlage

Wilhelm Fink Verlag München
Gustav Fischer Verlag Jena und Stuttgart
A. Francke Verlag Tübingen und Basel
Paul Haupt Verlag Bern · Stuttgart · Wien
Hüthig Fachverlage Heidelberg
Leske Verlag + Budrich GmbH Opladen
Lucius & Lucius Verlagsgesellschaft Stuttgart
J. C. B. Mohr (Paul Siebeck) Tübingen
Quelle & Meyer Verlag · Wiesbaden
Ernst Reinhardt Verlag München und Basel
Schäffer-Poeschel Verlag · Stuttgart
Ferdinand Schöningh Verlag Paderborn · München · Wien · Zürich
Eugen Ulmer Verlag Stuttgart
Vandenhoeck & Ruprecht in Göttingen und Zürich

Arbeitsbuch: Literaturwissenschaft

Herausgegeben von

Thomas Eicher und Volker Wiemann

Ferdinand Schöningh

Paderborn · München · Wien · Zürich

Die Deutsche Bibliothek – CIP-Einheitsaufnahme

Arbeitsbuch: Literaturwissenschaft / hrsg. von Thomas Eicher
und Volker Wiemann. – Paderborn; München; Wien; Zürich:
Schöningh, 1996
  (UTB für Wissenschaft: Uni-Taschenbücher; 8124: Große Reihe)
  ISBN 3-8252-8124-8 (UTB)
  ISBN 3-506-98507-8 (Schöningh)
NE: Eicher, Thomas [Hrsg.]; UTB für Wissenschaft /
  Uni-Taschenbücher

Gedruckt auf umweltfreundlichem, chlorfrei gebleichtem
und alterungsbeständigem Papier ∞ ISO 9706

© 1996 Ferdinand Schöningh, Paderborn
(Verlag Ferdinand Schöningh GmbH, Jühenplatz 1, D-33098 Paderborn)
ISBN 3-506-98507-8

Printed in Germany.
Herstellung: Ferdinand Schöningh, Paderborn
Einbandgestaltung: Alfred Krugmann, Freiberg am Neckar

UTB-Bestellnummer: ISBN 3-8252-8124-8

Inhalt

Vorwort

„Keinem Buche ist ein Vorwort nötiger, als gegenwärtigem", läßt E.T.A. Hoffmann den Herausgeber seiner „Lebens-Ansichten des Katers Murr" formulieren. In dieser Exklusivität kann das nachstehende Vorwort natürlich nicht auftreten; es würde dem vorliegenden Arbeitsbuch vielmehr als Defizit angerechnet werden, wollte man dem Vorwort eine so große Bedeutung für das Verständnis zumessen. Dennoch empfehlen wir den Benutzern dieses Buches, mit der Lektüre bereits an dieser Stelle zu beginnen.

Unsere anvisierte Leserschaft läßt sich zumindest in zwei Gruppen aufteilen: Studierende und Dozenten der Literaturwissenschaft. Darum muß auch das Vorwort zwei Teilbereiche abdecken. Zum einen gibt es Hinweise für die Benutzung, die den Charakter einer Gebrauchsanweisung haben, zum anderen soll es unser Vorgehen – ansatzweise – methodisch begründen.

Ein markantes Kennzeichen unseres Arbeitsbuchs sind die Marginalien, die dem laufenden Text auf der Außenseite des Blattes beigegeben sind. Sie haben eine strukturierende Funktion innerhalb der einzelnen Kapitel und ermöglichen eine Vernetzung der thematischen Teilbereiche untereinander.

Umrandet sind Definitionen und Kernsätze.

> So sehen Definitionen und Kernsätze aus.

Kursiv gedruckt sind Verweise auf Begriffe, die an anderer Stelle bereits eingeführt wurden. Diese Verweise ersetzen einen Index. Sie werden durch eine Liste von „Vokabeln für die Textanalyse" ergänzt, die sich am Ende des Buches befindet.

Layout vgl. S.1

Auf Beispiele, die der Erläuterung des Dargestellten dienen, wird am Rand noch einmal hingewiesen.

Beispiel

Alles andere sind thematische Stichworte, die nicht zuletzt untergliedernden Charakter haben.

Thematisches Stichwort

„Einführungen in die Literaturwissenschaft" gibt es viele. Ihre unterschiedlichen Konzeptionen sind, selbst wenn sie im Rahmen curricularer Vorgaben abgehalten werden, bestimmt von individuellen Vorlieben, Überzeugungen, Schwerpunktsetzungen, aber vor allem Ergebnis einschlägiger Erfahrungen.

Von der „Einführung" zum Arbeitsbuch

Auch das vorliegende Buch ist aufgrund zahlreicher Einführungsveranstaltungen der Herausgeber entstanden, die sich im übrigen ihren Lehrern und Kollegen für vielfältige Materialien, Tips und Anregungen zu Dank verpflichtet fühlen. Darüber hinaus ist eine Vorfassung dieses Arbeitsbuches bereits während zweier Semester in unseren Seminaren eingesetzt und anhand der Rückmeldungen von Studierenden überarbeitet worden, die wir ebenfalls dankbar entgegengenommen haben.

Ein Arbeitsbuch, das hauptsächlich der Einführung in die Literaturwissenschaft dient, kann und soll inhaltlich kaum Innovatives bieten, hat es doch die Grundsteine für ein Studium zu legen, dessen wissenschaftliche Tätigkeiten bereits institutionalisiert sind. Ihr eigentliches Innovationspotential liegt in der didaktischen Aufbereitung, Selektion und Präsentation, einer stetig anwachsenden Fülle literaturwissenschaftlichen Grundlagenwissens. Gemäß dieser Überzeugung wurde dieses Buch nach den folgenden drei Maximen konzipiert:

Maximen der Konzeption des Arbeitsbuches

(1) Quellen, d.h. theoretische Texte, auf denen unsere Darstellungen beruhen, werden, so oft wie möglich, im Original und in der gebotenen Ausführlichkeit zitiert, um den Studierenden einen authentischen Eindruck von ihrer – nicht zuletzt sprachlichen – Komplexität zu vermitteln. Eine Demonstration von Kontextwissen, das sich normalerweise in wissenschaftlichen Arbeiten durch indirekte Zitate vermittelt, wird bewußt vermieden, die Anzahl der verwendeten Forschungstitel – der Übersichtlichkeit halber – so gering wie möglich gehalten. Dementsprechend gering fällt auch die Menge der an jedem Kapitelende aufgelisteten weiterführenden Literaturhinweise aus. Sie verweisen zudem in der Regel nicht auf ganze Bücher, sondern – spezifischer – auf einzelne Abschnitte in Monographien oder auf Aufsätze in Zeitschriften und Sammelbänden.

(2) Arbeitsaufgaben und literarische Beispieltexte geben Anregungen zur Vertiefung der theoretischen Darstellungen anhand praktischer wissenschaftlicher Arbeit. Zum Selbststudium eignet sich das Buch für alle diejenigen nur mit Einschränkungen, die Antworten auf die Arbeitsaufgaben vermissen. Diese sind eher konzipiert als Grundlage des Seminargesprächs. Als Einengung des didaktischen Handlungsspielraums mögen diese Aufgaben nicht verstanden werden. Ihre Erweiterung und (Um-)Akzentuierung liegt in der Hand von Seminarleitung und -teilnehmerschaft.

(3) Die optische Gestaltung durch ein benutzerorientiertes Layout halten wir für ein bisher zu wenig beachtetes Deside-

rat für die ‚Macher' von hochschuldidaktischen Werken. Was
in Schulbüchern längst erprobt ist, sollte auch für den nächst-
höheren Bildungsabschnitt eingesetzt werden. Unsere Marginalien sind ein Versuch in dieser Richtung. Die sukzessive
Lektüre des Arbeitsbuches ist die beste Voraussetzung für eine
effektive Arbeit mit den Marginalien, insbesondere mit den ter-
minologischen Querverweisen. Für Benutzer, die lediglich
etwas nachschlagen wollen, empfiehlt sich neben der Durch-
sicht des Inhaltsverzeichnisses ein Blick auf die „Vokabeln für
die Textanalyse" am Ende des Buches. Ein Glossar, wie es sich
einige studentische Kritiker unserer Arbeit gewünscht haben,
wurde bewußt nicht in Betracht gezogen. Auf einfache For-
meln möchten wir unsere Ausführungen, die im wesentlichen
auf Operationalisierbarkeit abzielen, nicht bringen.

Methodisch folgt dieses Arbeitsbuch den Grundsätzen
einer semiotisch-strukturalen Literaturwissenschaft. Dies geschieht aus mehreren Gründen. Zum einen haben wir die Erfahrung gemacht, daß Studienanfänger zu einem großen Teil
relativ gut darin geübt sind, ideologiekritische und/oder psy-
chologisierende Aussagen über Texte zu treffen. Routine und
Präzision im Umgang mit textuellen Strukturen müssen dagegen anscheinend mit mehr Mühe erworben werden. Die semiotisch-strukturalen Methoden in ihren hier vorgestellten
Spielarten bieten u.E. die Möglichkeit, bereits erworbene
Fähigkeiten mit den Erfordernissen einer modernen Wissenschaftsdisziplin zu verbinden. So vermittelt unser Arbeitsbuch
operationalisiertes Grundlagenwissen in der Absicht, zunächst
eine Basis zu schaffen, von der aus avanciertere Theorien erst
verstehbar werden. Dabei wird einerseits der Versuch gemacht, traditionelle Ansätze und Begrifflichkeiten zu integrieren, andererseits aber auch das eigene Vorgehen abschließend
(in den Kapiteln 5. und 6.) auf einer Metaebene in größere systematische Zusammenhänge der literaturwissenschaftlichen
Arbeit einzubetten.

Für den Seminarverlauf erscheint es uns durchaus als prak-
tikabel, selektiv eigene Schwerpunkte zu setzen. Die einzelnen
Beiträge dieses Bandes sind gleichwohl nicht wahllos als ein
Potpourri zusammengestellt, sondern bauen aufeinander auf.
Nach der Vergewisserung des Gegenstandsbereiches stellen
wir ein grundlegendes metasprachliches Instrumentarium der
Textanalyse vor, das dann an Lyrik, Erzähltexten und Dramen
gleichermaßen fundiert und weiterentwickelt wird. Begleiten-
de Arbeitsaufgaben machen das Prinzip der Operationalisierbarkeit erworbener Begrifflichkeiten stets deutlich. Dies de-

> Warum Semiotik/
> Strukturalismus?

> Seminarverlauf und
> Arbeitsbuchgliederung

monstriert besonders intensiv Kapitel 4., das sich mit der Analyse von Dramen beschäftigt. Hier bauen die Arbeitsaufgaben derart aufeinander auf, daß ihre systematische Beantwortung Grundstein für erste Proseminararbeiten sein kann. Wir erhoffen uns hiervon eine Erleichterung des doch oft großen Schrittes von der bloßen Kenntnis eines literaturwissenschaftlichen Instrumentariums hin zu seiner praktischen Handhabung. Kapitel 5. liefert schließlich eine Klärung der verschiedenen Interpretationsbegriffe einzelner wissenschaftlicher Schulen mit dem Ziel, nicht nur eine Einordnung der in diesem Arbeitsbuch praktizierten Methoden zu ermöglichen, sondern auch die Erfahrungen, die Studienanfänger mit literaturwissenschaftlichen Vorgehensweisen ja immer bereits gemacht haben, zu systematisieren. Den Abschluß bildet eine Metareflexion verschiedener neuerer interpretationskritischer Positionen, die nicht zuletzt dazu anregen will, hier eigene Interessensschwerpunkte – eventuell auch im Anschluß an ein Einführungsseminar – weiterzuverfolgen.

Zwischen literaturwissenschaftlichen Grundlagen und neueren Theoriemodellen

Hinter die Diskussionen von Radikalem Konstruktivismus, Empirischer Literaturwissenschaft oder Poststrukturalismus fallen strukturalistische Denkmodelle – wissenschaftsgeschichtlich – naturgemäß zurück. Unser Arbeitsbuch soll aber nicht nur die Anschließbarkeit aktueller Theoriediskussion gewährleisten, sie muß auch an schulisches (Vor-)Wissen anknüpfen. Aus diesem Grunde folgen wir in der Gliederung des analytischen Kernbereichs unseres Arbeitsbuches der traditionellen Gattungstrias. Wir sind uns dabei durchaus der Infragestellungen bewußt, die immer wieder mit Recht gegen sie vorgebracht wurden und werden. Für Studienanfänger sind solche Bedenken zunächst wenig hilfreich, münden sie doch nicht selten – noch fundamentaler – in eine Verabschiedung des Literaturbegriffs selbst. Gratwanderungen auf Wegen möglicher Rubrizierungen deuten sich hier an, die nicht vorab schon entschärft werden können. Sie wollen vielmehr – lesend und diskutierend – beschritten werden, immer dem Leitfaden folgend, den dieses Buch zur Einführung bereithält.

Dortmund, im März 1996   Thomas Eicher
                                                          Volker Wiemann

1. Einige Grundbegriffe der Textanalyse

von Volker Wiemann

1.1 Was ist Literatur?

Jede Wissenschaft, also auch die Literaturwissenschaft, tut gut daran, sich zunächst ihres Gegenstandsbereiches zu versichern. Zu Beginn unserer Überlegungen steht damit die Frage: Was ist Literatur? Eine mögliche Definition gibt Gero von Wilpert in seinem „Sachwörterbuch der Literatur": **„Literatur** (lat. *literatura* = Buchstabenschrift), ‚Schrifttum', dem Wortsinn nach der gesamte Bestand an Schriftwerken jeder Art" (v. Wilpert 1979, 463). Umgangssprachlich ist dieser weite Literaturbegriff jedoch nicht geläufig. Wir sind in der Regel nicht bereit, den Beipackzettel einer Medikamentenschachtel als Literatur anzusehen, ebensowenig einen Lexikonartikel oder die Waren-Beschreibungen in einem Versandhaus-Prospekt. Am ehesten noch käme der Lexikonartikel unserem umgangssprachlichen Literaturverständnis nahe. Wir sprechen dann von Sachliteratur, die von der sogenannten schönen Literatur abgegrenzt wird, wie es etwa in den wöchentlichen Bestseller-Listen des „Spiegel" getan wird. Auch von Wilpert schließt sich dieser Meinung an und folgert daraus für die Literaturwissenschaft, daß ihr Gegenstandsbereich eben die Belletristik, die ‚schöne' Literatur, sei.

Belletristik

Damit ist nun zwar die Quantität der möglichen Untersuchungsgegenstände etwas eingegrenzt worden, eine qualitative Bestimmung aber noch längst nicht gegeben. Im Anschluß an die oben gestellte Frage müßten wir nun weiter fragen, was ‚schöne' Literatur ausmacht und was sie von anderem Schrifttum unterscheidet. Da es sich hierbei natürlich um eine der zentralen Fragen dieser Disziplin handelt und sich die Literaturwissenschaft in eine Vielzahl von Denkansätzen und Schulen ausdifferenziert hat, verwundert es nicht, daß eine Unmenge Antworten auf diese Fragen gegeben wurde. Wir wollen im folgenden einige dieser Ansätze anhand der Ausführungen des englischen Literaturwissenschaftlers Terry Eagleton vorstellen.

1.1.1 Literatur als imaginierendes Schreiben

Der erste Ansatz, den Eagleton referiert, ist gleichzeitig einer
der ältesten. Auf ihm beruht im wesentlichen auch die Schei-
dung in Belletristik und Sachliteratur oder, um eine andere
Begrifflichkeit aufzugreifen, in fiktionale und nicht-fiktionale
Literatur. „Man kann sie [die Literatur] als ‚imaginatives‘
Schreiben im Sinne von ‚Fiktion‘ definieren – als ein Schreiben, das nicht im wörtlichen Sinne wahr ist." (Eagleton
1992, 1)

*Fiktionale vs.
nicht-fiktionale Literatur* (margin note)

Sicherlich benennt diese Definition eine wichtige Eigenschaft von Literatur. Ihre Faszination beruht häufig darauf,
daß Dinge geschehen, wie sie uns im alltäglichen Leben nicht
widerfahren, oder daß Personen auftauchen mit Eigenschaften, von denen wir träumen. Viele literarische Werke, so können wir etwas verallgemeinernd formulieren, präsentieren
Wirklichkeitsentwürfe und wollen nichts weniger sein als eine
genaue Abbildung der Wirklichkeit. Heute werden Vorstellungen von schönerem oder besserem Leben zwar weitestge-
hend in den Bereich der *Trivialliteratur* verwiesen, doch gibt
es auch in der ‚hohen‘ (Kunst-) Literatur hierfür eine lange
Tradition.

Demgegenüber jedoch existiert auch schon eine beachtliche Tradition für Texte, die sich in keiner Weise als imagi-
nativ verstehen. Ein Beispiel wäre das Schauspiel „Die Ermittlung" von Peter Weiss, das die Auschwitz-Thematik
behandelt und dabei unter anderem auf die Gerichtsproto-
kolle der Prozesse gegen die Massenmörder zurückgreift.
Auch das Buch „Abschied von Sidonie" des Österreichers
Erich Hackl, das die authentische Geschichte des damals
so genannten „Zigeuner-Waisenkindes" Sidonie im Öster-
reich der dreißiger Jahre beschreibt, könnte nicht als Literatur im oben verstandenen Sinne betrachtet werden.
Selbst Reisebeschreibungen gehörten dann nicht zur Literatur. Ende des letzten Jahrhunderts, als diese These noch
populärer war als heute, wurden die Bücher Karl Mays
konsequenterweise erst in dem Augenblick zu Literatur,
als ihrem Verfasser nachgewiesen wurde, daß er die Orte
nie bereist hatte, von denen er berichtete. Wir sehen aber
gerade an diesem Beispiel, daß es der literarischen Praxis
nicht gerecht wird, nur imaginative Texte als Literatur zu
betrachten und daß diese These uns deshalb nicht genügen
kann. Wir werden auf sie jedoch noch einmal zu sprechen
kommen.

*Fiktionalität
vgl. S. 81* (margin note)

Arbeitsaufgabe:

(1) Suchen Sie nach weiteren Beispielen für Texte, die nach der Definition, literarische Texte seien als Imagination zu betrachten, keine Literatur wären.

1.1.2 Literatur als nicht-pragmatischer Diskurs

Besonders in der zweiten Hälfte des neunzehnten Jahrhunderts entstanden Werke, die sich zunehmend der Realität zuwandten und sich der Fiktion zu entziehen trachteten. Gleichsam im Gegenzug erstarkte in der „l'art pour l'art"-Bewegung eine Tendenz, die die radikale Umsetzung eines Literaturverständnisses darstellte, das Eagleton wie folgt beschreibt.

Wenn ein Dichter uns sagt, daß seine Liebe wie eine rote Rose ist, schließen wir aus der Tatsache, daß er diese Aussage in einem bestimmten Metrum macht, daß nun nicht die Frage von uns erwartet wird, ob er wirklich eine Geliebte hatte, die für ihn aus irgendeinem bizarren Grund wirklich einer Rose ähnlich zu sehen schien. Er sagt uns etwas über Frauen und Liebe im allgemeinen. ‚Literatur', könnten wir also sagen, ist ‚nicht-pragmatischer' Diskurs: Ungleich Biologie-Lehrbüchern und Zetteln für den Zeitungsboten erfüllt sie keinen unmittelbaren praktischen Zweck, sondern soll als etwas aufgefaßt werden, was auf den allgemeinen Zustand der Welt verweist. (Eagleton 1992, 8)

Literatur als nicht-pragmatischer Diskurs

Literatur in diesem Sinne will keine direkten Handlungsanweisungen formulieren etwa wie jemand, der sagt: „Bitte schließe das Fenster." Bei dieser Aufforderung handelt es sich um pragmatischen Diskurs, der Literatur eben nicht sei. Auch dieser Ansatz trifft auf viele literarische Texte durchaus zu. Wenn Conrad Ferdinand Meyer im folgenden Gedicht einen Brunnen beschreibt, wäre es absurd anzunehmen, dieser Text sei unmittelbar an einen Zweck gebunden. Der Text gibt lediglich eine kurze Beobachtung, eine Momentaufnahme wieder. Dabei verweist er jedoch in gleicher Weise wie „auf den allgemeinen Zustand der Welt" auf seine eigene sprachliche Qualität.

CONRAD FERDINAND MEYER: Der Römische Brunnen

Beispiel

Aufsteigt der Strahl und fallend gießt
Er voll der Marmorschale Rund,
Die, sich verschleiernd, überfließt
In einer zweiten Schale Grund;

Die zweite gibt, sie wird zu reich,
Der dritten wallend ihre Flut,
Und jede nimmt und gibt zugleich
Und strömt und ruht.

Es fiele sicher nicht schwer, viele weitere Beispiele für literarische Texte wie diesen zu finden, die die genannte These, Literatur sei nicht-pragmatischer Diskurs, unterstützen würden. An Gegenbeispielen wird jedoch deutlich, daß es sich eher um ein Postulat als um eine Definition handelt. Das folgende Lied von Bertolt Brecht etwa gibt eine sehr konkrete Handlungsaufforderung.

Beispiel:
Literatur als pragmatischer Diskurs

Aus: BERTOLT BRECHT: Einheitsfrontlied

[...]
Und weil der Mensch ein Mensch ist
Hat er Stiefel im Gesicht nicht gern.
Er will unter sich keinen Sklaven sehn
Und über sich keinen Herrn.
    Drum links, zwei, drei!
    Drum links, zwei, drei!
    Wo dein Platz, Genosse, ist!
    Reih dich ein in die Arbeitereinheitsfront
    Weil du auch ein Arbeiter bist.
[...]

Wir sehen hier aber auch die politische Implikation dieses Postulates, denn eine Literatur, die nur Zustände beschreibt, erscheint sehr gut dazu geeignet, diese Zustände zu konservieren.

Arbeitsaufgaben:

(2) Sammeln Sie Texte, die dem Verständnis von Literatur als nicht-pragmatischem Diskurs entsprechen.
(3) Kennen Sie Beispiele für Literatur, die doch direkte Handlungsanweisungen gibt?

1.1.3 Literatur als besondere Art der Sprachverwendung

Russischer Formalismus

Auf Anhieb scheinen die beiden oben zitierten Gedichte jene Vorstellungen zu bestätigen, die in den zwanziger Jahren dieses Jahrhunderts die sogenannten russischen Formalisten entwickelt haben. Stellvertretend seien hier die Namen Viktor

Sklovskij, Roman Jakobson und Jurij Tynjanov genannt. Sie verstanden Literatur als eine spezifische Art der Sprachverwendung und bemühten sich, die Erkenntnisse der Linguistik für die Beschäftigung mit Literatur fruchtbar zu machen. Eagleton schreibt über die Formalisten:

[Sie] lenkten mit praktischem, wissenschaftlichem Geist die Aufmerksamkeit auf die materielle Seite des literarischen Textes. Literaturwissenschaft und Kritik sollten die Kunst vom Geheimnisvollen, Mysteriösen trennen und sich damit befassen, wie der literarische Text wirklich funktioniert: Literatur sei keine Pseudo-Religion, Psychologie oder Soziologie, sondern eine spezifische sprachliche Struktur. Sie hat ihre eigenen, speziellen Gesetze, Strukturen und Verfahren, die als solche untersucht und nicht auf etwas anderes reduziert werden sollten. Das literarische Werk ist weder ein Transportmittel für Ideen noch die Widerspiegelung der sozialen Realität oder die Verkörperung einer transzendentalen Wahrheit: es ist ein materielles Faktum, dessen Funktionen analysiert werden können, so ähnlich, wie wenn man eine Maschine untersucht. Es besteht aus Wörtern, nicht aus Objekten oder Gefühlen, und es ist ein Fehler, den Ausdruck des Denkens eines Autors oder einer Autorin darin zu sehen. (Eagleton 1992, 3)

Die Auffassungen der Formalisten bargen eine Menge Zündstoff und brachten ihnen Anfeindungen von vielen Seiten ein. Während eine eher bürgerliche Literaturkritik vehement ihre bisherige Praxis verteidigte, die Betrachtung von Literatur als die Beschäftigung mit dem Geist großer Dichter (und weniger Dichterinnen) zu betreiben, griffen einige sozialistische Kritiker die Idee an, man könne Literatur unabhängig von den sie umgebenden sozialen Umständen definieren. Wenn sich auch die radikal ahistorische Vorgehensweise mancher Formalisten nicht als haltbar erwies, so gilt es jedoch anzuerkennen, daß ihre Thesen der wissenschaftlichen Beschäftigung mit Literatur entscheidende neue Impulse verliehen. Sie leiteten eine Bewegung ein, die die Aufmerksamkeit auf den Text und seine Strukturen lenkte und die nicht mehr auf der Suche nach Wahrheiten jenseits des Textes war. Damit aber legten sie den Grundstein für eine rationalistische Literaturtheorie, wie wir sie im Laufe dieses Kurses vorstellen werden.

Strukturorientierte Interpretation vgl. S. 170-174

Rationalistische Literaturtheorie vgl. S. 31-33

Arbeitsaufgabe:

(4) Sammeln Sie Belege für Verfahren, die Sie als typisch für Literatur empfinden.

1.1.4 Literatur als Einstellung gegenüber Texten

Gegen das Bestreben, das Besondere der Literatur am Text festzumachen, hat sich seit den sechziger Jahren eine Forschungsrichtung etabliert, die den Leser in den Mittelpunkt des Interesses rückt. Für ihre radikalsten Vertreter liegt es ganz im Ermessen des einzelnen, ob er etwas als Literatur liest, die Natur des Geschriebenen spielt keine Rolle.

In diesem Sinne kann Literatur weniger als eine inhärente Eigenschaft oder eine Reihe von Eigenschaften aufgefaßt werden, die sich in bestimmten Texten von Beowulf bis Virginia Woolf entfalten, als vielmehr eine Reihe von Einstellungen des Menschen gegenüber Texten. Es wäre nicht leicht, aus all dem, was zu verschiedenen Zeiten ,Literatur‘ genannt wird, ein konstantes Muster inhärenter Merkmale zu isolieren. Tatsächlich wäre dies so unmöglich wie der Versuch, das allen anvisierten Objekten gemeinsame Unterscheidungsmerkmal zu identifizieren. So etwas wie ein ,Wesen‘ der Literatur gibt es schlichtweg nicht. (Eagleton 1992, 10)

Rezeptionsästhetik
vgl. S. 116-122

Gewiß stellte es eine notwendige Ergänzung für die Literaturwissenschaft dar, der Rezeption von Literatur und damit auch dem Leser stärkere Aufmerksamkeit zukommen zu lassen und ihn somit als Größe im literarischen Kommunikationsprozeß anzuerkennen. Seine Wahlmöglichkeiten, etwas als Literatur zu lesen oder nicht, sind jedoch nicht so groß, wie es auf den ersten Blick erscheinen mag.

1.1.5 Literatur als gesellschaftliche Größe

Genau diesem Phänomen wendet sich die letzte von Eagleton vorgestellte Definition zu. Sie betrachtet Literatur als eine gesellschaftliche Größe. Literatur sei das, was in einer konkreten Gesellschaft zu einem konkreten historischen Zeitpunkt als eine angesehene Schreibweise betrachtet würde. Was damit als Literatur verstanden wird, ist ein Werturteil und als solches der historischen Wandelbarkeit unterworfen.

Genauso wie die Menschen ein Werk in einem Jahrhundert als philosophisch und im nächsten als literarisch behandeln mögen oder umgekehrt, so können sie auch ihre Meinung darüber ändern, was sie als wertvolle Texte betrachten. Sie können sogar ihre Auffassung über die Gründe ändern, weshalb sie etwas für wertvoll oder wertlos halten. Wie bereits angedeutet, heißt das nicht unbedingt, daß einem nun als minderwertig betrachteten Werk die Bezeichnung Literatur verweigert wird: man nennt es vielleicht immer noch Literatur und drückt damit vage aus, daß das Werk zum Typus angesehener Texte gehört. Aber es bedeutet, daß der sogenannte ‚literarische Kanon‘, die nicht in Frage gestellte ‚große Tradition‘ der ‚Nationalliteratur‘ als Konstrukt erkannt werden muß, das von bestimmten Leuten aus bestimmten Gründen in einer bestimmten Zeit gebildet wurde. (Eagleton 1992, 12)

Literarischer Kanon

Wir wollen uns diese Auffassung genauer ansehen. Ein kleines Gedankenexperiment soll zunächst den Befund, es gebe in einer Gesellschaft einen relativ stabilen Konsens über das, was ‚die‘ Literatur ist, bestätigen. ‚Die‘ Literatur ist eben jene, die nicht nur zum ‚Typus‘ Literatur gehört, sondern ihre angesehene Spielart darstellt.

Stellen Sie sich vor, Sie befragten relativ willkürlich 100 Menschen darüber, ob sie Goethes „Faust“ und den „Arzt von Stalingrad“ von Konsalik als Literatur bezeichnen würden. Stellten Sie die Frage, ohne eine Wertung damit zu verbinden, würden sicherlich die allermeisten Menschen bei beiden Werken bejahen. Anders sähe es aus, wenn Sie nach ‚guter‘ oder nach ‚hoher‘ Literatur fragten. Der „Faust“ könnte hier sicherlich überwiegend Ja-Stimmen auf sich vereinigen, Konsalik dagegen nur sehr wenige. Zu vermuten wären hier dann Zusätze wie: „Für mich ist es ‚gute/hohe‘ Literatur“. Wir können weiterhin davon ausgehen, daß sich einige der Befragten der Mehrheitsmeinung angeschlossen hätten, ohne die betreffenden Werke selbst gelesen zu haben. „Faust“ gehört eben fraglos zu ‚der‘ Literatur, zum „literarischen Kanon“, wie Eagleton es oben nennt, Konsalik aber nicht. Welche aber sind diejenigen Instanzen in einer Gesellschaft, die den Kanon bestimmen?

Wer legt den Kanon fest?

Richten wir unsere Aufmerksamkeit zunächst auf die Produktion der Literatur. Um in den Kanon aufgenommen zu werden, ist es zunächst entscheidend, daß das literarische Produkt in einer Gesellschaft verbreitet wird. Für die meisten literarischen Produkte gilt, daß sie dafür erst einmal gedruckt werden müssen. Auf dieser ersten Ebene entscheiden also die Verlage darüber, ob das Werk als geeignet für eine Verbreitung angesehen wird oder nicht. Es würde zu weit führen, hier untersuchen zu wollen, welche Kriterien dabei im einzelnen zugrundegelegt werden. Da es sich aber um Wirtschaftsunternehmen handelt, die an Gewinn orientiert sind, stellen wirtschaftliche Erwägungen naturgemäß ein gewichtiges Kriterium dar. Etwas anders verhält es sich bei jenen Werken, die aufgeführt werden müssen. Hier sind es die Regisseure und Intendanten, die jetzt die Auswahl treffen. Gerade in letzter

Verlage

Zeit, in der die Kommunen immer geringere Kulturbudgets
zur Verfügung stellen, stehen aber auch bei diesen Institutionen zunehmend wirtschaftliche Erwägungen im Vordergrund.

Literaturkritik   Die Institution, die für die Aufnahme eines Werkes entscheidend ist, ist die Literaturkritik. Redakteure in Tages- und
Wochenzeitungen, Radio- und Fernsehsendungen besprechen
täglich aktuelle Neuerscheinungen oder Neuinszenierungen.
Dabei ist es für den kommerziellen Erfolg eines Werkes nicht
einmal unbedingt notwendig, daß es durchweg gute Rezen-
sionen erhält. Neuerscheinungen von Peter Handke zum Beispiel werden ebenso häufig verrissen wie emphatisch gelobt.
Die Tatsache aber, daß er von Deutschlands bekanntesten Kritikern – von Volker Hage bis Marcel Reich-Ranicki – rezen-
siert wird, sichert ihm allemal sowohl einen gewissen kommerziellen Erfolg als auch die fraglose Zugehörigkeit zu ‚der‘
Literatur.

An dieser Stelle können wir das oben begonnene Gedankenexperiment etwas weiter führen. Fragten Sie erneut 100 Menschen danach, ob sie das neueste Buch Peter Handkes für
Literatur halten, so würden sicherlich erneut die Ja-Antwor-
ten überwiegen und dies, obwohl wir sicher sein könnten, daß
die wenigsten es gelesen haben. Die Beachtung durch angesehene Rezensenten, könnten wir daher – sicherlich etwas verallgemeinernd – feststellen, bewirkt eine gewisse Anerkennung, die Konsalik in der Regel eben nicht erfährt. Obwohl in
dieser Beziehung eine Einigkeit unter den Kritikern zu bemerken ist, scheint es uns jedoch kaum möglich, generelle
Kriterien für ihre Urteile anzugeben. Sie reichen von politischen Positionen, subjektiven Geschmacksempfindungen bis
zur Antizipation des Geschmacks der Zielgruppe eines Mediums.

Bildungseinrichtungen   Die Entscheidung, ob ein Werk nicht nur kurzfristige Aufmerksamkeit genießt, sondern – wie eben der „Faust“ – über
Jahrhunderte hinweg als wertvoll tradiert wird, fällen jedoch
nicht die Kritiker. Die Tradierung von kulturellen Gütern haben in unserer Gesellschaft hauptsächlich die Bildungsinstitu-
tionen übernommen. Eine wichtige Rolle spielt in diesem Zusammenhang die Schule, der Ort, an dem wohl die meisten
ihren ersten Kontakt mit nicht zeitgenössischer Literatur und
damit oft auch dem „Faust“ hatten. Unter Schule soll aber
nicht nur die einzelne Lehranstalt verstanden werden, sondern alle jene, die an der Entscheidung beteiligt sind, welche
Literatur in deutschen Schulen gelesen und damit eben auch

tradiert wird. In aufsteigender Linie – und sicher nicht lückenlos – sind hier die Lehrer, die Fachkommissionen, die Verfasser der Fach-Curricula bis hin zu den Kultusbürokratien zu nennen. Daneben spielen die Hersteller von Lehrmitteln eine nicht unerhebliche Rolle. Neben die spezifisch literarischen Kriterien treten auch hier weitere, vor allem pädagogische, aber auch politische und wirtschaftliche Erwägungen.

Betrachtet man die genannten Institutionen in ihrer Gesamtheit, erkennt man die zentrale Rolle einer weiteren Bildungseinrichtung: der Universitäten. Denn die weitaus größte Zahl der Menschen, die in den oben genannten Institutionen tätig sind, haben Literaturwissenschaft studiert. Anders herum gewendet bedeutet dies für die StudentInnen der Literaturwissenschaft, an die diese Ausführungen ja hauptsächlich gerichtet sind, daß sie mit einiger Wahrscheinlichkeit einmal zu der Institution gehören werden, die die Meinungsbildung über das, was in einer Gesellschaft als Literatur betrachtet wird, bestimmt. Grund genug somit, nach den Kriterien zu fragen, die man der Beschäftigung mit Literatur zugrundelegt.

Wir werden im folgenden den von den russischen Formalisten vorgestellten Weg weiter beschreiten und die Beschreibung des Formaspekts literarischer Texte in den Vordergrund stellen, ohne den Anspruch zu erheben, damit den gesamten oder auch nur den größten Teil des Phänomens *Literatur* zu erfassen.

1.1.6 Literatur als kommunikativer Prozeß

Die Produktion und Rezeption von Literatur kann als Kommunikationsprozeß verstanden werden, dessen Elemente Roman Jakobson wie folgt beschreibt:

Jakobsons
Kommunikationsmodell

	Kontext	
Sender	*Nachricht*	*Empfänger*
	Kontaktmedium	
	Kode	

(Jakobson 1971, 147)

Wir haben uns dies natürlich als Prozeß vorzustellen. Der *Sender*, in einem Gespräch zum Beispiel der Sprecher, übermittelt eine *Nachricht* an einen *Empfänger*, in unserem Beispiel den Zuhörer. In einem Gespräch wechseln die Positionen innerhalb des Kommunikationsprozesses fortwährend, da aus dem Zuhörer ein Sprecher, aus dem Sprecher ein Zuhörer wird und so fort. Damit die Nachricht aber überhaupt übermittelt werden kann, bedarf es eines physischen Übermittlers, den Jakobson *Kontaktmedium* nennt. Wäre unser Gespräch ein Telefongespräch, so stellten elektrische Impulse, durch fernmeldetechnische Apparaturen, vom Telefonapparat bis zur Vermittlungsstelle, übermittelt, dieses Kontaktmedium dar. Damit die Verständigung aber nicht nur technisch bewerkstelligt wird, ist es notwendig, daß Sender und Empfänger über ein gemeinsames Repertoire kommunizierbarer Einheiten, in der Terminologie Jakobsons über einen gemeinsamen *Kode*, verfügen. Weniger abstrakt bedeutet dies, daß beide wenigstens in Teilen eine gemeinsame Sprache sprechen müssen. Weiter bedarf die kommunizierte Nachricht eines *Kontextes*, der in der Vorstellung Jakobsons eine Größe ist, auf die die Nachricht sich bezieht, und die vom Empfänger nachvollziehbar ist. In unserem Gespräch als Beispiel ist es zudem von entscheidender Bedeutung, daß dieser Kontext verbalisierbar ist.

Kontext   Wir wollen jedoch den Kontextbegriff deutlich weiter fassen und ihn gleichzeitig für den literarischen Text präzisieren. Wir verstehen darunter alle Informationen, auf die sich der Kommunikationsakt bezieht und die ihn umgeben. Dabei können wir noch einmal unterscheiden zwischen Kontexten, die selber wiederum Text sind und Kontexten der außersprachlichen Realität, den *extratextuellen Kontexten*. Hierbei handelt es sich um historische Ereignisse, politische oder soziale Prozesse, aber auch um persönliche Verhältnisse. Für die Bezüge, die sich zwischen sprachlichen Einheiten ergeben, können wir den *innertextuellen* vom *intertextuellen Kontext* unterscheiden. Während der innertextuelle Kontext die Bezüge zwischen Textstellen innerhalb eines Textes meint, benennt der intertextuelle Kontext die Bezüge zu anderen Texten.

Beispiel   Wir wollen dies an einem Beispiel verdeutlichen. Für den zwischen 1797 und 1799 entstandenen Briefroman „Hyperion" von Friedrich Hölderlin waren die Vorkommnisse im Gefolge der französischen Revolution ein wichtiges Ereignis des extratextuellen Kontexts. Der Name der Frau, zu der Hyperion, der Protagonist des Romans, eine schwärmerische Liebe entwickelt, ist Diotima. Dies ist aber auch der Name der Priesterin in Platons Dialog „Symposion", von der, wie berichtet wird, Sokrates seine Ideen über das Wesen der Liebe erfahren hat. Der Text des „Symposion" stellt also einen intertextuellen Kontext für den „Hyperion" dar. Wenn nun einer der Briefe einsetzt mit den Worten „So kam ich unter die Deutschen. Ich foderte nicht viel und war gefaßt, noch weniger zu finden", so bezieht sich dieser Textausschnitt offensichtlich auf vorherige und folgende Ereignisse. Hier handelt es sich dann um den innertextuellen Kontext.

Vorausdeutungen und Rückwendungen
vgl. S. 97-102

In Abhängigkeit von den einzelnen Elementen des Kommunikationsprozesses bestimmt Jakobson verschiedene Funktionen der Sprache. Wenn in einer Äußerung der Kontext im Vordergrund steht, spricht er von der *referentiellen Funktion*. Sie ist in dem Satz „Der Ozongehalt der Luft liegt über dem gesetzlich zugelassenen Grenzwert" gegeben. Trifft ein Sender eine Aussage über den Kode, spricht Jakobson von der *metasprachlichen Funktion*. Sie wird uns an anderer Stelle noch ausführlich beschäftigen. Ein Beispiel wäre der Satz „In diesem Text überwiegen die Substantive". Die *konative Funktion* herrscht in Äußerungen vor, die sich direkt auf den Empfänger beziehen wie in dem Satz: „Bitte schließe das Fenster". Rückt eine Nachricht jedoch mehr den Sender in den Mittelpunkt, spricht Jakobson von der *emotiven Funktion*. Exemplarisch können wir den Refrain eines Liedes von Marius Müller-Westernhagen nennen: „Es geht mir gut". Betrifft eine Äußerung das Kontaktmedium wie der häufige Satz am Telefon „Ich habe so ein Rauschen in der Leitung", handelt es sich um die *phatische Funktion*. Rückt die Aufmerksamkeit auf die Nachricht, etwa durch eine besondere Gestalt der Ausdruckseite einer Botschaft, spricht Jakobson von der *poetischen Funktion*. Die poetische Funktion ist nicht nur auf literarische Kommunikation beschränkt. Wenn die BILD-Zeitung den Bericht über ein Fußballspiel mit den Worten „Olli fängt den Super-Cup / Schuster fand sich selber schlapp" überschreibt, so handelt es sich um eine Bearbeitung der Ausdruckseite der Botschaft, die durchaus vergleichbar ist mit diesem Vers von Stefan George „So lern ich traurig den verzicht: / Kein ding sei wo das wort gebricht." Wir erkennen hier das Verständnis von Literatur der russischen Formalisten wieder, denen Jakobson bis zu seiner Emigration in die Tschechoslowakei auch angehörte. Wir werden uns an anderer Stelle noch einmal ausführlich mit der poetischen Funktion beschäftigen. An dieser Stelle sei noch angemerkt, daß man die einzelnen Sprachfunktionen in einzelnen Äußerungen selten isoliert vorfindet. In der Regel ist jedoch eine Funktion dominant.

Funktionen der Sprache

Literaturwissenschaftliche Metasprache
vgl. S. 28-30

Poetische Funktion
vgl. S. 57f.

Arbeitsaufgabe:

(5) Übertragen Sie die Elemente des Kommunikationsprozesses auf die Spezifik der literarischen Kommunikation.

1.2 Literarische Verfahrensweisen

Institutionalisierte Literatur vs. literarische Verfahrensweisen

Das Entstehen einer hohen, angesehenen Kunstliteratur ist also ein gesellschaftliches Phänomen, das von bestimmbaren Institutionen einer Gesellschaft produziert wird. Aus diesem Grunde sprechen wir auch von *institutionalisierter Literatur*. Nun ist es gewiß nicht so, daß diese Institutionen jeden beliebigen Text zu Literatur erklären könnten. Die Anfangsfrage nach dem, was Literatur sei, soll also präzisiert werden zu der Frage nach den Kennzeichen literarischer Texte.

In der literaturwissenschaftlichen Diskussion haben sich drei Merkmale herauskristallisiert, die nun als *typische literarische Verfahrensweisen* mit Hilfe zweier Beispieltexte vorgestellt werden sollen. Die Texte stammen von *einem* Autor, um nicht den Eindruck zu erwecken, die Verwendung literarischer Verfahrensweisen seien eine autonome Entscheidung des Autorsubjekts. Vielmehr sollen textimmanente Kennzeichen von *Literarizität* gefunden werden.

1.2.1 Verfremdung

Zunächst zu unserem ersten Textbeispiel, das die ersten (und wohl einzigen) sexuellen Erlebnisse des jungen Novizen Adson von Melk, dem Ich-Erzähler in Umberto Ecos Roman „Der Name der Rose", beschreibt.

Beispiel

Doch gleich darauf war ich überzeugt, daß teuflisch nur noch mein Zögern war, denn nichts konnte richtiger, schöner und heiliger sein als das, was ich gerade empfand und was an Süße noch jeden Augenblick zunahm. Und gleichwie ein Wassertropfen, der in einen vollen Weinkrug fällt, sich gänzlich auflöst, um die Farbe und den Geschmack des Weins anzunehmen, gleichwie ein glühendes Eisen im Feuer seine ursprüngliche Form verliert und selbst Feuer wird, gleichwie sich die Luft, wenn durchflutet von den Strahlen der Sonne, zu höchstem Glanz und höchster Klarheit wandelt, dergestalt, daß sie nicht mehr erleuchtet zu sein, sondern selbst zu leuchten scheint – so fühlte ich mich vergehen in süßem Verströmen, und gerade noch blieb mir die Kraft, mit den Worten des Psalms zu hauchen: „Siehe, meine Brust ist wie neuer Wein, der neue Schläuche zerreißt!" – Dann sah ich nur noch ein gleißendes Licht und in dem Licht eine glänzende saphirblaue Gestalt, die ganz und gar im lieblichen Schein einer hochrot funkelnden Lohe erglühte, und das gleißende Licht und die funkelnde Lohe durchfluteten die Gestalt durch und durch.

Und während ich fast entseelt auf den Körper sank, mit welchem ich mich vereint, begriff ich in einem letzten Aufflackern meiner Lebensgeister: Die Flamme brennt in glänzendem Licht, in purpurner Kraft und in feuriger Glut; durch das glänzende Licht aber leuchtet sie, durch die purpurne Kraft aber flammt sie, durch die feurige Glut aber wärmt sie! Dann blickte ich in den Abgrund und in die weiteren Abgründe, die sich unter ihm auftaten.

Auffällig an diesem Text ist sicherlich zunächst seine Sprache, die sich deutlich von unserer und, wie wir vermuten dürfen, auch der italienischen Umgangssprache unterscheidet, indem sehr ungewöhnliche Vergleiche und Bilder gebraucht werden. Diesen Effekt einer bewußt wahrgenommenen Abweichung von der Alltagssprache hat Jürgen Link in Anlehnung an Viktor Sklovskij *Verfremdung* genannt. Während Sklovskij daran jedoch gleichsam das Wesen der Kunst festmachen wollte, definiert Link operativ:

Verfremdung

Als Beispiel nehmen wir ein [...] Bild, das jedoch um 45 Grad gedreht aufgehängt ist [...]. Wir wollen sagen, daß diese Drehung des Bildes eine Verfremdung darstellt. Die Struktur der Verfremdung besteht offenbar in folgendem: der Betrachter nimmt nicht nur das realisierte gedrehte Bild auf, sondern in der inneren Vorstellung auch ein normal aufgehängtes Bild. Diese zwei Bestandteile jeder Verfremdungsstruktur wollen wir als *automatisierte Folie* und *Novum* bezeichnen. Der Betrachter vergleicht beide und stellt den Unterschied zwischen automatisierter Folie und Novum fest. (Link 1985, 98)

Dadurch, daß der Betrachter eine automatisierte Folie realisieren muß, um die Verfremdungsstruktur zu komplettieren, kann Verfremdung unterschiedlich wahrgenommen werden und auf verschiedenen Ebenen stattfinden. Für das Beispiel realisiert vermutlich jeder eine Differenzqualität zur Umgangssprache. Jemand, der gewohnheitsmäßig zeitgenössische Literatur liest, wird sich aber darüberhinaus über den eher altertümlichen Sprachgestus wundern. Verfremdung findet für diesen Leser also auch vor der automatisierten Folie der Sprachverwendung zeitgenössischer Literatur statt. Die Literatur oder eine literarische Konvention, häufig ja ein Novum z. B. zu der Umgangssprache seiner Entstehungszeit, kann also selber wieder zu einer automatisierten Folie werden.

> Verfremdung entsteht vor dem Hintergrund unterschiedlicher automatisierter Folien.

1.2.2 Autofunktionalität

Wenden wir uns nun dem zweiten Textbeispiel zu, in dem Eco den gerade vorgestellten Verfremdungsbegriff diskutiert:

Beispiel Einige stilistische Betrachtungsweisen der literarischen Kritik [...] fassen das ästhetische Phänomen als *Abweichung von der Norm* auf. Das ist nicht völlig befriedigend, weil nicht jede Abweichung von der stilistischen Norm ein ästhetisches Phänomen darstellt: /*Amat Paulum Petrus*/ ist semantisch verständlich und stilistisch von der Norm abweichend, klingt aber lediglich seltsam. Zudem macht die Theorie nicht klar, ob die ästhetische Abweichung in bezug auf die Alltagsnorm oder in bezug auf eine ästhetisch etablierte Norm erfolgen muß. In der Tat sind Abweichungen beider Typen möglich. (Eco 1987, 349f.)

Diente wiederum die Umgangssprache als automatisierte Folie, könnte man mit Recht auch hier von Verfremdung sprechen. Offenkundig bestehen jedoch einige Unterschiede im Sprachgestus der beiden Texte. Der zweite Text ist durch einen knappen, von vielen Fachausdrücken durchzogenen Nominalstil geprägt, im ersten Text dagegen herrschen Bilder und Vergleiche vor, wobei die Formulierungen so ausschweifend sind, daß der zweite Satz eine geradezu atemberaubende Länge erhält. Während der zweite Text vorrangig darauf bedacht ist, einen Inhalt möglichst präzise zu übermitteln, erfährt im ersten Text die Formseite eine erhöhte Aufmerksamkeit und dies sogar so weit, daß der Inhalt in den Hintergrund gedrängt wird. Diese literarische Verfahrensweise nennen wir

Autofunktionalität siehe auch *Selbstreferentialität* vgl. S. 132f. Beispiel

nach Roman Jakobson *Autofunktionalität*. Sie ist dann gegeben, wenn die Formseite einer Botschaft über ihren Inhalt dominiert, wobei dieser jedoch nicht vollständig unberücksichtigt bleibt, wie Jakobson an dem Wahlkampfslogan „I like Ike" gezeigt hat. Ike war der Spitzname des damaligen amerikanischen Präsidentschaftskandidaten Eisenhower. Eine Entsprechung im deutschen Sprachraum stellt der Werbespruch „Milch macht müde Männer munter" dar. Der Inhalt beider Botschaften wird zwar nicht vollständig unbedeutend, doch zunächst registrieren HörerInnen den besonderen Klang der Wörter, der durch die ungewohnte Häufung gleicher Laute zustande kommt. Mit dem oben Gesagten läßt sich dieser Effekt schon präziser formulieren: Vor der automatisierten Folie der Umgangssprache ist die Häufung gleicher Laute ein Novum. Es handelt sich also um eine Verfremdungsstruktur. Autofunktionalität ist somit eine mögliche Folge von Verfremdung.

In den letzten Jahren wurde der Begriff Autofunktionalität in der literaturwissenschaftlichen Diskussion auch auf das Phänomen der *Intertextualität* ausgedehnt. Intertextualität meint, daß sich Literatur immer wieder auf andere bereits existierende Texte bezieht, die sie zum Teil sogar wörtlich zitiert wie der Romanausschnitt die Bibel. In diesem Textbeispiel lassen sich jedoch noch weitere Anklänge finden, zum Beispiel an mittelalterliche Mystiker und konkret vor allem in den letzten Passagen an Hildegard von Bingen.

Intertextualität

1.2.3 Vorherrschen der Konnotation

Vor allem dieser letzte Abschnitt führt uns zu einer weiteren typischen literarischen Verfahrensweise. Dazu wollen wir uns aber zunächst eine weitere kurze Sequenz aus dem Roman ansehen, in der der Ich-Erzähler über seine eigenen Ausführungen reflektiert.

Jetzt, da ich diese Zeilen schreibe mit zitternder Hand (nicht wissend, ob sie mir zittert wegen der schrecklichen Sünde, von der ich berichte, oder wegen der sündhaften Sehnsucht nach jenem fernen Geschehen, die mich dabei überfällt), jetzt merke ich, daß ich soeben zur Beschreibung meiner nichtswürdigen Ekstase dieselben Worte gebraucht habe wie vorhin, nur wenige Seiten weiter oben, zur Beschreibung des Feuers, das den gemarterten Leib des Fratizellen Michele verbrannte.

Beispiel

Adson bezieht sich hier auf die letzten Passagen, die ein Feuer beschreiben. Offensichtlich sind es aber zwei völlig verschiedene Sachverhalte, nämlich einmal die Verbrennung eines Ketzers und einmal eine sexuelle Ekstase, die mit den gleichen Worten dargestellt werden. Bedenkt man, daß es sich ursprünglich um die Worte Hildegards von Bingen handelt, die damit eine eher mystische Verzückung beschrieb, so sind es sogar drei unterschiedliche Themen, die einen identischen Ausdruck gefunden haben. Ausgehend von der reinen Wortbedeutung scheint die Beschreibung am ehesten geeignet für die Schilderung der Hinrichtung, die weiteren Bedeutungen müssen erst vom Leser durch Assoziationen aktualisiert werden. Eine solche assoziierte zusätzliche Wortbedeutung nennen wir *Konnotation*. Es wäre in diesem Zusammenhang falsch, davon auszugehen, daß die Bildung von Konnotationen ein willkürlicher oder rein subjektiver Prozeß ist, sie ist vielmehr hochgradig gesellschaftlich determiniert. In unserer Gesellschaft z.B. ist das Bild des Feuers geradezu reserviert für sexuelle Leidenschaft, während im Umfeld der heiligen Hildegard die Bildlichkeit für derart feurige Gefühle Gott vorbehalten blieb.

Mehrdeutigkeit = *Polysemie* vgl. S. 70 f.

Das Vorherrschen der Konnotation im Sinne des *Produzierens von Mehrdeutigkeiten* wollen wir als weitere typische literarische Verfahrensweise festhalten. Eco selbst formulierte: „Wenn ich einen Roman geschrieben habe, war es meine Aufgabe, Unbestimmtheiten zu inszenieren." (Eco 1989, 39) Ganz im Gegensatz dazu sieht er es in dem wissenschaftlichen Text offensichtlich als seine Aufgabe an, Eindeutigkeit herzustellen, denn hier wird versucht, das Phänomen der ästhetischen Normabweichung möglichst präzise und verbindlich zu bestimmen. Für diesen Text können wir also konstatieren, daß hier versucht wird, vorherrschend eine denotative Sprachverwendung zu gebrauchen. Diese Tendenz findet sich vor allem in wissenschaftlichen Texten.

Literarische Verfahrensweisen sind nicht nur in institutionalisierter Literatur zu finden.

Alle drei typisch literarischen Verfahrensweisen und besonders die Art und Weise, wie sie in Texten realisiert werden, müssen im folgenden natürlich noch näher bestimmt werden. An dieser Stelle soll zunächst noch darauf verwiesen werden, daß sich diese Verfahren in institutionalisierter Literatur sehr umfassend und komplex nachweisen lassen. Sie sind keineswegs auf literarische Texte beschränkt. Wie gesehen, machen sich auch Wahlkampfreden, Werbung oder Zeitungsartikel diese Techniken zu eigen. Mit etwas Aufmerksamkeit finden sich diese Verfahrensweisen an ungezählten medialen Orten. Mit dieser Feststellung geht aber geradezu eine natürliche Ausweitung des Tätigkeitsbereiches der Literaturwissenschaft einher.

Arbeitsaufgabe:

(6) Suchen Sie bei ihrer täglichen Lektüre Beispiele aus den verschiedensten Medien für diese literarischen Verfahrensweisen.

1.3 Notwendigkeit einer literaturwissenschaftlichen Metasprache

1.3.1 Objektsprache und Metasprache

Roman Jakobson nennt jene Aussagen, die sich hauptsächlich auf den Kode beziehen, Aussagen mit metasprachlicher Funktion. Etwas allgemeiner formuliert gilt: Immer dann, wenn mit Hilfe von Sprache Aussagen über Sprache gemacht werden, handelt es sich um metasprachliche Äußerungen. Im Unterschied dazu sprechen wir immer dann, wenn Aussagen über alle nicht-sprachlichen Gegebenheiten wie Gegenstände, Sachverhalte oder auch Ideen gemacht werden, von Objektsprache. „Haltbar bis Ende 1999" macht eine Aussage über einen Gegenstand, möglicherweise ein Lebensmittel, dessen Haltbarkeit am Ende des Jahres 1999 abgelaufen sein wird. Es handelt sich also um eine objektsprachliche Äußerung. Der Satz „Diese Aussage hat kein Verb" dagegen ist eine metasprachliche Äußerung, da eine (wahre) Aussage über die objektsprachliche Äußerung getroffen wird. Es wird zudem sofort deutlich, daß es sich hier um sprachwissenschaftliche bzw. linguistische Metasprache handelt, da das Wort „Verb" klar erkennbar zum sprachlichen Repertoire dieser Wissenschaftsdisziplin zählt.

Definition: Metasprache

Beispiel

Wir können an diesem Beispiel aber auch eine erste Erprobung einer literaturwissenschaftlichen Metasprache vornehmen, denn es handelt sich hierbei um den Titel eines Gedichts von Peter Rühmkorf. Der Beginn lautet folgendermaßen:

Aus: PETER RÜHMKORF: Haltbar bis Ende 1999

Beispiel

Für Michael Naura, den Krapotkin des Pianos

Relativ neu im Showgeschäft
ist P.R.
Erst bei andern Textmachern in die Lehre gegangen
George Greflinger, Jaicee Gunther, old Danny Lohenstein,
überall mal ein bißchen gespickt,
den Kiebitz gemacht und die wichtigsten Griffe abgekloppt;
nun hat er aber ein eigenes kleines Podest erklommen:
da muß jetzt nur noch ein paarmal der Regen drüberfallen
und ein bißchen Sonne draufscheinen –
Najanu, hier wird zwar keine Epoche gemacht,
aber doch ganz schöne Musik.
[...]

Eine literaturwissenschaftliche metasprachliche Äußerung zu diesem Text könnte wie folgt lauten: „Indem in diesem Text Zitate aus dem Alltagsleben wie ‚Haltbar bis Ende 1999' aufgenommen wurden, durchbricht das Gedicht die automatisierte Folie der gewählten Hochsprache für lyrische Texte". Deutlich wird an diesem Beispiel auch, daß sich das vorliegende „Arbeitsbuch: Literaturwissenschaft" als eine Ein-

führung in das Verständnis und den Gebrauch einer literaturwissenschaftlichen Metasprache versteht.

Arbeitsaufgabe:

*(7) Treffen Sie eigene Aussagen zu dem Text von Peter Rühmkorf in einer Ihnen geläufi-
gen literaturwissenschaftlichen Metasprache.*

1.3.2 Wissenschaftsgeschichtliche Entwicklungen

Literaturwissenschaft als
Geisteswissenschaft

Lange Zeit wurde für die Literaturwissenschaft die Notwendigkeit einer eigenen Metasprache verneint. Sie galt, im Gegensatz zur Linguistik, als eine Geisteswissenschaft, die nicht
nur einen wesentlich anderen Gegenstandsbereich untersucht
als die Naturwissenschaften, sondern sich auch grundsätzlich
anderer Arbeitsmethoden und Erkenntnisweisen bedient.
Wilhelm Dilthey formulierte:

> Für die Geisteswissenschaften folgt [...], daß in ihnen der Zusammen-
> hang des Seelenlebens als ein ursprünglich gegebener überall zugrun-
> deliegt. Die Natur erklären wir, das Seelenleben verstehen wir. Denn
> in der inneren Erfahrung sind auch die Vorgänge des Erwirkens, die
> Verbindungen der Funktionen als einzelner Glieder des Seelenlebens
> zu einem Ganzen gegeben. Der erlebte Zusammenhang ist hier das
> erste, das Distinguieren der einzelnen Glieder desselben ist das Nach-
> kommende. Dies bedingt eine sehr große Verschiedenheit der Me-
> thoden, vermittels deren wir Seelenleben, Historie und Gesellschaft
> studieren, von denen, durch welche die Naturerkenntnis herbeige-
> führt worden ist. (Dilthey 1957, 332 f.)

Psychologische
Textinterpretation
vgl. S. 177-180

Auf der Grundlage dieser philosophischen Denktradition, der
Hermeneutik, entwickelte sich eine literaturwissenschaftliche
Schule, die in Deutschland bis in die 70-er Jahre vorherrschte
und die in der Erkenntnis von Literatur einen höchst subjektiven und gefühlsbetonten Vorgang sah. Ziel der literaturwissenschaftlichen Tätigkeit in diesem Sinne war es, „daß wir begreifen, was uns ergreift" (Staiger 1953, 11), wie es Emil
Staiger, einer der profiliertesten Vertreter dieser Richtung, formulierte. Der mit besonderem Einfühlungsvermögen ausge-
stattete Literaturwissenschaftler wird in diesem Verständnis
selbst zum Künstler, zwar nicht zum genialen Neuschöpfer
wie der Dichter, wohl aber zu seinem kongenialen Nach-
schöpfer. Vor diesem Hintergrunde wundert es dann auch
nicht, wenn die Texte aus dieser Schule eine deutliche Nähe

zur Sprache der zu untersuchenden Texte aufweisen. Auch im folgenden Beispiel vermengen sich Zitate von Gottfried Benn und Ausführungen des ‚Literarhistorikers‘ Otto Mann zu einem kaum mehr unterscheidbaren Konglomerat:

Benn spricht von der Befreundung für Blau, welches Glück, welches reines Erlebnis dies sei. Blau „ist das Südwort schlechthin, der Exponent des ‚ligurischen Komplexes‘, von enormen ‚Wallungswert‘, das Hauptmittel zur ‚Zusammenhangsdurchstoßung‘“ – mithin das suggestive Symbol für erfahrbare Absolutheit, wie für Novalis die blaue Blume. Eine Gedichtsammlung von 1949 ist betitelt „Trunkene Flut“. Es gelingen dem Dichter jetzt suggestiv-mittelmeerländische, mythische, kosmische Verse:

Welle der Nacht
Welle der Nacht – Meerwidder und Delphine
mit Hyakinthos leichtbewegter Last,
die Lorbeerrosen und die Travertine
wehn um den leeren istrischen Palast.

Welle der Nacht – zwei Muscheln miterkoren,
die Fluten strömen sie, die Felsen her,
dann Diadem und Purpur mitverloren,
die weiße Perle rollt zurück ins Meer.

Solche Gedichte bleiben jedoch an der Grenze. Statt Seinsbeschwörung sind sie nur romantischer Traum – Verführung ins Nichtwirkliche statt Erfüllung im Wirklichen. (Mann 1964, 570 f.)

Beispiel

Eine Diskussion darüber, ob Mann mit seinen Ausführungen zu Gottfried Benn wahre oder falsche Aussagen getroffen hat, verbietet sich u.E. Das Problem für uns besteht vielmehr darin, daß wir nicht in der Lage sind, dies zu entscheiden, denn darüber, was „suggestiv-mittelmeerländische, mythische, kosmische Verse“ sind, dürften die Meinungen auseinandergehen. Dies liegt in erheblichem Maße eben darin begründet, daß die Sprache, die hier verwendet wird, um Aussagen über Literatur zu machen, ihrerseits einige der oben beschriebenen literarischen Verfahrensweisen und vor allem das Vorherrschen eines konnotativen Sprachgebrauchs aufweist. Zugespitzt können wir sogar sagen, daß durch einen Kommentar wie den obigen letztlich wiederum Literatur entstanden ist, die nun eigentlich eines erneuten Kommentars bedarf und so weiter ad infinitum.

1.3.3 Aufgaben einer rationalistischen Literaturwissenschaft

Diesem Teufelskreis ist nur dann zu entkommen, wenn sich auch die Literaturwissenschaft bemüht, eine eindeutig geregelte und denotative Metasprache zu entwickeln. Jochen Schulte-Sasse und Renate Werner definieren:

> Literaturwissenschaft bedarf einer gegenstandsadäquaten und eindeutig definierten Fachsprache (‚Metasprache‘), deren Ziel es sein muß, die ‚Regeln der Sprachverwendung‘ der Objektsprache, wozu besonders die Weise zählt, in der diese Bedeutung aufbaut, auszudrücken. (Schulte-Sasse / Werner 1977, 43)

Auf diese Weise grenzen die AutorInnen die literaturwissenschaftliche Metasprache gleich gegen zwei Seiten ab. Einmal gegen jene Form von Sprachwissenschaft, deren Aussagen auch ohne Bestimmung der Bedeutung ihres Untersuchungsgegenstandes gemacht werden können wie in unserem Beispielsatz: „Diese Aussage hat kein Verb". Zum anderen gegen die oben vorgestellte gefühlsorientierte Hermeneutik, deren subjektzentrierte Arbeitsweise einem neueren Wissenschaftsverständnis nicht mehr gerecht wird. Gewiß werden literaturwissenschaftliche Aussagen nie die Objektivität der Naturwissenschaften erreichen, aber auch für sie gilt, was Karl **Objektivität in der** Popper formulierte: „Die Objektivität der wissenschaftlichen **Wissenschaft** Sätze liegt darin, daß sie intersubjektiv nachprüfbar sein müssen." (Popper 1971, 18). Genau dies aber wird mit dem Verzicht auf eine Metasprache unmöglich, wie das Beispiel Otto Mann gezeigt hat, denn eine allgemeine Vergewisserung darüber, was „suggestiv-mittelmeerländisch" ist, scheint ausgeschlossen. Damit wird aber sowohl eine Verifizierung als auch eine Falsifizierung dieser Aussage unmöglich gemacht. Dagegen kann sehr wohl gemeinsam darüber gestritten werden, ob eine gewählte Hochsprache überhaupt noch eine automatisierte Folie für moderne Gedichte darstellt – wenn vorher definiert wurde, was eine gewählte Hochsprache und was moderne Gedichte sind. Hierin liegt gerade der Reiz einer rationalistischen Literaturtheorie: Es geht nicht mehr um einmalige Gedanken und besondere Gefühle bei der Betrachtung von Literatur, sondern um die intersubjektive Kommunizier- **Aufgaben der** barkeit nachvollziehbarer Gedanken. Jürgen Link definiert **Literaturwissenschaft** daher als Aufgabe einer so verstandenen Literaturwissenschaft, sie solle „Texte auf ihre rational erfaßbaren Eigenschaften, auf die Wirkungsmöglichkeiten ihrer Mittel und auf ihre historischen Besonderheiten hin befragen." (Link 1981, 192)

In dieser Definition finden sich einige der Gegenstandsbereiche der Literaturwissenschaft, wie wir sie bei der Diskussion des Eagleton-Textes kennengelernt haben, wieder, auch die

Seite der Rezeption von Texten. Sie wird hier jedoch nicht verstanden als eine Beschäftigung mit einzelnen oder auch größeren Gruppen von Lesersubjekten, sondern als eine Befragung des Wirkungspotentials von Texten. Im Mittelpunkt steht also auch hier der Text, ohne aber den Kontext, das heißt die historischen Bedingungen, unter denen ein Text entstanden ist und in denen er rezipiert wird, zu vergessen. Es würde den Rahmen dieser Einführung überschreiten, intensiveren Überlegungen über den Zusammenhang zwischen politischen, sozialen, historischen und ähnlichen kontextuellen Phänomenen und der Produktion und Rezeption von Literatur nachzugehen. Es sei jedoch ausdrücklich darauf hingewiesen, daß diese Bereiche unbedingt Teil einer avancierteren Literaturtheorie sein müssen, wenn man nicht den Fehler einiger Vertreter strukturaler Theorien wiederholen will, die durch ihre ahistorische Verfahrensweise etwa in ihrer Suche nach „sozialen Universalien" im Grunde ganz ähnliche ideologische Positionen eingenommen haben wie die klassischen Hermeneuten. Wenn wir hier im folgenden die Grundgedanken einer strukturalen Literaturtheorie vorstellen, dann in dem klaren Bewußtsein, daß die vorgestellten Kategorien unbedingt einer sozial-historischen Erweiterung bedürfen, wie sie etwa in einer *historischen Diskursanalyse* geleistet wird, die aber den Rahmen unseres Einführungskurses sprengen würde.

Kontext
vgl. S. 22f.

Siehe auch *erkenntnistheoretisch fundierte Interpretationskritik*,
vgl. S. 204-215

Arbeitsaufgaben:

(8) *Diskutieren Sie anhand konkreter Beispiele aus dem Text von Otto Mann den Unterschied zwischen der hier vorherrschenden Sprachverwendung und einer intersubjektiv nachprüfbaren Metasprache.*

(9) *Es wurde zudem die These aufgestellt, daß in Manns Text literarische Verfahrensweisen vorzufinden seien. Welche?*

1.4 Semiotische Grundlagen

1.4.1 Was ist ein Zeichen?

Wesentliche Grundlagen für eine wie oben beschriebene Metasprache hat die Semiotik als Lehre von den Zeichen geliefert. Was aber ist ein Zeichen? Durch einen einfachen Blick auf unsere Umwelt läßt sich dies verdeutlichen. Die Dinge, die wir z.B in einer Stadt wahrnehmen, lassen sich unterscheiden in jene, die einem praktischen Zweck dienen, wie etwa die Straßen, die Papierkörbe und die Tiefgaragen. Derartige Gegenstände, die in unserer Gesellschaft lediglich für den Gebrauch oder die Benutzung durch Menschen vorgesehen sind, haben eine sogenannte *instrumentelle Funktion*. Dem gegenüber stehen materielle Entitäten, die eine Information übermitteln und somit eine *kommunikative Funktion* besitzen. Hierzu gehören die Verkehrsschilder neben den Straßen, die Werbeplakate, die oft an den Papierkörben angebracht sind und das Leitsystem, das dazu führt, daß man sich auch in fremden Parkhäusern zurechtfindet. Diese Entitäten mit kommunikativer Funktion, die in der Regel von Menschen produziert werden, nennen wir *Zeichen*.

> **Instrumentelle vs. kommunikative Entitäten**

> **Zeichen sind Entitäten mit kommunikativer Funktion.**

Diese Festlegung des Zeichenbegriffs auf von Menschen produzierte Gebilde ist in der allgemeinen Semiotik nicht üblich. Hier werden auch Tiersprachen und weitere natürliche Phänomene untersucht. Da wir es als Literaturwissenschaftler jedoch immer mit kulturellen und nicht mit natürlichen Phänomenen zu tun haben, erscheint uns diese Einschränkung aus Gründen der begrifflichen Prägnanz zulässig.

> **Beispiel**

Die Trennung in Dinge mit instrumenteller und kommunikativer Funktion ist nicht immer so einfach zu leisten, wie es auf den ersten Blick erscheint. Kleidung z. B. hat neben ihrem praktischen Zweck als Kälteschutz immer auch einen kommunikativen Aspekt. Das Tragen eines Designer-Kostüms etwa kann die Zugehörigkeit zu einer sozialen Schicht demonstrieren oder einfach Stimmungen und Gefühle durch Farben oder Formen ausdrücken. Wir sehen an diesem Beispiel auch, daß es neben der Sprache noch weitere und sehr unterschiedliche Zeichen gibt. Ihnen ist gemeinsam, daß sie nie isoliert verstanden werden können, sondern Elemente verschiedener *semiotischer Systeme* sind. Dies sind Bereiche, in denen weitere, einem wahrgenommenen Zeichen ähnliche, aber unterscheidbare Zeichen organisiert sind mit zum Teil sehr unterschiedlichen Arten von Zeichen. Die Mode ist ein solches System, aber auch die schon angesprochenen Verkehrszeichen oder Piktogramme.

Arbeitsaufgabe:

(10) Überlegen Sie, ob Sie weitere semiotische Systeme kennen.

1.4.2 Die Struktur des Zeichens

Was ist allen diesen Zeichen gemeinsam, oder, anders gefragt, wie muß die Struktur des Zeichens beschaffen sein, um eine kommunikative Funktion ausüben zu können? Erste Bedingung ist seine *Materialität* und damit verbunden seine sinnliche Wahrnehmbarkeit, denn unsere gesprochene Sprache würde nicht zur Verständigung führen, wenn man sie nicht hören würde, die geschriebene Sprache nicht, wenn man sie nicht sähe. An der Blindenschrift wird deutlich, daß Zeichen auch haptisch wahrgenommen werden können, ja sogar ein System von riechbaren Zeichen wäre denkbar. Der materiellen Seite des Zeichens steht nun immer seine Bedeutung gegenüber. Diese Unterscheidung wurde von dem Genfer Sprachwissenschaftler Ferdinand de Saussure eingeführt, nachdem wir das sinnlich wahrnehmbare Element des Zeichens *Signifikant* und die damit verbundene Bedeutung *Signifikat* nennen. Es ist wichtig zu sehen, daß die Zuordnung zwischen Signifikant und Signifikat keine starre und allzeit gültige ist, da sie nicht durch den bezeichneten Sachverhalt festgelegt wird, sondern daß sie, wie Saussure es nennt, *arbiträr* ist. Das bedeutet, daß die Zuordnung von Signifikant und Signifikat durch Assoziation, also durch eine psychische Operation des Zeichenbenutzers erfolgt, die von Zuordnungsregeln geleitet wird, über die eine gesellschaftliche Übereinkunft herrscht.

Dabei können in einzelnen Gesellschaften immer einige Subsysteme existieren, die einzelne Signifikanten mit anderen Signifikaten versehen als der größte Teil der Gesellschaft. Die sogenannte Jugendsprache bietet hierfür gute Beispiele wie etwa den Gebrauch des Wortes ‚geil‘. Für einen Großteil der Gesellschaft immer noch vorwiegend sexuell belegt, bedeutet es für Jugendliche in Deutschland seit den achtziger Jahren lediglich etwas wie ‚sehr gut‘ oder ‚toll‘. Dieses zuletzt gebrauchte Wort ‚toll‘ belegt zudem die historische Wandelbarkeit der Zuordnung von Signifikat und Signifikant, denn während es ein heute üblicher Ausdruck für eine positive Benennung ist, bedeutete es noch zu Beginn dieses Jahrhunderts vorwiegend ‚verwegen‘ oder sogar ‚verrückt‘, wie es auch noch in den Begriffen ‚Tollwut‘ oder ‚Tollhaus‘ steckt.

Signifikant vs. Signifikat

Arbitrarität

> Zeichen sind sinnlich wahrnehmbare Entitäten, denen aufgrund einer gesellschaftlichen Konvention eine Bedeutung zugeordnet werden kann.

Beispiel

Arbeitsaufgaben:

(11) Finden Sie weitere Beispiele für Signifikanten, die in unterschiedlichen gesellschaftlichen Subsystemen mit unterschiedlichen Signifikaten besetzt werden.

(12) Gibt es weitere Beispiele für Signifikanten, deren Signifikate historischen Wandlungen unterworfen waren? Denken Sie auch an andere semiotische Systeme wie etwa die Mode.

1.4.3 Literaturwissenschaftliche Konsequenzen – Der ‚Tod des Autors'

Die bisher dargestellten Erkenntnisse haben eine unmittelbare praktische Konsequenz für die Beschäftigung mit Literatur. Da uns Literatur, wie auch immer medial vermittelt, stets als Abfolge von Signifikanten entgegentritt und die Signifikate erst im Rezeptionsprozeß gebildet werden, muß, vor allem bei historisch oder kulturell distanten Texten, eine wissenschaftliche Lektüre immer nach den gängigen Signifikaten der Entstehungszeit und des Entstehungsortes fragen. Andernfalls

Konkulturale Lektüre handelt es sich um eine bloß *applizierende* oder *konkulturale Lesart*, das heißt um eine Lektüre, die den Text unreflektiert den Normen und Werten des Rezipienten anpaßt. Natürlich wird man aber einem Text auch nicht gerecht, wenn man ihn ausschließlich auf die zu seiner Zeit im gewissermaßen statistischen Durchschnitt gültigen Bedeutungen festlegte, was im Einzelfall auch gar nicht immer zu leisten wäre. Zudem versucht Literatur ja gerade häufig, gewohnte Zuordnungen zwischen Signifikanten und Signifikaten zu durchbrechen und neue Zuordnungen zu schaffen. Um aber ein Bewußtsein von historischer oder kultureller Distanz und Verschiedenheit zu schaffen und damit auch die Möglichkeit, neue Erfah-

Diskulturale Lektüre rungen aus Literatur zu gewinnen, ist eine *diskulturale Lektüre* notwendig, also eine Lesart, die nicht von vornherein die den Leserinnen und Lesern gewohnte Zuordnung von Signifikat und Signifikant vornimmt. So werden wir einem Text der Minne-Lyrik nicht gerecht, wenn wir einfach unsere heutigen Vorstellungen von Liebe auf den Text projizieren.

Aus der Tatsache, daß uns Literatur lediglich als eine Verknüpfung von Signifikanten entgegentritt, läßt sich auch die Haltung der russischen Formalisten erklären, wie sie uns Eagleton vorgestellt hat. Sie werteten es als einen Fehler, im li-

Die Intention des Autors ist nicht Gegenstand des Erkenntnisinteresses. terarischen Text den Ausdruck der Intention eines Autors oder einer Autorin zu sehen, denn eine solche Intention wäre immer ein Signifikat und diese sind als ideelle Entitäten prinzipiell nicht übermittelbar. Ausgangspunkt der Betrachtung sind daher immer die Signifikanten und ihre Verknüpfungen und nicht die Absicht der Autorinnen und Autoren, denn welche Signifikationsprozesse diese auch im Sinn gehabt haben mögen, entscheidend ist, welche auch realisierbar sind, und dabei ist der Text und sein sozialhistorischer Kontext die alleinige Autorität. Eine Autorität, die im übrigen sehr viel weniger gebieterisch ist als die der AutorInnen, denn während eine Lesart, die nach der Intention sucht, immer eine allzeit gültige Signifikation vorsieht, bedeutet der Verzicht hierauf das Offenbleiben für neue Ideen und Erkenntnisse.

Signifikation (= Zuordnung von Signifikaten zu Signifikanten)

Diese Vorstellung hat Roland Barthes zur radikalen These vom „Tod des Autors" gebracht. Er führt aus:

„Tod des Autors"

Wir wissen jetzt, daß ein Text nicht aus einer Reihe von Wörtern zusammengesetzt ist, die einen einheitlichen Sinn freisetzt, und zwar auf irgendeine theologische Weise (die die ‚Message' des Autor-Gottes wäre), sondern ein vieldimensionaler Raum, in dem eine Vielzahl von Schreibweisen, die allesamt keine Originale sind, sich verschmelzen und sich abstoßen. Der Text ist ein Gewebe von Zitaten, die ihren Ursprung in tausend Bereichen der Kultur haben. [...] Der Schreibende kann nur einen Gestus imitieren, der immer schon überliefert ist, niemals jedoch originär. Aus eigener Kraft kann er nur Schreibweisen vermischen, eine der anderen entgegensetzen, und zwar so, daß er niemals bei einer einzelnen verweilt. Bevor er den Versuch macht, sein ‚Innerstes' zu äußern, sollte er zumindest wissen, daß das ‚Innere', das er zu übersetzen glaubt, selbst nur ein fertiges Wörterbuch ist, dessen Wörter nur durch andere Wörter erklärbar sind u.s.w. ad infinitum. (Barthes 1984, 65; Übertragung von Thomas Eicher)

Diese Aussagen stellen eine Radikalisierung der oben erwähnten Intertextualitäts-Theorie dar. Der literarische Text erscheint nunmehr gänzlich als aus anderen Texten bestehend, nicht nur aus literarischen, sondern auch aus solchen, die in den unterschiedlichsten Bereichen der Gesellschaft entstanden sind wie in den Medien oder im juristischen oder technischen Sprachgebrauch. Wir wollen im folgenden solche ‚Spezialsprachen', die in den verschiedensten Praxisbereichen unserer arbeitsteilig organisierten Gesellschaft entstanden sind, mit Michel Foucault *Diskurse* nennen. Autoren nun leisten nach Barthes nicht viel mehr, als die *Selektion* und *Kombination* dieser sie umgebenden Diskurse und dies nach Regeln, die durch die schon immer vorhandene Sprache vorgegeben werden. In gewisser Weise können wir den Begriff ‚Autor' im literarischen Kommunikationsmodell ersetzen durch das Bild des Brennglases, das die verschiedensten Diskurse einer Zeit bündelt.

Diskurs

Selektion und Kombination von sprachlichen Einheiten vgl. S. 57f.

Nun können und wollen wir nicht leugnen, daß literarische Texte höchst unterschiedliche und individuelle Erscheinungen sind. Wenn wir also sagen, daß Autoren die Selektion und Kombination von Diskursen nach den Regeln der Sprache vornehmen, wollen wir sie nicht ihrer Subjektivität berauben. An welchen Diskursen der oder die Schreibende teilhat, welche Diskurse miteinander in Beziehung gesetzt werden und wie dies geschieht, ist sicherlich (auch) ein subjektives Phänomen. Hier aber sind wir wieder bei der Intentionalitäts-Debatte angelangt. Wir können nicht entscheiden, warum oder wieso etwas von einer Autorin bzw. einem Autor ausgewählt wurde. Wir können lediglich feststellen, daß es geschehen ist und, gegebenenfalls, nach welchen Regeln.

Arbeitsaufgaben:

(13) Suchen Sie nach Texten, die sie in besonderer Weise als „Gewebe von Zitaten" empfinden.

(14) Finden Sie weitere Beispiele für ausdifferenzierte Praxisbereiche in unserer Gesellschaft mit eigenen Diskursen. Versuchen Sie eine Beschreibung dieser Diskurse etwa nach ihrer Wortwahl, ihrem Satzbau etc. Achten Sie dabei auch einmal darauf, wer diese Diskurse gebrauchen darf.

1.4.4 Einfache und komplexe Zeichen

Literarische Texte als komplexe Zeichen produzieren einen Mehrwert an Sinn.

Für die Beschäftigung mit Texten ist es sinnvoll, zwischen *einfachen* und *komplexen Zeichen* zu unterscheiden. Bei einem einfachen Zeichen handelt es sich um einen isolierten Signifikanten, etwa bei einem alleinstehenden Wort, während bei einem komplexen Zeichen mehrere Signifikanten miteinander kombiniert werden, wie dies eben in der Literatur der Fall ist. Durch die Art und Weise, in der die Signifikanten dabei verarbeitet werden und wie sie zueinander in Beziehung treten, entsteht ein Signifikat, das ‚mehr' bedeutet als die bloße Summe der Signifikate der isolierten Signifikanten und dies umso mehr, als Mittel zur Bearbeitung der Ausdrucksseite des Textes aufgewendet werden. Gerade jene Mittel im Text aufzufinden, die seinen ‚Bedeutungs-Mehrwert' produzieren, wird wesentliche Aufgabe dieses Kurses sein und deshalb an einigen Stellen dieses Buches wieder aufgegriffen. Ein einfaches

Beispiel

Beispiel soll den Sachverhalt zunächst nur grob veranschaulichen. Nehmen wir hierzu unser schon bekanntes „Milch macht müde Männer munter". Auffällig ist die Wiederholung des Lautes /m/ am Wortanfang (=Alliteration), durch die ein viel höherer Aufmerksamkeitsgrad erreicht wird als durch den Satz „Milch stärkt und erfrischt", dessen Signifikat mit dem des ersten Satzes in etwa übereinstimmt. Hinzu kommt, daß uns durch die Alliteration der Gebrauch des Wortes ‚Männer' so plausibel erscheint, daß niemand auf die Idee käme, bei Frauen gäbe es die erweckende Wirkung der Milch nicht. Die Lautstruktur liefert also gleichsam eine Legitimation dafür, daß Frauen hier nicht erwähnt werden, auch wenn sie sicherlich angesprochen werden. Ende der sechziger Jahre, als diese Werbung entstand, konnten sich die Werbetexter jedoch auch aus anderen Gründen sicher sein, die Frau als Käuferin auf diese Weise erreichen zu können, galt sie doch damals – weniger hinterfragt als heute – als Verantwortliche für das Wohlergehen ihres Mannes. Dieser Gedanke führt uns aber wieder einmal zurück zu der Notwendigkeit, den sozial-historischen Kontext einer Aussage zu berücksichtigen.

Wir wollen als Zusammenfassung nun noch einmal eine ausführliche Definition des Zeichenbegriffs durch Umberto Eco zitieren:

Ein Zeichen korreliert immer Elemente einer *Ausdrucksebene* mit Elementen einer *Inhaltsebene*. Immer wenn eine von einer menschlichen Gesellschaft anerkannte Korrelation dieser Art besteht, liegt ein Zeichen vor. Nur in diesem Sinne ist es möglich, Saussures Definition, wonach ein Zeichen die Entsprechung zwischen einem Signifikanten und einem Signifikat ist, zu akzeptieren. Aus diesem Ansatz ergeben sich einige Konsequenzen: (a) *Ein Zeichen ist keine physische Entität*, denn diese ist höchstens das konkrete Exemplar des relevanten Ausdruckselements; (b) *ein Zeichen ist keine fixe semiotische Entität*, sondern eher ein Treffpunkt unabhängiger Elemente (die aus zwei unterschiedlichen Systemen zweier verschiedener Ebenen kommen und aufgrund einer Codierungskorrelation assoziiert werden). Genaugenommen gibt es nicht Zeichen, sondern nur *Zeichenfunktionen*. Hjelmslev zufolge „scheint es aber angemessen zu sein, das Wort *Zeichen* zu verwenden als Name für die Einheit aus Inhaltsform und Ausdrucksform, die von der Solidarität, die wir die Zeichenfunktion genannt haben, etabliert wird". (Eco 1987, 76 f.)

Zeichen und
Zeichenfunktion

Arbeitsaufgabe:

(15) Versuchen Sie, anhand weiterer Materials, z.B. aktueller Werbung, den Effekt, daß zusätzliche Bedeutung durch die Bearbeitung der Signifikanten erzielt wird, zu beschreiben.

1.4.5 Der sprachliche Signifikant

Eco führt aus, daß Signifikat und Signifikant aus zwei unterschiedlichen Systemen stammen. Die Semiotik geht davon
aus, daß beide Systeme unabhängig voneinander, aber nach
dem gleichen Prinzip der *Differentialität* organisiert sind. Was

Differentialität ist darunter zu verstehen? Wenden wir uns zunächst der Ausdrucksseite des sprachlichen Zeichens zu. Eine der Wissen-
schaftsdisziplinen, die sich hiermit beschäftigt, ist die *Phonologie.* Sie ist Teilgebiet der Linguistik und soll daher nur kurz
behandelt werden. In diesem Bereich ist die Differentialität
gleichsam augenfällig. Der Signifikant ‚Tanne' klingt, wenn
auch nur geringfügig, anders als der Signifikant ‚Wanne', seine
schriftliche Darstellung sieht anders aus. Wir gehen jedoch
zunächst nur von der lautlichen Realisierung aus, da Alpha-
bet-Schriften zu einem gewissen Teil lediglich lautliche Phänomene visualisieren. Ein solches Wortpaar wie das obige

Minimalpaar wird in der Phonologie *Minimalpaar* genannt. Mit Hilfe dieser Minimalpaare kann man erkennen, welche kleineren lautlichen Einheiten die Differenzialität der Signifikanten begründen. In diesem Falle handelt es sich um die Laute /t/ bzw. /v/,
die wir in Schrägstriche setzen, um deutlich zu machen, daß
wir von der Lautebene reden. Derartige kleinste bedeutungsunterscheidende lautliche Einheiten nennen wir *Phoneme.* Es
ist wichtig zu sehen, daß es im Deutschen keine 1:1-Korrelati-
on zwischen den Buchstaben bzw. Buchstabengruppen und
den Phonemen gibt. Der Buchstabe ‚u' kann sowohl für das
lange /u:/ wie in ‚Hut' stehen als auch für das kurze /u/ wie in
‚Schuft', im letzten Beispiel sind es nicht die isolierten Buchstaben ‚s', ‚c' und ‚h', die die Bedeutungsunterscheidung etwa
zu ‚Luft' bewirken, sondern die Buchstabengruppe ‚sch', die
für das Phonem /ʃ/ steht.

Wir können nun feststellen, daß einige der von uns als
Verfremdung charakterisierten Phänomene korrekter als
Verfremdungen des sprachlichen Signifikanten verstanden
werden müssen. Hier gilt es jedoch, noch einmal zu unter-

Beispiel scheiden. Bei dem Slogan „Mars macht mobil / bei Arbeit,
Sport und Spiel" handelt es sich offenbar um lautliche Verfremdungen vor der automatisierten Folie Umgangssprache,
da in ihr die dreimalige Wiederholung des Lautes /m/ (Alliteration) sehr unwahrscheinlich ist. Zudem wiederholt sich die
Lautkombination /i:l/ am Wortende (Reim) nach ‚mobil' noch
einmal in ‚Spiel', ebenfalls eine Rekurrenz, die in der vor allem an der Semantik orientierten Umgangssprache sehr unüb-

lich ist. Für Link sind die klassischen rhetorischen Figuren Alliteration, Assonanz und Reim als Verfremdung durchschnittlicher Rekurrenzen zu verstehen. Er definiert:

> Das phonologische System einer Sprache legt die möglichen Phonem-Kombinationen fest und führt dadurch zu einer typischen Gestalt der Distribution von Phonemen. Es gibt dementsprechend statistische Wahrscheinlichkeiten für die **Rekurrenz von Phonemen**. [...] Betrachtet man diese durchschnittliche Rekurrenz als automatisierte Folie, so läßt sich durch **erhöhte Rekurrenz einzelner Phoneme** ein Verfremdungseffekt erzielen. (Link 1985, 104)

Verfremdung als erhöhte Phonemrekurrenz

Arbeitsaufgabe

(16) Erklären Sie mit Hilfe der Definition Links die Besonderheiten des folgenden Gedichts von Ernst Jandl.

ottos mops	otto holt koks	ottos mops klopft
ottos mops trotzt	otto holt obst	otto: komm mops komm
otto: fort mops fort	otto horcht	ottos mops kommt
ottos mops hopst fort	otto: mops mops	ottos mops kotzt
otto: soso	otto hofft	otto: ogottogott

Auf einer ganz anderen Ebene bewegt sich der folgende Text von Jandl, dessen Wirkung allein auf der graphischen Anordnung der Signifikanten beruht. Derartige Verfahren stellen eine graphische Verfremdung dar.

Graphische Verfremdung

```
ebbeebbeebbeebbeebbeflut
ebbeebbeebbeebbeebbeebbe
ebbeebbeebbeebbeebbeflut
ebbeebbeebbeebbefluuuuut
ebbeebbeebbefluuuuuuuuut
ebbeebbefluuuuuuuuuuuuut
ebbefluuuuuuuuuuuuuuuuut
fluuuuuuuuuuuuuuuuuuuuut
ebbefluuuuuuuuuuuuuuuuut
```

Beispiel

Ein ganz ähnliches Phänomen liegt vor, wenn Wolfgang Hilbig in seinem Roman „Ich" folgende Variationen der Schreibweise dieses Personalpronomens verwendet: „ICH", „Ich", „ich", Ich und ich.

Wir können nun mit einigem Recht sagen, in dieser Bearbeitung des Signifikanten eine der Besonderheiten literarischer Texte, vor allem natürlich von Lyrik, entdeckt zu haben. Wir haben bereits an verschiedenen Werbetexten gesehen, daß hierdurch Aufmerksamkeit erregt wird. Umberto Eco geht jedoch noch viel weiter:

> Ein ästhetischer Text involviert eine ganz besondere Arbeit, nämlich
> eine besondere **Bearbeitung des Ausdrucks** [...]; diese Bearbeitung
> des Ausdrucks löst aus (und wird ausgelöst von einer) **Neubewer-
> tung des Inhalts** [...] ; diese ganze Operation bringt [...] häufig eine
> neue Art von **Weltsicht** hervor. (Eco 1987, 347)

Arbeitsaufgabe:

*(17) Erklären Sie mit dem bisher Gesagten die angewandten Verfahren in folgendem
Text, der auch von Ernst Jandl stammt. Diskutieren Sie an diesem Beispiel die
These Ecos.*

ERNST JANDL: Lichtung

Manch einer meint
lechts und rinks
kann man nicht
velwechsern.
Werch ein Illtum!

Eine Beschränkung auf
die Inhaltsebene stellt
eine unzulässige Veren-
gung für die Beschäfti-
gung mit Literatur dar.

Der Gedanke Ecos, der wiederum Überlegungen der russischen Formalisten aufgreift, legitimiert sowohl das Vorgehen
der Literatur als auch die Beschäftigung mit ihr, denn in ihr
wird die Möglichkeit gesehen, gewohnte Wahrnehmungsmu-
ster zu durchbrechen und zwar allein schon durch die Bearbeitung der Signifikanten, wofür das Gedicht von Jandl ein
gutes Beispiel darstellt. Dies heißt aber auch, daß jede Beschäftigung mit Literatur, die sich nur auf die Inhaltsseite des
Textes beschränkt, ihr nicht nur nicht gerecht wird, sondern
sich auch dieser möglichen veränderten Weltsicht beraubt.

Wir sollten nun nicht den Fehler begehen zu denken, daß
nur Lyrik diese besondere Bearbeitung des Ausdrucks leistet,
wir finden sie auch in Prosatexten, wie das nächste Beispiel
zeigt:

Beispiel   Aus: ARNO SCHMIDT: Seelandschaft mit Pocahontas

[...] Auch drinnen wars propper; alles Klos mit Wasserspülung (dazu
die Illustrierte: Professor Baade hatte entdeckt, daß sich Miss Leavitt
in bezug auf die Entfernung der δ = Cepheiden geirrt hätte; und ich
griff, wieder ein abgerissenes Eckchen klüger, befriedigt nach dem
vermessingten Kettchen). / Unten schon das Werbefrühstück: Kar-
toffelsalat mit Würstchen; richtige gute Butter zum Brot. Und Boh-
nenkaffe?: Potz Knack- Schlack-, Blut- und Leberwurst! (Für uns
Vierzehntagsgäste, zwar extra angerichtet; aber immerhin) „Neenee,

Verpflegung iss in Ordnung hier!" entschied Erich energisch: „Volle Pangsion 8 Mark pro Kopf und Tag – alasmann: ich zahl schonn –" (‚Geben ist seeliger denn Nehmen') „und absetzen kann ichs ooch noch!" vertraute er mir an. / Die S-prache in Oldenburg wie in alter Zeit (die Wirtsfamilie näherte sich, Einer löste immer die Andere ab): die Leute konnten kein „sch" am Wortanfang aussprechen! Entweder sagten sie ssön oder Skule, sslimm und Gesellskaft. […]

Arbeitsaufgabe:

(18) *Wo können Sie eine besondere Bearbeitung des Ausdrucks festmachen? Nutzen Sie bei Ihren Erklärungen den Verfremdungsbegriff.*

1.4.6 Struktur sprachlicher Signifikate

Wenn wir uns nun der Ebene der Signifikate zuwenden, dann gilt es einzugestehen, daß das folgende Verdikt Umberto Ecos, das bereits aus dem Jahre 1976 stammt, noch immer seine Gültigkeit besitzt: „Es besteht eine beachtliche Kluft zwischen der Fähigkeit der Ausdruckswissenschaften zur Analyse ihrer Systeme und derjenigen der Inhaltswissenschaften für ähnliche analytische Prozeduren". (Eco 1987, 110) Diese Inhaltswissenschaften nennen wir *Semantik,* d.h. die Lehre von den Bedeutungen. Wir werden im folgenden die Grundgedanken der von Algirdas J. Greimas entwickelten *strukturalen Se-* **Strukturale Semantik** *mantik* vorstellen, die in der Anwendung durch Jochen Schulte-Sasse und Renate Werner ihren hohen operativen Wert für die Literaturwissenschaften bewiesen hat.

Grundüberlegung der strukturalen Semantik ist, daß für das Signifikat dasselbe gilt wie für den Signifikanten: Es wird dadurch identifizierbar, daß es sich in einem System mit anderen Signifikaten befindet, zu denen es eine Differenz aufweist. In diesem Sinne erhält das Signifikat des Wortes ‚Frau' allein dadurch Bedeutung, daß es einen Unterschied zu anderen Signifikaten aufweist. Es steht etwa in Opposition zu dem Signifikat des Wortes ‚Mann', weil einmal ein weiblicher erwachsener Mensch und einmal ein männlicher erwachsener Mensch bezeichnet wird. ‚Weiblich' bzw. ‚männlich' sind damit aber offensichtlich distinktive Merkmale analog zu den Phonemen auf der Signifikanten-Ebene. Wir wollen solche bedeutungsunterscheidenden Merkmale des Signifikaten künftig *Seme* **Sem** nennen und sie in eckige Klammern setzen. [Weiblich] ist also ein Sem des Wortes ‚Frau‘. Indem wir nun weitere Oppositionen bilden, erkennen wir weitere Seme von ‚Frau‘, so das Sem [erwachsen] bei der Unterscheidung zu ‚Mädchen‘ oder das Sem [menschlich] bei der Unterscheidung zu ‚Löwin‘. Wir können das Signifikat also als ein Bündel bedeutungsunterscheidender Merkmale oder knapper als *Sem-Bündel* verstehen.

Signifikate als Sem-Bündel

Ihre bedeutungsunterscheidende Qualität erhalten die Begriffe durch die oppositionellen Seme. Wir können jedoch feststellen, daß unsere Beispiele auch gemeinsame Seme mit ‚Frau‘ aufweisen. Wenn Wörter nun durch gemeinsame Seme miteinander verbunden sind, sprechen wir von einer *semantischen Reihe*. ‚Mann‘, ‚Frau‘, und ‚Mädchen‘ bilden also eine semantische Reihe mit dem gemeinsamen Sem [menschlich], das gemeinsame Sem [weiblich] konstituiert etwa die semantische Reihe ‚Frau‘, ‚Mädchen‘ und ‚Löwin‘.

Semantische Reihe siehe auch *Paradigma* vgl. S. 57

Um die Seme eines Begriffes herauszuarbeiten, empfiehlt es sich, *Binäroppositionen* wie die obigen zu bilden. Sie sind darüber hinaus unserem Denken sehr vertraut und finden sich in unserem Sprachsystem überaus häufig. Dabei sollte jedoch nicht außer acht gelassen werden, daß auch *mehrgliedrige Sprachoppositionen* existieren. ‚Frau‘ kann nicht nur zu ‚Mädchen‘ in Opposition stehen, sondern auch zu ‚Greisin‘, welches ja wiederum auch zu ‚Mädchen‘ in Opposition steht. Es handelt sich hier also um eine dreigliedrige Sprachopposition.

Binäre und mehrgliedrige Sprachoppositionen

Wie wir gesehen haben, steht jeder Begriff unseres Sprachsystems über Ähnlichkeiten oder Oppositionen mit vielen weiteren in Beziehung. In diesem System von Ähnlichkeiten und Oppositionen konstituiert sich auch die Bedeutung von Texten. Daher ist es unsere Aufgabe, diese Beziehungen zu erschließen.

Arbeitsaufgaben:

(19) Bilden Sie weitere Oppositionen zu ‚Frau‘ und finden Sie so weitere Seme heraus. Bilden Sie hierzu jeweils eine semantische Reihe. Sehen Sie weitere mehrgliedrige Oppositionen?

(20) Fahren Sie so auch mit eigenen Beispielen fort. Benutzen Sie dabei auch Adjektive wie ‚hoch‘ oder ‚arm‘ und Verben wie ‚laufen‘ oder ‚reden‘.

1.4.6.1 Sprachliche Oppositionen in Texten

Viele Texte machen sich das Prinzip der Bedeutungserzeugung mit Hilfe von Oppositionen zunutze. Als Beispiel

wählen wir das Motto des „Hessischen Landboten", einer Zeitschrift Georg Büchners: „Friede den Hütten! Krieg den Palästen!" Die erste Opposition ist ‚Krieg' vs. (für versus = gegen) ‚Friede', eine in unserem Sprachsystem gängige Gegenüberstellung. Etwas anders verhält es sich bei der Opposition ‚Paläste' vs. ‚Hütten'. Sie beruht auf den gegensätzlichen Semen [Behausung armer Leute] vs. [Behausung reicher Leute] und hat weitaus mehr mit einer sozialen und politischen Position des Textes als mit einer schon in der Sprache gegebenen Unterscheidung zu tun. Wir sprechen daher von einer *sozialen Opposition*. Gerade an der Konstruktion solcher sozialen Oppositionen läßt sich die ideologische Perspektivierung eines Textes erkennen, wobei wir unter *Ideologie* sehr weit   Ideologie
all jene Äußerungen mit Ausnahme wissenschaftlicher Stellungnahmen fassen, die erkennbar Position beziehen zu gesellschaftlichen Fragen einer Zeit.

Arbeitsaufgabe:

(21) Binäroppositionen sind keineswegs auf politische oder politisch motivierte Texte beschränkt, sondern konstitutives Element vieler anderer Texte. Folgendes Sonett von Bertolt Brecht entwirft eine sehr komplexe Struktur solcher Oppositionen, um eine (Liebes?-)Beziehung zu beschreiben. Welche Oppositionen können Sie in diesem Text erkennen?

BERTOLT BRECHT: Erstes Sonett

Als wir zerfielen einst in DU und ICH	Blieb zugeeignet und wurd doch entzogen
Und unsere Betten standen HIER und DORT	War nicht zu brauchen und war doch vorhanden
Ernannten wir ein unauffällig Wort	War wohl nicht da, doch wenigstens nicht fort
Das sollte heißen: ich berühre dich.	
Es scheint: solch Redens Freude sei gering	Und wenn um uns die fremden Leute standen
Denn das Berühren selbst ist unersetzlich	Gebrauchten wir geläufig dieses Wort
Doch wenigstens wurd „sie" so unverletzlich	Und wußten gleich: wir waren uns gewogen.
Und aufgespart wie ein gepfändet Ding.	

1.4.6.2 Dominantsetzung von Semen

Wir haben gesagt, daß sich das Signifikat eines Wortes als ein ganzes Bündel von Semen darstellt. So ein Wort mit allen seinen Bedeutungsmöglichkeiten nennen wir *Lexem*. In einer   Lexem
Kommunikationssituation sind aber gar nicht alle Seme eines Lexems relevant, sondern oft nur ein einzelnes. Wenn eine

Beispiel

Programmiererin sagt: „Nach dem ganzen Tag am Computer freue ich mich auf ein Gespräch mit meinem Mann", ist nicht die Geschlechtszugehörigkeit oder der Erwachsenenstatus des Lexems ‚Mann' von Bedeutung, sondern das Sem [menschlich]. Ein Lexem nun, dessen Bedeutungsvielfalt in einem Kommunikationszusammenhang – wir können auch sagen: in einem Kontext – auf ein Sem reduziert wird, heißt *Semem*. Diesen Prozeß der Bedeutungsfestlegung auf ein Sem bezeichnet man als *Monosemierung*. Er ist nicht so zu verstehen, daß die anderen Seme gänzlich unbedeutend würden, es wird aber jeweils ein Sem dominant gesetzt. Damit haben wir auch den letzten in diesem Zusammenhang wichtigen Begriff erklärt. Ein Sem, das in *einem* Kontext mehrfach dominant gesetzt erscheint, wird *Klassem* genannt.

Klassem

Wie aber wird diese Dominantsetzung von Semen, die wir auch als Selektion eines Sems begreifen können, geleistet? Zunächst einfach dadurch, daß weitere Sememe des Kontextes dasselbe Sem transportieren. In unserem Beispiel wäre dies das Semem ‚Gespräch', das als menschliche Tätigkeit ebenfalls das Sem [menschlich] besitzt. Aber hier wird auch die Funktion der oppositionellen Begriffe noch einmal deutlich, denn der Beispielsatz gewinnt seine Bedeutung ja vor allem vor dem Hintergrund, daß das Semem ‚Computer' genau das Klassem [nicht-menschlich] aktualisiert. Etwas paradox können wir also obige Frage wie folgt beantworten: Die Dominantsetzung von Semen erfolgt durch die Wiederholung der gleichen oder die Nennung oppositioneller Seme.

Grundsätzlich kann die Selektion des Klassems auch durch den außersprachlichen Kontext erfolgen. Wenn Sie in ein Sanitär-Fachgeschäft gehen und einen ‚Hahn' verlangen, wird niemand glauben, daß Sie ein Tier meinten. Wir sprechen in diesem Fall von einer *situationellen Selektion* im Unterschied zu der oben beschriebenen *innertextuellen Selektion*. So eine situationelle Dominantsetzung eines Sems kann in der Regel nur in realen Kommunikationssituationen wie in Gesprächen erfolgen. In der Literatur kann sie jedoch sehr wohl beschrieben werden.

Situationelle vs. innertextuelle Selektion

1.4.6.3 Probleme der Zuweisung von Semen

Wenn wir dieses semanalytische Verfahren auch für besonders operationalisierbar halten, wollen wir nicht seine Probleme verschweigen. Offen bleibt nämlich die Frage, welche Seme notwendig zu einem Lexem gehören und wie und von wem diese Festlegung erfolgt. Es gibt sicherlich keine Diskussion darüber, daß das Lexem ‚Mann' Seme wie [männlich], [menschlich] und [erwachsen] transportiert und das Lexem ‚Frau' im Gegensatz dazu [weiblich], [menschlich] und [erwachsen]. Anders als bei diesen im weiteren Sinne biologischen Größen verhält es sich bei sozialen Qualitäten, wie sie etwa in Schillers „Glocke" diesen Lexemen zugeordnet werden.

[...]   Beispiel
Der Mann muß hinaus
Ins feindliche Leben,
Muß wirken und streben
Und pflanzen und schaffen,
Erlisten, erraffen,
Muß wetten und wagen,
Das Glück zu erjagen.
Da strömet herbei die unendliche Gabe,
Es füllt sich der Speicher mit köstlicher Habe,
Die Räume wachsen, es dehnt sich das Haus.
Und drinnen waltet
Die züchtige Hausfrau,
Die Mutter der Kinder,
Und herrschet weise
Im häuslichen Kreise,
Und lehret die Mädchen,
Und wehret den Knaben,
Und reget ohn Ende
Die fleißigen Hände,
Und mehrt den Gewinn
Mit ordnendem Sinn
[...]

Der Text erweitert hier die zunächst nur biologische Opposition ‚Mann' vs. ‚Frau' um soziale Eigenschaften, die heute vielen Frauen und manchen Männern die Zornesröte ins Gesicht treiben würden. Zweifelsohne aber würden einige andere Menschen der heutigen BRD gar nichts Anstößiges dabei finden, und im 19. Jahrhundert waren diese Eigenschaften kaum hinterfragter gesellschaftlicher Konsens. Können wir dann die Seme [familienorientiert] und [bewahrend] dem Lexem ‚Frau', die Seme [gesellschaftsorientiert] und [produktiv] dem Lexem ‚Mann' zuordnen? Die Antwort kann nicht generalisierend gegeben werden. Für diesen Text ist es zutreffend und auch für die meisten Texte vom späten 18. Jahrhundert bis in das frühe 20. Jahrhundert. Für unsere Gesellschaft können wir

> Sem-Zuordnungen unterliegen gesellschaftlichen Veränderungen.

feststellen, daß um die Semantik dieser Begriffe intensiv gerungen wird. Wir können an diesem Beispiel zweierlei erkennen: Die historische Wandelbarkeit des sprachlichen Signifikats, von der wir bereits gesprochen haben, kann sich als Wandlungen der Semzuweisungen eines Lexems darstellen. Zudem müssen wir nicht nur der historischen Wandelbarkeit von Bedeutungen Rechnung tragen, sondern auch der Tatsache, daß sich eine Gesellschaft innerhalb einer historischen Situation nicht als kohärente Ganzheit präsentiert. Die Semantik eines Lexems kann daher abhängig sein von der kulturellen und ideologischen Position derer, die es benutzen.

> Aufgabe der literaturwissenschaftlichen Beschäftigung mit Texten ist es auch, ideologische Positionen zu erkennen.

Eine derartige Position zu bestimmen, ist Aufgabe jeder Beschäftigung mit literarischen Texten, die nicht denkbar ist als textimmanentes Verfahren. Vielmehr müssen hierfür weitere Texte und Dokumente der Zeit ergänzend zu Hilfe genommen werden.

Es wird jedoch nicht immer so einfach sein wie in dem Schiller-Text, Semzuweisungen an strittigen Begriffen vorzunehmen. Wir müssen daher zugestehen, daß dieses Verfahren zum jetzigen Zeitpunkt durchaus noch zu verbessern ist, da ein Rest an subjektiver Wertung bestehen bleibt.

Arbeitsaufgabe:

(22) Versuchen Sie an folgendem Text eine Anwendung der oben vorgestellten Begriffe.

HELMUT HOLTHAUS: Geschichte

Woraus zu erfahren, wie das moderne Zachurenmädchen von seinem Schwarm spricht. Deprimierend für Männer.

Im Zug zwischen Quap und Zachzarach führten zwei junge Mädchen das folgende Gespräch.

Er ist rabenschwarz, schwärmte die eine. Interessant, sage ich dir! Ich träume nachts von ihm.

Du, stell dir vor, sagte die andere, ich habe gestern abend auch einen kennengelernt, einen großen, ganz eleganten ... ich bin ganz weg!

Sie tauschten ihre Abenteuer aus, ohne sich durch meine Gegenwart im geringsten genieren zu lassen, obwohl ich ihnen dicht gegenübersaß in dem engen Bahnabteil. In ihren Augen war ich so alt wie die Eisenbahn und dementsprechend so gut wie nicht vorhanden, ich hatte abgedankt. Dabei bin ich noch gar nicht so alt, o, keineswegs. Aber sag das einer diesen jungen Dingern!

Sie flammten beide von Verliebtheit. Ist deiner auch schwarz? Nein, cortinagrau, sehr vornehm. Und eine Haltung hat er! Er bezauberte mich gleich mit seiner guten Haltung auf der Straße.

Meiner ist mehr sportlich. Kraftgeladen und voll von Temperament. Er hat ein ganz klar und einfach geformtes Gesicht. Klassische Schlichtheit und Doppelauspuff. Hat deiner auch einen Doppelauspuff?

Selbstverständlich. Meinst du vielleicht nicht?

So sprechen die jungen Zachurinnen heutzutage von den jungen Männern, oder vielmehr von deren Autos. Männer, es ist traurig! Die Jünglinge wurden weiter nicht erwähnt, obwohl sie wahrscheinlich auch mit dringesessen hatten in den Autos.

Ich erfuhr noch weitere Personalien aus dem Munde der verliebten Mädchen. Der eine Schwarm wog tausendsechzig Kilo und machte fünftausend Umdrehungen in der Minute, eine Leistung, die man bei diesem schweren Jungen bewundern mußte. Er hatte aber auch einen ungeheuren Hubraum! Die Heckflossen hatte er abgelegt. Hat deiner noch Heckflossen?

Wofür hältst du mich? Heckflossen sind doch nicht mehr modern! Aber geländegängig ist er, also so was von Geländegängigkeit hast du noch nicht erlebt. Vierzig Prozent Steigfähigkeit! Da staunst du, was?

Gar nicht. Meiner hat ein bildschönes Vollsynchrongetriebe. Hat deiner auch ein Vollsynchrongetriebe?

Als ich ausstieg, waren die Mädchen bei der Frischölschmierung und beim gehobenen Fahrkomfort angelangt.

Bei allen Schikanen! Da wundert man sich, daß die jungen Zachuren heutzutage alle motorisiert sein wollen? Sie haben ganz recht. Ich an ihrer Stelle wollte es auch. An dem Fahrzeug läge mir allerdings nichts. Aber ein Mädchen wollte ich auch haben!

Wenn ich nicht schon eins hätte – ich konnte es damals unmotorisiert erringen – ließe ich mich generalüberholen und schaffte mir ein schickes Auto an. Und wenn es ein heizbares Nashorn mit aufgebauter Windmühle sein müßte, schaffte ich mir auch das an.

Das wäre mir ganz egal.

1.4.6.4 Die Isotopie

Wie wir oben bereits erwähnt haben, sind auch die Ähnlichkeiten des Sprachsystems für die Konstitution von Texten von Bedeutung. Greimas hat diesen Umstand unter den Begriff der *Isotopie* gefaßt. Unter einer Isotopie ist die Rekurrenz, also das wiederholte Auftreten gleicher Klasseme in unterschiedlichen Sememen oder Semem-Gruppen eines Textes zu verstehen. Hierdurch erhält ein Text erst seinen inneren Zusammenhalt, wir sprechen von *Kohärenz*. Dabei können wir beobachten, daß auch Isotopien häufig in Form einer Binär-Opposition organisiert sind.

Kohärenz

Wir gehen zunächst von einem nicht-literarischen Beispiel aus. Es handelt sich bei dem folgenden Text um den Auszug aus einem Kommentar anläßlich des Erringens der deutschen Fußballmeisterschaft durch Borussia Dortmund.

Beispiel

Ein Meister für Kopf und Herz

Das Geheimnis des Dortmunder Erfolgs heißt Hirn und Herz. Präsident Niebaum gilt als scharf abwägender Realist, freilich als einer mit Visionen, aber er bekannte sich an diesem Wochenende zu tiefgreifenden Emotionen. Und sogar den klugen Kopf Ottmar Hitzfeld, der, wie es schien, nichts als nüchternes Kalkül gelten läßt, übermannte in der Minute des Triumphes die Rührung. Er weinte vor Glück. (Ruhr-Nachrichten, 19.6.95)

Wir können hier schon der Überschrift entnehmen, welche Opposition in diesem Text bedeutsam ist. Auf der einen Seite finden wir den ‚Kopf‘, der für das Klassem [Rationalität] steht, auf der anderen Seite das ‚Herz‘ für [Emotionalität]. Neben ‚Kopf‘ aktualisieren aber auch die Sememe bzw. Semem-Gruppen ‚Hirn‘, ‚scharf abwägender Realist‘, ‚kluger Kopf‘ und ‚der nichts als Kalkül gelten läßt‘ das Klassem [Rationalität], während wir das Klassem [Emotionalität] in ‚Herz‘, ‚tiefgreifende Emotionen‘, ‚übermannte‘, ‚Rührung‘ und ‚weinte vor Glück‘ finden. Die Rekurrenz dieser beiden oppositionellen Seme bildet nun die Isotopie [Rationalität] vs. [Emotionalität]. Sie gewährleistet unter anderem, daß wir den Text als zusammenhängend empfinden und stellt gleichfalls etwas wie die Aussage oder den Sinn des Textes dar, denn die Besonderheit des sportlichen Erfolges wird darin gesehen, daß eine Vermittlung der in unserer Gesellschaft als Antagonisten empfundenen Eigenschaften [Rationalität] und [Emotionalität] gelungen ist. Wir werden noch sehen, daß literarische Texte sehr häufig eine Vermittlung antagonistischer Eigenschaften vornehmen.

> Die Isotopie bildet den ‚roten Faden‘ eines Textes.

Wir können nun feststellen, daß die Formulierung der die Isotopie konstituierenden Klasseme im Prinzip eine Interpretation darstellt, denn es handelt sich dabei um Elemente des Signifikats, das ja, wie wir gesehen haben, im Text nicht gegeben ist. Abschließend wollen wir unsere Ergebnisse in einer graphischen Darstellung visualisieren.

Klasseme	[Rationalität]	[Emotionalität]
Sememe oder	‚Hirn‘ ‚scharf abwägender Realist‘	‚Herz‘ ‚tiefgreifende Emotionen‘ ‚übermannte‘
Semem-Gruppen	‚kluger Kopf‘ ‚der nichts als Kalkül gelten läßt‘	‚Rührung‘ ‚weinte vor Glück‘

> Komplexe Isotopien siehe auch *Konzepte* vgl. S. 84-92

Für umfangreichere Texte, besonders aber für viele literarische Texte, gilt, daß ihre Isotopie nicht nur durch ein antagonistisches Klassempaar konstituiert wird wie im obigen Beispiel, sondern durch eine Kombination von mehreren Binäroppositionen. In diesem Falle ist es dann nicht nur notwendig, die einzelnen Klassem-Oppositionen zu bestimmen, sondern sich auch zu fragen, wie deren Verhältnis zueinander bestimmt ist. Gerade literarische Texte diskutieren hier gewohnte Zuordnungen bzw. stellen sie oft sogar offen in Frage. Die abschließende Arbeitsaufgabe zu diesem Kapitel bezieht sich daher auf einen kurzen Textausschnitt eines Romans von Herman Hesse, in dem wir eine gewohnte Zuordnung zweier Klasseme in Frage gestellt sehen.

Arbeitsaufgaben:

Aus: HERMANN HESSE: Narziß und Goldmund

Die Welt, in der er lebte und Heimat hatte, seine Welt, sein Klosterleben, sein Amt, seine Gelehrsamkeit, sein schön gegliedertes Gedankengebäude waren ihm durch den Freund oft stark erschüttert und zweifelhaft geworden. Kein Zweifel: vom Kloster aus, von der Vernunft und Moral aus gesehen war sein eigenes Leben besser, es war richtiger, steter, geordneter und vorbildlicher, es war ein Leben der Ordnung und des strengen Dienstes, ein dauerndes Opfer, ein immer neues Streben nach Klarheit und Gerechtigkeit, es war sehr viel reiner und besser als das Leben eines Künstlers, Vagabunden und Weiberverführers. Aber von oben gesehen, von Gott aus gesehen – war da wirklich die Ordnung und Zucht eines exemplarischen Lebens, der Verzicht auf Welt und Sinnenglück, das Fernbleiben von Schmutz und Blut, die Zurückgezogenheit in Philosophie und Andacht besser als das Leben Goldmunds? War der Mensch wirklich dazu geschaffen, ein geregeltes Leben zu führen, dessen Stunden und Verrichtungen die Betglocken anzeigten? War der Mensch wirklich dazu geschaffen, den Aristoteles und Thomas von Aquin zu studieren, Griechisch zu können, seine Sinne abzutöten und der Welt zu entfliehen? War er nicht von Gott geschaffen mit Sinnen und Trieben, mit blutigen Dunkelheiten, mit der Fähigkeit zur Sünde, zur Lust, zur Verzweiflung?

(23) Listen Sie zunächst wie bei dem Zeitungstext in einer Tabelle jene Sememe bzw. Sememgruppen auf, mit denen Sie möglichst viele Textelemente erfassen. Bilden Sie daraufhin die Klassem-Opposition, die die Isotopie bildet.

(24) Vor allem in den Fragen des Textes drückt sich eine weitere, jedoch nicht ganz ausgeführte Binäropposition aus. Versuchen Sie, diese zu formulieren.

(25) Bestimmen Sie das Verhältnis der von Ihnen herausgearbeiteten Klassem-Oppositionen zueinander. Was ist ungewöhnlich an diesem Verhältnis?

Weiterführende Literaturhinweise:

Eco, Umberto: Ökonomiekriterien. In: ders.: Die Grenzen der Interpretation. München 1995, 139-168 (zu 1.4.3)

Eimermacher, Karl: Zum Problem einer literaturwissenschaftlichen Metasprache. In: Sprache im technischen Zeitalter 48 (1973), 255-277 (zu 1.3.1)

Frank, Manfred: Zum Diskursbegriff bei Foucault. In: Diskurstheorien und Literaturwissenschaft. Hrsg. von Jürgen Fohrmann und Harro Müller. Frankfurt a. M. 1988, 25-44 (zu 1.4.3)

Japp, Uwe: Der Ort des Autors in der Ordnung des Diskurses. In: Diskurstheorien und Literaturwissenschaft. Hrsg. von Jürgen Fohrmann und Harro Müller. Frankfurt a. M. 1988, 223-234 (zu 1.4.3)

Kallmeyer, W./Klein, W./Meyer-Hermann, W./Netzer, K./Siebert, H.J.: Lektürekolleg zur Textlinguistik. Bd1.: Einführung. Frankfurt a. M. 1974, 97-176 (zu 1.4.6)

Sebeok, Thomas A.: Semiotik: Ein Überblick über den Zustand der Disziplin. In: ders.: Theorie und Geschichte der Semiotik. Reinbek bei Hamburg 1979, 15-66 (zu 1.4)

Sklovskij, Viktor: Die Kunst als Verfahren. In: Russischer Formalismus. Hrsg. von Jurij Striedter. 3. Auflage. München 1981, 3-35 (zu 1.2.1)

Striedter, Jurij: Zur formalistischen Theorie der Prosa und der literarischen Evolution. In: ders. Russischer Formalismus. 3. Auflage. München 1981, IX-LXXXIII (zu 1.1.3)

2. Aspekte der Lyrikanalyse

von Volker Wiemann

2.1 Begriffsbestimung

Wenn wir uns in diesem Kurs der bekannten Einteilung literarischer Produkte in lyrische, dramatische und erzählende Texte anschließen, dann folgen wir einer Rubrizierung mit einer langen Tradition. In Anknüpfung an antike Vorstellungen unterschied man zwischen den drei Gattungen *Lyrik, Dramatik* und *Epik*, die Goethe die „Naturformen der Poesie" nannte. Im Laufe der Zeit hat sich das Verständnis der Besonderheiten der einzelnen Gattungen jedoch so stark gewandelt, daß es mitunter schwer fällt, die Gemeinsamkeiten der Texte innerhalb einer Gattung zu erkennen. Es ist daher zunächst notwendig, einige Merkmale herauszuarbeiten, die eine klare Unterscheidung zwischen lyrischen Texten auf der einen Seite und dramatischen und erzählenden Texten auf der anderen Seite ermöglichen.

2.1.1 Dominanz der Deskription

Das erste und wichtigste Kriterium besteht für uns darin, daß lyrische Texte keine Handlung beschreiben. Unter Handlung verstehen wir, daß eine Ausgangssituation A in einen Zustand B übergeht, was sich formalisiert so darstellen läßt: A→B. Eine Zustandsveränderung von A nach B stellt in gewisser Weise eine Minimalanforderung an erzählende und dramatische Texte dar. In der Regel werden weitere derartige Prozesse beschrieben, die dann innerhalb des Textganzen als Teilhandlungen oder *Handlungssequenzen* verstanden werden können, so daß die Texte wie folgt formalisierbar wären: A→B→C→D→E etc.

Handlungssequenzen siehe auch *Untergeschichten* vgl. S. 82 f.

Diese Zustandsveränderung vollzieht sich in einer irreversiblen zeitlichen Abfolge, die für die Ordnung der Geschichte von entscheidender Bedeutung ist. Die Geschichte wäre zerstört, wenn die Logik der zeitlichen Abfolge zerstört würde. Konkret bedeutet dies etwa für einen Kriminalroman, daß dort keine Ermittlungen der Polizei erfolgen können, bevor

Narrative Texte besitzen eine irreversible zeitliche Ordnung.

eine Tat geschehen ist oder zumindest ein Verdacht aufkeimte. Natürlich müssen diese Teilhandlungen nicht in der Reihenfolge, in der sie zeitlich voneinander abhängen, berichtet werden. Viele Kriminalromane etwa leben ja davon, daß sie den Mordhergang, innerhalb der Handlung zu einem sehr frühen Zeitpunkt angesiedelt, erst am Schluß erzählen. Die einzelnen Teilhandlungen könnten also auch wie folgt im Text erscheinen: B→C→D→E→A oder auch noch komplexer. Die zeitliche Abfolge der Handlung ist für den Leser jedoch in der Regel rekonstruierbar.

Dagegen ist in lyrischen Texten diese zeitliche Ordnung ohne Bedeutung. Sehen wir uns unter diesem Gesichtspunkt noch einmal das Gedicht „Der römische Brunnen" von Conrad Ferdinand Meyer an.

Beispiel

Aufsteigt der Strahl und fallend gießt
Er voll der Marmorschale Rund,
Die, sich verschleiernd, überfließt
In einer zweiten Schale Grund;
Die zweite gibt, sie wird zu reich,
Der dritten wallend ihre Flut,
Und jede nimmt und gibt zugleich
Und strömt und ruht.

Nicht-narrative Texte sind zeitungebundene Darstellungen

Spitzfindig könnte man vielleicht sagen, daß auch hier eine Handlung beschrieben wird: Erst steigt ein Wasserstrahl in die Höhe, füllt eine Schale, die überläuft und eine zweite füllt und so fort. Doch offensichtlich ist diese Abfolge in diesem Text ohne Bedeutung, wie die letzten beiden Zeilen auch noch einmal verdeutlichen, die die Gleichzeitigkeit der Geschehnisse thematisieren. Hier wird lediglich eine Momentaufnahme geschildert, in der die zeitliche Abfolge keine Rolle spielt. Während sich narrative Texte in andere Medien wie Spielfilme oder Comics transferieren lassen, ist ein solcher *nicht-narrativer Text* nur als Bild denkbar. Jürgen Link folgert daher für derartige Texte:

Der Gleichzeitigkeit, Punktualität bzw. Außerzeitlichkeit ihrer Elemente entspricht die Einheit eines ‚Bildes‘, das heißt aber die Einheit einer Deskription. Die *lyrische Deskription* von äußeren [...] oder inneren Situationen ist wesentlich an der Konstitution lyrischer Sprachhandlungen (Texte) beteiligt. (Link 1981a, 199)

2.1.2 Fehlen handelnder Figuren

Für narrative Texte gilt, daß die Entwicklung einer Handlung immer an die Existenz *handelnder Figuren* gebunden ist. Es ist dabei nicht notwendig, daß diese Figuren menschlich sind, wie etwa die Handlungsträger des Märchens „Die Bremer Stadtmusikanten" zeigen. Entscheidend ist jedoch, daß ihnen charakterisierende Eigenschaften zugeschrieben werden, die für das Entstehen einer Handlung notwendig sind. Die Zuschreibung charakterisierender Eigenschaften können wir auch als Sem-Zuweisung verstehen. In Kriminalgeschichten, um unser obiges Beispiel weiterzuführen, finden sich etwa neben dem desillusionierten Privatdetektiv ein zu unrecht verdächtigter, moralisch integrer Mensch, der korrupte Polizist und andere, zumeist jedoch erst am Schluß eindeutig profilierte, Figuren mehr. Die Gesamtheit der handelnden Figuren in einem narrativen Text nennen wir *Konfiguration*.

Semanalyse
vgl. S. 43-51
Charakterisierung
vgl. S. 139-142

Konfiguration
vgl. S. 143f.

Gegen die These, lyrische Texte besäßen keine Konfiguration, ließe sich angesichts des folgenden Textes von Friedrich Hölderlin vielleicht Einspruch erheben, denn hier scheint das „Ich" als profilierte Figur erkennbar. Diese Konstruktion, in der man das Subjekt der Aussage zu erkennen glaubt, findet sich sehr häufig in lyrischen Texten. Deshalb wird es auch *lyrisches Ich* genannt.

Beispiel

FRIEDRICH HÖLDERLIN: Menschenbeifall

Ist nicht heilig mein Herz, schöneren Lebens voll,
Seit ich liebe? warum achtet ihr mich mehr,
   Da ich stolzer und wilder,
      Wortereicher und leerer war?

Ach! der Menge gefällt, was auf den Marktplatz taugt,
Und es ehret der Knecht nur den Gewaltsamen;
   An das Göttliche glauben
      Die allein, die es selber sind.

Dagegen argumentiert Jürgen Link:

Auch das lyrische Ich ist keine Figur. Figuren zeichnen sich dadurch aus, daß sie innerhalb einer [...] Konfiguration [...] eine bestimmte, unverwechselbare Position einnehmen [...]. Wie in der Geschichte die Handlungselemente in unverwechselbarer und irreversibler Ordnung stehen, so in der Konfiguration die einzelnen Figuren. Das lyrische Ich (und ebenso das lyrische Du) ist in diesem Sinne keine Figur: Es ist ein absolut verwendetes ‚Ich', das höchstens den Gegensatz ‚innen/außen' markiert. Häufig nicht mal diesen. Das lyrische Ich ist austauschbar gegen ‚man', ‚du', ‚er' u.s.w. (Link 1981a, 200)

In der Tat würde sich die Aussage des Hölderlin-Gedichts nur unwesentlich verändern, wenn dort stünde: „Ist nicht heilig sein Herz, schöneren Lebens voll/ Seit er liebt" u.s.w. Um

Das lyrische Ich ist nicht mit dem Autor identisch.

dem zustimmen zu können, ist es jedoch unbedingt notwendig, zwischen dem lyrischen Ich und dem Autor zu trennen. Dahingegen wäre aber die sprachliche Ordnung des Textes durch den beschriebenen Eingriff offenkundig zerstört. Wir können daher sagen, daß in lyrischen Texten sprachliche Ordnungskriterien an die Stelle der zeitlichen Ordnung einer Handlung treten. Es wird also im folgenden darum gehen, diese ‚sprachlichen Ordnungskriterien' näher zu bestimmen.

2.1.3 Versform

Bevor wir die sprachliche Organisation lyrischer Texte näher untersuchen, wollen wir jedoch eine weitere Abgrenzung vornehmen, denn die lyrische Deskription, wie sie oben beschrieben wird, ist, zumindest passagenweise, auch in dramatischen oder erzählenden Texten vorfindbar. Hermann Hesses Roman „Narziß und Goldmund" etwa beginnt mit der zeitungebundenen Beschreibung eines Kastanienbaums:

Vor dem von Doppelsäulchen getragenen Rundbogen des Klostereinganges von Mariabronn, dicht am Wege, stand ein Kastanienbaum, ein vereinzelter Sohn des Südens, von einem Rompilger vor Zeiten mitgebracht, eine Edelkastanie mit starkem Stamm; zärtlich hing ihre runde Krone über den Weg, atmete breitbrüstig im Winde, ließ im Frühling, wenn alles ringsum schon grün war und selbst die Klosternußbäume schon ihr rötliches Junglaub tragen, noch lange auf ihre Blätter warten, trieb dann um die Zeit der kürzesten Nächte aus den Blattbüscheln die matten, weißgrünen Strahlen ihrer fremdartigen Blüten empor, die so mahnend und beklemmend herbkräftig rochen, und ließ im Oktober, wenn Obst und Wein schon geerntet war, aus der gilbenden Krone im Herbstwind die stacheligen Früchte fallen.

Selbst wenn nicht kurze Zeit später handelnde Figuren eingeführt würden und der Text an dieser Stelle bereits zu Ende wäre, handelte es sich hier wohl um einen nicht-narrativen, nicht aber um einen lyrischen Text, da wir als drittes wichtiges Kriterium die *versförmige Anordnung* hinzuziehen wollen. Nur wenn alle drei Kriterien zutreffen, sprechen wir von einem lyrischen Text. Daraus folgt, daß sowohl erzählende Texte mit deskriptiven Elementen wie Hesses Romananfang als auch versförmig angeordnete Texte, die Handlungen aufweisen wie etwa Balladen, in unserer Sicht nicht zur Lyrik zählen.

2.2 Die poetische Funktion

Um weitere sprachliche Ordnungskriterien lyrischer Texte bestimmen zu können, greifen wir erneut auf Erkenntnisse Roman Jakobsons zurück. Wie bereits erwähnt, bestimmte er als eine der sechs Funktionen der Sprache die poetische Funktion. Er fragt nun weiter:

Funktionen der Sprache vgl. S. 21-24

> Was ist das empirische linguistische Kriterium für die poetische Funktion? Vor allem, welches ist das unentbehrliche, jeder Dichtung inhärente Merkmal? Um diese Frage zu beantworten, müssen wir auf die beiden Grundordnungsarten, die in sprachlichem Verhalten gebraucht werden, zurückgehen: *Selektion* und *Kombination*. Wenn „child" das Thema einer Nachricht ist, dann wählt der Sprecher unter den gegebenen, mehr oder weniger ähnlichen Hauptwörtern wie „child, kid, youngster, tot", die alle in gewisser Hinsicht äquivalent sind, und sucht dann, um das Thema auszuführen, aus sinnverwandten Verben eines aus: „sleeps, dozes, nods, naps". Die beiden Wörter vereinen sich in der Sprechreihe. (Jakobson 1971, 152 f.)

Eine solche Sprechreihe, in der die sprachlichen Einheiten im Nacheinander miteinander kombiniert werden, heißt auch *Syntagma*. Die Organisation sprachlicher Einheiten aufgrund von Ähnlichkeitsmerkmalen, auch Äquivalenzen genannt, dagegen ist ein *Paradigma*. Die Ähnlichkeitsmerkmale sowohl der Substantive als auch der Verben, die Jakobson oben nennt, sind semantischer Natur, wir können auch sagen: die Lexeme besitzen ein gemeinsames Sem. Allerdings ist die Bildung einer Wortklasse ‚Verben' auch schon eine Ordnung nach dem Äquivalenzprinzip, das in diesem Fall grammatikalischer Natur ist. Es gibt also durchaus verschiedene Kriterien zur Paradigmenbildung. Wie wir noch sehen werden, sind für lyrische Texte z.B. lautliche Äquivalenzen von großer Bedeutung.

Syntagma und Paradigma

Ausgehend von diesen Überlegungen folgert Jakobson nun: *„Die poetische Funktion überträgt das Prinzip der Äquivalenz von der Achse der Selektion auf die Achse der Kombination. Äquivalenz wird zum bestimmenden Mittel einer Sequenz."* (Jakobson 1971, 153) Wir wollen uns diese These anhand eines Beispiels verdeutlichen.

Poetische Funktion

Zunächst bilden wir ein Paradigma, hier nach dem Anlaut /t/. Lexeme, die nach dem Äquivalenzprinzip zu diesem Paradigma zu zählen sind, wären etwa: ‚Traum', ‚Tage', ‚Tiere', ‚Tausend', ‚träge', ‚tränenreiche', ‚tummeln', ‚trainieren' und so fort. In der Aussage „Tausend tränenreiche Tage" können wir die Ähnlichkeitsbeziehungen auf eine syntagmatische

Beispiel

Ordnung abgebildet wiederfinden. Bei diesem Syntagma handelt es sich natürlich keineswegs bereits um Lyrik, wir können jedoch eine typische literarische Verfahrensweise hierin er-
Alliteration   kennen: die *Alliteration,* die eine Verfremdung darstellt aufgrund einer unwahrscheinlichen Rekurrenz des Phonems /t/ zu Beginn einer betonten Silbe. Wir können also definieren, daß die Alliteration die Abbildung einzelner Elemente eines Paradigmas mit dem Kriterium ‚gleicher konsonantischer Anlaut' auf ein Syntagma darstellt. Das folgende Schema soll das Gesagte noch einmal veranschaulichen:

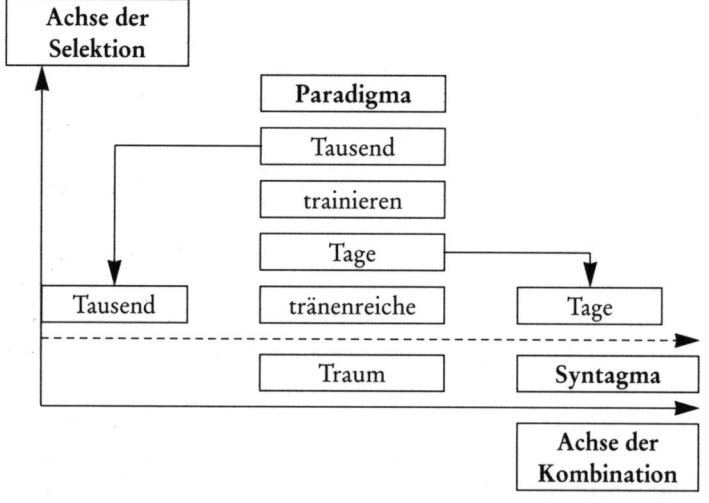

(vgl. Posner 1971, 238)

Arbeitsaufgaben:

(1) Bilden Sie weitere Paradigmen und bilden Sie dann einzelne Elemente daraus auf ein Syntagma ab.
(2) Finden Sie andere Äquivalenzbeziehungen als den Anlaut.

2.3 Die Struktur lyrischer Texte

Nach Jakobson finden wir diesen Mechanismus immer dann, wenn in einer Kommunikationssituation die poetische Funktion dominant ist. Er selber entwickelte seine Thesen am Beispiel eines Mädchens, das immer „horrible Harry" zu einem Jungen sagte, den es nicht leiden konnte. Lyrische Texte aber

wenden dieses Prinzip besonders umfassend an. Jakobson
führt aus:

In der Dichtung [im Sinne von lyrischen Texten, V.W.] wird eine Sil-
be äquivalent zu jeder anderen Silbe einer Folge; jeder Wortakzent
wird einem anderen gleich, ebenso das Fehlen eines Akzentes einem
Fehlen; prosodische Längen mit prosodischen Längen, Kürzen mit
Kürzen; Wortgrenzen mit Wortgrenzen, das Fehlen der Grenzen mit
deren Fehlen; syntaktische Pausen werden gleich mit syntaktischen
Pausen, das Fehlen einer Pause entspricht wiederum dem Fehlen."
(Jakobson 1971, 153)

Wir wollen nun im folgenden die sprachlichen Ordnungskriterien lyrischer Texte untersuchen als die Abbildung sprachlicher Äquivalenzbeziehungen auf ein Syntagma. Dabei wenden wir uns zunächst der Ausdrucksseite des Sprachzeichens
zu.

2.3.1 Die Ebene der sprachlichen Signifikanten

2.3.1.1 Die Abbildung lautlicher Äquivalenzen

Wir haben gesehen, wie sich die Alliteration als die Abbildung eines nach lautlichen Kriterien organisierten Paradigmas auf ein Syntagma beschreiben läßt. Auch der *Reim* läßt   Reim
sich auf der Grundlage derartiger Äquivalenzbeziehung ver-
stehen. Ein *reiner Reim* liegt vor, wenn ein „Gleichklang des   Reiner Reim
letzten betonten Vokals mit allem, was darauf folgt, z.B. Ge-
sang/Klang; Lieder/wieder; wendige/lebendige" (Kayser
1992, 83) vorliegt. Da hier eine ganze Gruppe von Phonemen
wiederholt wird, liegt eine besonders starke Verfremdung
vor, denn diese Wiederholungen sind in der Umgangssprache
extrem selten. Der Reim erscheint von daher gleichsam als
das charakteristischste aller literarischen Verfahren. Gelegen-
heitsgedichte, etwa bei Jubiläen oder Hochzeiten, weisen sich
von daher oft vor allem durch den Reim als Gedichte aus.
Weil in der deutschen Sprache, anders als im Italienischen,
Reimworte eher selten sind, wird in diesen Texten häufig
auch auf *unreine Reime* zurückgegriffen. Ein unreiner Reim   Unreiner Reim
liegt vor, wenn die Vokale, seltener auch die Konsonanten,
klanglich ähnlich, aber nicht gleich sind, wie in einem der
„Suleika"-Gedichte von Goethe, in dem ‚Gelegenheit' und
‚erfreut' ein Reimpaar bilden oder bei Clemens Brentano, der
in den „Romanzen vom Rosenkranz" ‚schließen' auf ‚Wiesen'
reimt:

Beispiele	Hochbeglückt in deiner Liebe,	[...]
	Schelt ich nicht Gelegenheit;	Tauberauschte Blumen schließen
	Ward sie auch an dir zum Diebe,	Ihrer Kelche süßen Kranz,
	Wie mich solch ein Raub erfreut!	Und die schlummertrunken Wiesen
	[...]	Wiegen sich in Traumes Glanz
		[...]
	(Johann Wolfgang von Goethe)	(Clemens Brentano)

Lyrische Texte sind an der gesprochenen Realisierung orientiert.	Wie diese Beispiele aus der ‚hohen Kunstliteratur' belegen sollen, stellt der Gebrauch unreiner Reime kein Qualitätsmerkmal dar, auch wenn der Begriff negativ wertend klingen mag. Gerade der unreine Reim macht zudem deutlich, daß wir hier lautliche Einheiten diskutieren, also phonetische Entitäten, denn während die graphische Realisation der beiden Reimwörter ‚Gelegenheit' und ‚erfreut' doch sehr unterschiedlich ist, ist die lautliche Verschiedenheit so groß nicht.

Arbeitsaufgabe:

(3) Unterscheiden Sie bei dem folgenden Text zwischen reinen und unreinen Reimen.

JOSEPH VON EICHENDORFF: Mondnacht

Es war, als hätt der Himmel
Die Erde still geküßt,
Daß sie im Blütenschimmer
Von ihm nun träumen müßt.

Die Luft ging durch die Felder,
Die Ähren wogten sacht,
Es rauschten leis die Wälder,
So sternklar war die Nacht.

Und meine Seele spannte
Weit ihre Flügel aus,
Flog durch die stillen Lande,
Als flöge sie nach Haus.

Assonanz	Weniger auffällig als der Reim und auch die Alliteration ist die *Assonanz*, bei der die Äquivalenz den Vokal betonter Silben betrifft. Die Lexeme ‚Tanne', ‚kalt', ‚hasten', ‚Wald', aber auch ‚verhalten' wären also unter diesem Kriterium zu einem Paradigma zusammenzufassen. Auch hier ist zu beachten, daß es keine 1:1-Korrelation zwischen schriftsprachlichen und lautlichen Einheiten und schon gar nicht zwischen Buchstaben und Lauten gibt. ‚Ihr' und ‚Liebe' etwa sind unterschiedliche Erscheinungsformen des Lautes /i:/, während ‚Wal' und

‚Traum' keine lautlichen Gemeinsamkeiten aufweisen. In Texten, in denen für einen ungeübten Betrachter keine Äquivalenzbeziehungen festzustellen sind, sind oft Assonanzen strukturierende Elemente, wie in der folgenden Strophe von Friedrich Hölderlin.

Aus: FRIEDRICH HÖLDERLIN: Andenken

[...]
Noch denket das mir wohl und wie
Die breiten Gipfel neiget
Der Ulmwald, über die Mühl,
Im Hofe aber wächset ein Feigenbaum.
An Feiertagen gehn
Die braunen Frauen daselbst
Auf seidenen Boden,
Zur Märzenzeit,
Wenn gleich ist Nacht und Tag,
Und über langsamen Stegen,
Von goldenen Träumen schwer,
Einwiegende Lüfte ziehen.
[...]

Arbeitsaufgabe:

(4) Bestimmen Sie die Assonanzen in diesem Textbeispiel.

2.3.1.2 Äquivalenzen der Wortakzente

Bei den oben angesprochenen lautlichen Erscheinungen wurde bereits die Bedeutung der Akzentuierungen für lyrische Texte deutlich. Hieran erkennt man die besondere Nähe dieser Gattung zur Musik, was bereits in der Bezeichnung Lyrik deutlich wird, die sich von dem antiken Musikinstrument Lyra ableitet, von der die frühen lyrischen Texte beim Vortrag begleitet wurden. Bis in das 18. Jahrhundert war Sangbarkeit ein wichtiges Postulat für lyrische Texte, bis sich eine eher inhaltsbezogene Festlegung der Lyrik als subjektivistische Gefühlsäußerung durchsetzte. Die große Bedeutung der Wortbetonungen analog zum Takt der Musik blieb jedoch lange Zeit erhalten. Zur Bestimmung der Wortakzentuierungen in einem lyrischen Text haben sich die, allerdings nicht ganz einheitlich bestimmten, Kategorien *Rhythmus* und *Metrum* herausgebildet.

Rhythmus Der Rhythmus eines Textes ist durch die Abfolge von akzentuierten und nicht-akzentuierten Silben (einige AutorInnen sprechen von Hebungen und Senkungen) sowie von Pausen bestimmt. In Prosatexten wird die Akzentuierung durch folgende Regeln bestimmt:

1. Durch den *Wortakzent.* Im Deutschen tragen mehrsilbige Wörter immer eine Betonung. So wird ‚Blume‘ immer auf der ersten Silbe betont. Einsilbige Wörter dagegen können, müssen aber keine Betonung tragen.

2. Durch den *Satzakzent.* In Sätzen werden in der Regel die Wörter, die eine eigenständige Bedeutung tragen, stärker hervorgehoben als z.B. Artikel. In dem Satz: „Hier ist ein Buch“ würde man in der Regel ‚hier‘ und ‚Buch‘ stärker betonen.

3. Durch *Sinnakzent.* Betonungen können demselben Satz unterschiedliche Bedeutungen geben. Betonte man das ‚ist‘ in dem obigen Beispiel, könnte man die Annahme unterstützen, daß sich entgegen einem ersten Augenschein an diesem Ort ein Buch befindet. Betonte man dagegen ‚ein‘, soll zum Ausdruck gebracht werden, daß mindestens ein weiteres Buch existiert. In geschriebener Sprache werden Sinnakzente oft durch graphische Hervorhebungen deutlich gemacht. Sonst können sie durch den Kontext erschlossen werden.

Prosanahe Lyrik Lyrische Texte, die diesen Regeln folgen, erwecken einen relativ prosanahen Eindruck wie hier bei Else Lasker-Schüler:

Beispiel ELSE LASKER-SCHÜLER: Weltschmerz

Ich, der brennende Wüstenwind,
Erkaltete und nahm Gestalt an.

Wo ist die Sonne, die mich auflösen kann,
Oder der Blitz, der mich zerschmettern kann!

Blick nun, ein steinernes Sphinxhaupt,
Zürnend zu allen Himmeln auf.

Diese unregelmäßige Folge der Akzentuierungen stellen eigentlich den ‚Normalfall‘ für schriftsprachliche Wortfolgen dar. Wenn sie aber in der Lyrik des 20. Jahrhunderts verstärkt anzutreffen sind, handelt es sich um eine Verfremdung vor der automatisierten Folie der regelmäßigen Verteilung von Akzentuierungen in der lyrischen Tradition der vorherigen Jahrhunderte.

Metrum Die regelmäßige Verteilung der Betonungen im lyrischen Text nun wird *Metrum* genannt, das wir als einen Sonderfall der rhythmischen Ordnung des Textes verstehen können. Die paradigmatische Ordnung besteht also in Äquivalenzen der betonten und unbetonten Silben. Die gebräuchlichsten deutschen Metren werden bestimmt durch die regelmäßige Abfolge der unbetonten Silben zwischen zwei betonten. Folgt einer betonten Silbe eine unbetonte Silbe (x́ x), setzt sich das Metrum aus *Trochäen* zusammen. Hier ein Beispiel von der Günderode.

> Invariable Metren legen die Zahl der betonten oder unbetonten Silben genau fest.

Trochäus

Aus: CAROLINE VON GÜNDERODE: Die eine Klage

Beispiel

Wer die tiefste aller Wunden
Hat in Geist und Sinn empfunden,
Bittrer Trennung Schmerz;
Wer geliebt, was er verloren,
Lassen muß, was er erkoren,
Das geliebte Herz.
[...]

Bei der umgekehrten Reihenfolge der betonten und unbetonten Silben (x x́) sprechen wir von *Jamben*. Die scheinbar unbedeutende Veränderung der Betonungen verändert den Charakter des Textes doch ganz erheblich, wie die folgende Strophe zeigt.

Jambus

Aus: THEODOR STORM: Die Stadt

Beispiel

Am grauen Strand, am grauen Meer
Und seitab liegt die Stadt;
Der Nebel drückt die Dächer schwer,
Und durch die Stille braust das Meer
Eintönig um die Stadt.
[...]

Weniger bedeutsam ist die Reihenfolge betonter und unbetonter Silben bei Metren mit zwei unbetonten Silben zwischen den betonten. Wolfgang Kayser führt aus: „Tatsächlich kann man bei der Bestimmung von Versen mit regelmäßig zweisilbiger Senkung die Unterscheidung zwischen Daktylus und Anapäst getrost aufgeben." (Kayser 1992, 32) Wir wollen uns dieser Auffassung anschließen und nur einen Beleg für die regelmäßige Abfolge zweier unbetonter Silben anführen.

Daktylus und Anapäst

Aus: CONRAD FERDINAND MEYER: Zwei Segel
Zwei Segel erhellend
Die tiefblaue Bucht!
Zwei Segel sich schwellend
Zu ruhiger Flucht!
[...]

Beispiel

Variable Metren

Mit diesen drei sehr *invariablen Metren* sind lange nicht alle Möglichkeiten der Versgestaltung genannt. Ein Beispiel für ein variableres Metrum ist der *Volksliedvers,* bei dem die Anzahl der unbetonten Silben frei gehalten wird, während die Anzahl der betonten Silben konstant bleibt.

Arbeitsaufgabe

(5) Bestimmen Sie die Metren in den Beispieltexten.

(6) Finden Sie in einer Verskunde (z.B. Wolfgang Kayser: Kleine deutsche Versschule. 24. Auflage. Tübingen und Basel 1992.) zwei Definitionen für weitere Metren.

(7) Suchen Sie zu jedem Metrum, auch den hier vorgestellten, mindestens ein weiteres literarisches Beispiel.

Gerade das Metrum ist ein Beispiel dafür, wie lyrische Texte immer wieder von den gängigen Regeln der Sprachverwendung abweichen aufgrund ihrer eigenen Gesetzmäßigkeiten. Auch dies läßt sich als eine Folge des Äquivalenzprinzips verstehen:

Grammatikalität vs. Poetizität

Nicht immer sind beim Formulieren poetischer Texte die Forderungen des Prinzips der horizontalen Äquivalenz mit den Forderungen des Kontiguitätsprinzips [=grammatikalische Stimmigkeit, V.W.] zu vereinbaren. Wo Konflikte auftreten, werden sie entweder auf Kosten der Poetizität oder auf Kosten der Grammatikalität gelöst. Das Ergebnis ist dann entweder ein grammatisch normaler Text mit geringer ästhetischer Superstruktur, oder aber ein Text, der die grammatische Norm durchbricht, dafür aber ästhetisch besonders kohärent ist. (Posner 1971, 239)

So verkürzt Friedrich Schiller im folgenden Beispiel „wanderte" zu „wandert", weil das Metrum an dieser Stelle lediglich eine unbetonte Silbe fordert. Auch die Inversion „Noch in meines Lebens Lenze / War ich" läßt sich durch das Metrum, mehr noch aber durch die Stellung des Reimwortes erklären. Letztlich wird die gesamte vom Genitiv bestimmte Satzstruktur durch Metrum, Alliteration, Verslänge und Reim bestimmt:

Beispiel

Aus: FRIEDRICH SCHILLER: Der Pilgrim

Noch in meines Lebens Lenze
War ich, und ich wandert aus
Und der Jugend frohe Tänze
Ließ ich in des Vaters Haus.
[...]

Das die Alternative wirklich Poetizität oder Grammatikalität heißt, wird deutlich, wenn wir eine Umformung in grammatikalisch korrekte Umgangssprache vornähmen.

Arbeitsaufgaben:

(8) Bestimmen Sie bei dem folgenden Text die Stellen, an denen grammatikalische Regeln zugunsten der Abbildung paradigmatischer Beziehungen zurücktreten.
(9) Welche Äquivalenzmerkmale bewirken diesen Effekt?

Aus: LUDWIG TIECK: Wunder der Liebe

Liebe läßt sich suchen, finden,
Niemals lernen oder lehren;
Wer da will die Flamm entzünden,
Ohne selbst sich zu versehren,
Muß sich reinigen der Sünden.
Alles schläft, weil er noch wacht;
Wann der Stern der Liebe lacht,
Goldne Augen auf ihn blicken,
Schaut er trunken von Entzücken
Mondbeglänzte Zaubernacht.

Aber nie darf er erschrecken,
Wenn sich Wolken dunkel jagen,
Finsternis die Sterne decken,
Kaum der Mond es noch will wagen,
Einen Schimmer aufzuwecken.
Ewig steht der Liebe Zelt,
Von dem eignen Licht erhellt;
Aber Mut nur kann zerbrechen,
Was die Furcht will ewig schwächen,
Die den Sinn gefangen hält.
[...]

2.3.1.3 Die Semantisierung der Ausdrucksebene

Die beschriebenen Verfremdungen der Signifikanten führen zu einer *Semantisierung* der Ausdrucksebene des Textes. Das heißt, daß ein derartig konstituierter Text allein schon durch seine Lautgestalt Bedeutung erzeugen kann, indem er z.B. heiter oder eher schwermütig, harmonisch oder disharmonisch wirkt. Wir können sagen, daß die Gesamtheit der lautlichen und rhythmischen Mittel einen Signifikanten bildet, der ein eigenständiges Signifikat trägt. Besonders deutlich wird dies in lautmalerischen Texten wie dem folgenden von James Krüss, der das Knistern eines Feuers so mit in die Lautstruktur des Textes aufnimmt, daß man tatsächlich ein Feuer zu hören meint.

Lautmalerei

Aus: JAMES KRÜSS: Das Feuer

Beispiel

Hörst du, wie die Flammen flüstern,
Knicken, knacken, krachen, knistern,
Wie das Feuer rauscht und saust
Brodelt, bruzelt, brennt und braust?

Siehst du, wie die Flammen lecken
Züngeln und die Zähne blecken
Wie das Feuer tanzt und zuckt
Trockne Hölzer schlingt und schluckt?
[...]

Auch in dieser Strophe von Eduard Mörike wird die Wortbedeutung unterstützt, indem sich das Metrum ab der ersten
eingerückten Zeile ändert.

Beispiel   Aus: EDUARD MÖRIKE: Um Mitternacht

Gelassen stieg die Nacht ans Land,
Lehnt träumend an der Berge Wand,
Ihr Auge sieht die goldne Waage nun
Der Zeit in gleichen Schalen stille ruhn;
    Und kecker rauschen die Quellen hervor,
    Sie singen der Mutter, der Nacht, ins Ohr
       Vom Tage,
    Vom heute gewesenen Tage.
[...]

Arbeitsaufgabe:

(10) Bestimmen Sie die metrischen Besonderheiten dieses Gedichts genauer.

Stimmigkeit

Der lebhaften metrischen Bewegung des zweiten Teils steht
ein gleichmäßiges, eher ruhiges Metrum im ersten Teil gegenüber. Diese Semantik der Ausdrucksebene entspricht dabei der Wortaussage, die zunächst eine träumerische Abendstimmung, dann aber sprudelnde Quellen beschreibt. Die
Kongruenz von Signifikat- und Signifikantenebene bewirkt
das Gefühl der Stimmigkeit, das von jeher ein Faszinosum für
die Interpreten darstellte und wohl auch einen Großteil der
emotionalen Ergriffenheit durch ein Gedicht erklärt. Diese
emotionale Komponente der Lyrik soll auch keinesfalls ‚weganalysiert‘ werden. In unseren Augen fasziniert auch die Erkenntnis handwerklicher Meisterschaft. Ziel der Analyse soll

Die Analyse der Lautstruktur dient der Erkenntnis ihrer Semantik.

te es jedenfalls sein, die Semantik der lautlichen Ebene zu
erkennen und zu formulieren. Diese Bemühungen pendeln oft
zwischen unpräziser Generalisierung auf der einen Seite und
unzulässiger Spekulation auf der anderen Seite hin und her, da
hier die Beziehung zwischen Bedeutungsträger und Bedeutung noch im stärkeren Maße als bei den Wörtern arbiträr ist.
Aussagen zur Semantik der Signifikantenebene eines Textes

sind von daher zum jetzigen Stand der Forschung noch eher vage und subjektiv, aber notwendig.

Nicht immer aber unterstützt die Ausdrucksebene die Wortbedeutung, sie kann sie auch in den Hintergrund drängen. Wir sprechen dann von der *Desemantisierung* der Inhaltsebene, die durch die Semantisierung der Ausdrucksebene verursacht wurde. Jürgen Link gibt hierfür ein plastisches Beispiel:

Desemantisierung

Die beiden folgenden Strophen von Brentano gehören zu jenen lyrischen Texten, in denen die künstliche Semantisierung der Signifikantenebenen die gesamte lyrische Struktur beherrscht:

Beispiel

Lieb und Leid im leichten Leben
Sich erheben, abwärts schweben,
Alles will das Herz umfassen,
Nur verlangen, nie erlangen, [...]
Wasser fallen um zu springen.
Um zu klingen, um zu singen,
Muß ich schweigen. Wie und wo?
Trüb und froh? nur so, so.

Wir hatten bereits oben erwähnt, daß durch eine solche Überfülle neuer – lautlicher – Sinnstrukturen der „normale" Wortsinn geschwächt bzw. verunsichert wird.
Von der Ebene der Denotation aus gesehen, kann die Semantisierung der Signifikant-Ebene verschiedene Folgen für das gesamte Gedicht haben. Von einem bestimmten Grad der Häufung lautlicher Mittel an nimmt die Deutlichkeit des denotierten Sinns ab. Der denotierte Sinn wird dann dem durch die Lautstrukturen ‚suggerierten' Sinn untergeordnet. (Link 1981, 208 f.)

In dem Gedicht von Brentano führt die Desemantisierung der Ebene der Wortbedeutung dazu, daß die antagonistischen Konzepte ‚Lieb und Leid', ‚verlangen und erlangen' oder ‚trüb und froh' kaum noch als Kontraste wahrgenommen werden. Eine mögliche Aufgabe der Semantisierung der Ausdrucksebene besteht also in der Vermittlung antagonistischer Konzepte.

Vermittlung antagonistischer Größen
vgl. S. 50f.

Arbeitsaufgaben:

(11) Untersuchen Sie unter den zur Semantisierung und Desemantisierung genannten Gesichtspunkten das Gedicht „Verborgenheit" von Eduard Mörike. Findet hier die Vermittlung antagonistischer Konzepte statt? Welcher? Werden evtl. neue Antagonismen gebildet?

(12) Finden Sie weitere Beispiele für die Desemantisierung der Inhaltsebene durch die Semantisierung der Ausdrucksebene. Beschränken sie sich nicht auf hohe Kunstliteratur.

EDUARD MÖRIKE: Verborgenheit

Laß, o Welt, o laß mich sein!	Oft bin ich mir kaum bewußt,
Locket nicht mit Liebesgaben,	Und die helle Freude zücket
Laßt dies Herz alleine haben	durch die Schwere, so mich drücket,
Seine Wonne, seine Pein!	Wonniglich in meiner Brust.
Was ich traure, weiß ich nicht,	Laß, o Welt, o laß mich sein!
Es ist ein unbekanntes Wehe;	Locket nicht mit Liebesgaben,
Immerdar durch Tränen sehe	Laßt dies Herz alleine haben
Ich der Sonne liebes Licht.	Seine Wonne, seine Pein!

2.3.2 Die Ebene der sprachlichen Signifikate

Durch die bisherigen Ausführungen sind wir in der Lage, wesentliche Strukturmerkmale lyrischer Texte als Abbildung paradigmatischer Beziehungen auf ein Syntagma zu erkennen. Wir haben jedoch noch lange nicht alle möglichen Mermale, die Äquivalenzbeziehungen begründen können, bestimmt. Grundsätzlich

> kann jedes Merkmal, das im Text vorkommt, als Äquivalenzkriterium benutzt werden. Es bestimmt dann die Klasse derjenigen – und nur derjenigen – Textelemente, die diese Merkmale haben und also in bezug auf dieses Merkmal miteinander äquivalent sind. (Posner 1971, 240)

Die Analyse muß demnach immer vom Text ausgehen, in dem nach Elementen gesucht wird, die Äquivalenzen zu anderen Elementen desselben Textes aufweisen. Erst danach erfolgt die Bestimmung der Merkmale von Äquivalenzen. Ziel muß es dabei sein, möglichst viele Bestandteile des Textes mit diesen paradigmatischen Ordnungskriterien zu erfassen. Im folgenden wollen wir zeigen, daß sich auch die semantische Ebene lyrischer Texte verstehen läßt als die Abbildung paradigmatischer Ordnungsprinzipien auf das Syntagma. Diese Strukturen zu erschließen ist natürlich von besonderer Bedeutung. Im Rekurs auf Kapitel 1, in dem wir die Konnotation als typische literarische Verfahrensweise bestimmt haben, wollen wir nachfolgend die denotative von der konnotativen Bedeutung der Texte unterscheiden.

2.3.2.1 Die denotative Ebene

Zur besseren Verständlichkeit gehen wir von einem Beispieltext aus, dessen Ausdrucksseite relativ wenig Auffälligkeiten aufweist, von dem „Epitaph für M." von Bertolt Brecht:

Den Haien entrann ich   Beispiel
Die Tiger erlegte ich
Aufgefressen wurde ich
Von den Wanzen.

Ein gemeinsames semantisches Merkmal für die Substantive
dieses Textes ist schnell gefunden. Bei Haien, Tigern und
Wanzen handelt es sich um Tiere. Statt ‚gemeinsames semantisches Merkmal‘ können wir aber auch sagen: sie haben ein gemeinsames Sem, in diesem Fall [tierisch]. Semantische Paradigmen werden also durch ein gemeinsames Sem gebildet. Da
nun die Abbildung der Begriffe (Sememe!) auf das Syntagma
zu einer Rekurrenz des Sems [tierisch] führt und eben dies
den Zusammenhalt des Textes begründet, haben wir vorläufig
dessen Isotopie bestimmt. Die Isotopie eines Textes, so kön-   *Isotopie*
nen wir daher formulieren, wird begründet durch die Abbil-   vgl. S. 45-51
dung eines semantischen Paradigmas auf ein Syntagma.
   Die Isotopie ist jedoch noch nicht vollständig bestimmt.
Wir werden dem Gedicht kaum gerecht, wenn wir lediglich
das gemeinsame Sem betrachten, zudem sind zu wenige der
Sememe des Textes berücksichtigt. Zwischen den Begriffen
‚Haie‘ und ‚Tiger‘ auf der einen Seite und ‚Wanze‘ auf der anderen Seite bestehen vor allem auch beträchtliche Unterschiede. Erstgenannte Lexeme transportieren Bedeutungen wie
[groß], [kräftig] und [gefährlich], woraus sich auch das Sem
[Ansehen] ergibt. In unserer Weltgegend gelten sie zudem als
[außergewöhnlich]. Für Wanzen gilt das genaue Gegenteil.
Dies läßt sich wie folgt formalisieren:

Lexeme	Haie, Tiger	Wanzen
Semantisches Merkmal	+ groß + Kraft + Gefahr + Ansehen + außergewöhnlich	– groß – Kraft – Gefahr – Ansehen – außergwöhnlich

Die Zusammenfassung der Sememe ‚Haie‘ und ‚Tiger‘ erfolgt
aber nicht aufgrund ihrer gemeinsamen Seme. Eher können
wir sagen, daß wir nach gemeinsamen Semen gesucht haben,
weil der Text die beiden Sememe zusammengefaßt hat. Dies
geschieht durch die Zuordnung der Verben zu diesen Substantiven, die alle wiederum ein gemeinsames Merkmal tragen,
indem sie die Folgen eines aggressiven Konflikts benennen.
Die den Sememen ‚Tiger‘ und ‚Haie‘ zugeordneten Verben

aber beschreiben eine Auseinandersetzung, die das lyrische Ich unbeschadet übersteht, während den ‚Wanzen‘ ein Verb zugeordnet wird, das eine Vernichtung beschreibt. Die Sem-Opposition der Verben besteht also in [körperliche Unversehrtheit] bzw. [erfolgreich sein] vs. [körperliche Zerstörung] bzw. [nicht erfolgreich sein]. Das Überraschende diese Textes ist nun sicherlich, daß die Verben genau den Substantiven zugeordnet werden, von denen man es aufgrund der Semzuordnungen nicht erwartet hätte.

Wir erkennen an diesem Beispiel, daß es gerade auf der semantischen Ebene wichtig ist, nicht nur nach Äquivalenzen, sondern auch nach den Relationen und vor allem nach den Oppositionen zwischen den einzelnen Elementen zu schauen. Erst hierdurch konstituiert sich die Bedeutung der Texte. Posner formuliert daher:

> Als Textmerkmale sind nicht nur Eigenschaften, sondern auch Relationen zugelassen: auch sie zerlegen den Text in eine Klasse von Elementen, für die sie gelten und eine Klasse von Elementen, für die sie nicht gelten. (Posner 1971, 240)

Arbeitsaufgaben:

(13) Bestimmen Sie für den folgenden Text die Sememe bzw. Semem-Gruppen, die ein gemeinsames Äquivalenzmerkmal besitzen.
(14) Bestimmen Sie das Verhältnis der Klassen, die sie hierdurch erhalten, zueinander. Leiten Sie daraus eine Aussage über die Textbedeutung ab.

FRIEDRICH HÖLDERLIN: Hälfte des Lebens

Mit gelben Birnen hänget
Und voll mit wilden Rosen
Das Land in den See,
Ihr holden Schwäne,
Und trunken von Küssen
Tunkt ihr das Haupt
Ins heilignüchterne Wasser.

Weh mir, wo nehm ich, wenn
Es Winter ist, die Blumen, und wo
Den Sonnenschein
Und Schatten der Erde?
Die Mauern stehn
Sprachlos und kalt, im Winde
Klirren die Fahnen.

An Brechts Text wird eine weitere Besonderheit literarischer Texte deutlich: ihre *Mehrfachlesbarkeit*. Für dieses Gedicht ist die Lesart ‚den großen Tieren entkam er, den kleinen erlag er‘ genauso plausibel wie ‚den außergewöhnlichen Tieren entkam er, den alltäglichen erlag er‘. Wir können dieses Phänomen erklären als die mangelnde Möglichkeit, ein dominantes Sem der Sememe zu bestimmen. Wir sprechen daher auch von einer *Polysemie*. Das bedeutet, daß sich die semantischen Äquiva-

> Polysemie begründet Mehrfachlesbarkeit.

lenzen in literarischen Texten nicht auf ein semantisches
Merkmal beschränken, wie in der Umgangssprache, sondern
mehrere Seme umfassen, wie auch in der Grafik ersichtlich
wird. Bei der Formulierung der Isotopie eines derartigen Textes ist dies zu berücksichtigen.

Wir haben gesehen, daß das Syntagma lyrischer Texte struk-   Überstrukturiertheit
turiert ist durch die Abbildung einer großen Anzahl verschie-
dener paradigmatischer Ordnungskriterien. Dabei lassen sich
für die einzelnen Elemente des Syntagmas durchaus Äquivalenzen unter unterschiedlichen Gesichtspunkten mit anderen
Elementen feststellen. Ein Wort bildet häufig mit einem anderen einen Reim und mit einem weiteren eine Alliteration. Darüber hinaus muß es den metrischen Kriterien genügen und semantisch stimmig sein. Wir nennen derartige Texte daher auch
überstrukturiert. Einen wichtigen Effekt, den überstrukturier-
te Texte produzieren, erkärt Link wie folgt:

Das Gesetz [die poetische Funktion, V.W.] *erklärt schließlich die Tendenz auf Seiten der Rezeption literarischer Diskurse, jedes nur mögliche Element so komplex wie möglich zu semantisieren*. Die ‚uner-
schöpfliche Tiefe' literarischer Texte ist ein Topos der Hermeneutik.
Jakobsons Gesetz erlaubt den Mechanismus zu begreifen: Die paradigmatische Lektüre eines Textes tendiert dazu, jedes (auch jedes
kontingente) Element versuchsweise als Resultat der Abbildung eines
sinnvollen Paradigmas zu lesen. (Link/Parr 1990, 119)

2.3.2.2 Die konnotative Ebene

Trotz (oder gerade wegen?) der Klarheit des Ausdrucks in dem
Gedicht Brechts haben wir das Gefühl, doch noch nicht alles
über ihn gesagt zu haben. Angesichts der Lesart ‚große Tiere'
vs. ‚kleine Tiere' läge es vielleicht nahe, eine Assoziation mit
‚Wirtschaftsbossen' oder ‚führenden Politikern' zu bilden. Da
wir die Konnotation als typische literarische Verfahrensweise
bestimmt haben, halten wir derartige Assoziationen grundsätzlich für durchaus zulässig. Es kommt aber auch hier darauf an,
Techniken zu entwickeln, die die Bildung von Assoziationen
aus dem Bereich des bloß Spekulativen herausführen.

2.3.2.2.1 Metaphern und Metonymien

Innerhalb der Geschichte der Literatur gibt es eine lange Tradition, Begriffe zu verwenden, die in einer anderen als in ih-

Tropen

rer eigentlichen Bedeutung zu verstehen sind. Derartige Ausdrücke werden *Tropen* genannt. Semiotisch können wir sie als Signifikanten verstehen, denen „statt ihres üblichen Signifikats ein anderes, erweitertes und modifiziertes Signifikat" (Link 1985, 140) zugeordnet wird. In diesem Sinne sind Tropen auch als *semantische Anomalien* zu verstehen. Hierdurch fallen sie auf und werden erkennbar. Beispiele finden sich in Zeitungsüberschriften wie „Bonn senkt Steuern" oder „Becker muß Niederlage noch verdauen", in denen Begriffe ersetzt werden durch andere Begriffe, die jedoch abweichend von ihrer herkömmlichen Semantik gebraucht werden. Auf einer rein denotativen Ebene sind diese Aussagen daher unverständlich: ‚Bonn' ist eine Stadt und kann daher keine Steuern senken, ‚Niederlagen' sind nicht eßbar und können von daher auch nicht verdaut werden. Mit dieser Unverständlichkeit ist aber gleichzeitig gewissermaßen die Aufforderung verbunden, den Begriff eben nicht denotativ, sondern auf einer konnotativen Ebene zu verstehen. Dadurch wird das Signifikat des ersetzenden Begriffes in Richtung des Signifikats des ersetzten Begriffs modifiziert. Das Signifikat des Signifikanten ‚Bonn' wird somit um den semantischen Komplex ‚Bundesregierung' erweitert, das Signifikat des Signifikanten ‚verdauen' wird erweitert auf ‚psychische Prozesse'.

Damit Tropen aber überhaupt verständlich bleiben, müssen sie in irgendeiner Weise mit dem Begriff, den sie ersetzen, verbunden sein. Nach der Art ihrer Beziehung zu dem ersetzten Begriff unterscheiden wir zwei wichtige Tropen:

Metapher

Die *Metapher:* Hier ist die Ersetzung *semantisch motiviert*, d.h., daß sie in der Sprache begründet ist. Ersetzender und ersetzter Begriff haben ein gemeinsames semantisches Merkmal, wir können auch sagen, ein gemeinsames Sem. Demnach handelt es sich bei ‚verdauen' in der oben zitierten Zeitungsmeldung um eine Metapher, da sowohl ‚verdauen' (von Nahrung) als auch ‚verarbeiten' (psychischer Größen) das Sem [Umsetzungsprozesse] transportieren. Der Gebrauch von Metaphern ist ein allgegenwärtiges Verfahren. Wir finden sie in den verschiedensten gesellschaftlichen Bereichen: in Zeitungen neben dem Sportteil („Basler tauchte unter") auch auf den Wirtschaftsseiten („Die Talfahrt der Wirtschaft hält an"), in der Werbung („Die Krone der Braukunst") und vor allem in politischen Statements („Nun wächst zusammen, was zusammengehört").

> Jakobson definiert die Metapher als paradigmatische Ersetzung zweier Begriffe.

Beispiele

Probleme des Metapherngebrauchs

Dieses letzte Beispiel zeigt die Faszination, aber auch die Gefahr der Metapher. Sie vereinigt zwei, unter Umständen

völlig gegensätzliche semantische Bereiche, hier Natur
(‚wächst‘) und Politik (‚Wiedervereinigung‘). Damit leistet sie
aber eine Harmonisierung dieser Bereiche, im konkreten Beispiel werden politische Prozesse als naturwüchsig und nicht
als von Menschen oder wirtschaftlichen Strukturen bestimmt
dargestellt. Jürgen Link folgert daher: „Jede Metapher entwirft durch ihre punktuelle semantische Harmonie ein har-
moniefähiges Weltbild – in erster Linie die Möglichkeit der
Harmonie von Natur und Gesellschaft." (Link 1981a, 215) Eine gewisse Wachsamkeit in bezug auf den Gebrauch von Metaphern in politischer Rede erscheint uns von daher angebracht.

Die *Metonymie:* Ist der Zusammenhang zwischen ersetztem   Metonymie
und ersetzendem Begriff nicht in der Sprache, sondern in der
Realität gegeben, sprechen wir von der Metonymie. Dies ist in
unserem Beispiel „Bonn senkt die Steuern" der Fall. Statt

‚Bonn‘ ist die Bundesregierung gemeint, die ihren Sitz aller-

Jakobson definiert die Metonymie als syntagmatische Ersetzung zweier Begriffe.

dings (noch) in Bonn hat. Wie aber deutlich wird, besteht hier
ein durchaus realer Zusammenhang zwischen Bonn und
Regierung. Metonymien sind ebenfalls nicht auf ‚hohe Kunstliteratur‘ beschränkt, sondern auch in der Umgangssprache
und im journalistischen Bereich häufig anzutreffen. Immer
dann, wenn ein Teil für das Ganze steht (*pars pro toto*), wie
bei ‚Leder‘ für ‚Fußball‘, oder das Ganze für einen Teil (*totum
pro parte*), etwa wenn wieder ‚Deutschland‘ statt einer Sport-
lerin eine Goldmedaille gewonnen hat, liegt eine Metonymie
vor.

Arbeitsaufgabe:

*(15) Sammeln Sie Beispiele für Tropen bei Ihrer täglichen Lektüre. Entscheiden Sie, ob es
sich um Metaphern oder um Metonymien handelt.*

Was bedeutet das Gesagte nun für das Brecht-Gedicht?
Wollen wir hier Tropen bestimmen, stoßen wir gleich zu
Beginn auf Schwierigkeiten, denn wir finden lediglich
eine semantischen Auffälligkeit in der Tatsache, daß
die ‚Wanzen‘ einen Menschen ‚auffressen‘. Offensichtlich macht es aber wenig Sinn, nur den ‚Wanzen‘ in
diesem Text eine konnotative Bedeutung zuzuschreiben.
Eine Lösung dieses Problems bietet ein Verfahren an, das
Jürgen Link entwickelt hat. Wir wollen es im folgenden
vorstellen.

2.3.2.2.2 Die Symbolstruktur

Link hat vorgeschlagen, Symbole als „ikonische bzw. quasi-
ikonische (i.S. von quasi-visuell) Zeichenkomplexe vom
Umfang einer rudimentären Isotopie (*Pictura*) und mit Iso-
morphierelationen gegenüber einem bzw. mehreren komplexen Signifikaten (*Subscriptiones*) zu definieren." (Link/
Parr 1990, 115). Erste Bedingung für eine Symbolstruktur
also ist ihr quasi-visueller Charakter, d.h., daß sich die Elemente der denotativen Ebene als Bild darstellen ließen. In Anlehnung an das barocke Emblem nennt Link diese Komponente der Symbolstruktur *Pictura*. Die Pictura besteht aus
mehreren Elementen, die sinnhaft miteinander verbunden
sind, also eine gemeinsame Isotopie besitzen. In dem „Epitaph für M." sind die Elemente der Pictura das Entkommen
vor den Haien, das Erlegen der Tiger und das Aufgefressen-
werden von den Wanzen. Für eine verbesserte Anschaulich-
keit wollen wir diese Elemente mit Indizes versehen: p1: Haie;
p2: entkommen; p3: Tiger; p4: erlegen; p5: Wanzen; p6: aufgefressen werden. Diesen Pictura-Elementen können aufgrund von Strukturgleichheiten paradigmatisch entsprechende Signifikate zugeordnet werden, die über die Denotation
hinausgehen. Die daraus entstehende Symbolkomponente
nennt Link *Subscriptio*.

Diese Zuordnungen, die durchaus durch Konnotationen
gebildet werden können, müssen vier Bedingungen erfüllen.
Erstens muß die Zuordnung zwischen Pictura und Subscriptio motiviert, also begründet sein. Diese Motiviertheit kann
dabei einmal sprachlich begründet sein, dann wäre die Zuordnung metaphorischer Natur, oder in einer realen oder logischen Verbindung zu suchen sein, wie bei der Metonymie.
Dabei erlaubt es die Isotopie der Pictura-Seite, diese Motiviertheit nur für einige Subscriptio-Elemente nachzuweisen.
Um hier Willkür zu vermeiden, muß jedoch auf die weiteren
Kriterien geachtet werden. Zweitens muß auf der Subscriptio-
Ebene eine in sich stimmige syntagmatische Ordnung entstehen. Drittens muß jedem Element der Subscriptio ein paradigmatisch entsprechendes Element der Pictura zugeordnet
werden können. Dies bedeutet, daß keine zusätzlichen Signifikate gebildet werden dürfen, die nicht durch den Text bestätigt werden können. Und viertens muß sich „[e]in Element
der Pictura [...] zu seinem paradigmatisch entsprechenden
Element der Subscriptio ebenso verhalten wie ein anderes Element zu seinem paradigmatisch entsprechenden." (Link 1981

Pictura = Bildebene

Subscriptio = Sinnebene

Die Beziehungen
zwischen den Pictura-
und den Subscriptio-
Elementen können
metaphorischer oder
metonymischer Art sein.

a, 214) Die Kriterien, nach denen die Elemente der Subscriptio gebildet werden, müssen also für jedes Teilelement gleich
bleiben.

Wir wollen dies für das Brecht-Gedicht erproben. Gehen
wir zunächst von der geringen Auffälligkeit des ‚Aufgefressen-
werdens durch Wanzen' aus. Wir gebrauchen ‚auffressen' im
menschlichen Bereich, wenn wir sagen wollen, daß uns Arbeit,
Schulden, Sorgen oder einfach der tägliche Kleinkram zermür-
ben. Um aus diesem Befund die Subscriptio zu erschließen,
müssen wir nach weiteren Elementen suchen, die sich zu einem
stimmigen Syntagma fügen lassen. Hierfür bietet sich die Sem-
Opposition [+ Außergewöhnlich] vs. [- Außergewöhnlich] an.
Die ‚Wanzen' ließen sich auf der Subscriptio-Ebene dann als
eben dieser zermürbende Kleinkram verstehen. Um dem
vierten Kriterium zu genügen, müssen nun für die anderen Pic-
tura-Elemente nach den gleichen Kriterien Subscriptio-Elemente gebildet werden. Die erfolgreich bewältigten Auseinan-
dersetzungen mit den Tigern und Haien wären dann zu
verstehen als das erfolgreiche Bestehen außergewöhnlicher
Herausforderungen. Das Gedicht läßt sich somit auf einer
konnotativen Ebene verstehen als die Beschreibung der erfolgreichen Bewältigung außergewöhnlicher Herausforderungen,
aber des Scheiterns an den alltäglichen Kleinigkeiten. Dieser
Satz ist aber gleichzeitig auch Beleg für die stimmige syntagmatische Ordnung. Für die graphische Darstellung dieser Vorgehensweise hat sich ein Zwei-Kolonnen-Schema bewährt:

Exemplarische textimma-
nente Anwendung

Pictura-Ebene	Subscriptio-Ebene
p1: Haie	s1: außergewöhnliche Herausforderung
p2: entrinnen	s2: bewältigen
p3: Tiger	s3: außergewöhnliche Herausforderung
p4: erlegen	s4: bewältigen
p5: Wanzen	s5: alltägliche Kleinigkeiten
p6: aufgefressen werden	s6: scheitern

Arbeitsaufgabe:

(16) In der Regel können mehrere Subscriptiones an eine Pictura angeschlossen werden.
   Bilden Sie daher nach unserem Vorbild weitere Subscriptiones für diesen Text.

Aus der Tatsache, daß die Bildung mehrerer Subscriptiones
möglich ist, sollte nicht gefolgert werden, daß dieser Vorgang
beliebig ist. Die genannten Bedingungen für die Bildung der

> Extratextuelle Informationen können mögliche Subscriptiones plausibler oder unplausibler erscheinen lassen.

Subscriptiones führen eher dazu, daß Maßstäbe für die Nachprüfbarkeit und Plausibilität der Konnotationen gesetzt werden. Wir müssen letztlich jedoch Link zustimmen, der bemerkt, „daß ein hundertprozentiger Beweis bei konnotierend verfahrenden Strukturen grundsätzlich nie geführt werden kann." (Link 1981a, 214)

Symbolstrukturen finden sich nicht nur in lyrischen Texten. Die abschließende Arbeitsaufgabe bezieht sich daher auf einen narrativen Text, der allerdings auch viele Besonderheiten auf der Signifikantenebene aufweist.

Arbeitsaufgabe

(17) Wenden Sie Ihre Kentnisse über Symbolstrukturen auf diesen Text an, indem Sie mindestens eine gültige Subscriptio bilden.

(18) Untersuchen Sie die Ausdrucksseite des Textes vor allem im Hinblick auf Semantisierungen und Desemantisierungen.

JOHANN WOLFGANG GOETHE: Heidenröslein

Sah ein Knab ein Röslein stehn,
Röslein auf der Heiden,
War so jung und morgenschön,
Lief er schnell, es nah zu sehn,
Sah's mit vielen Freuden.
Röslein, Röslein, Röslein rot,
Röslein auf der Heiden.

Knabe sprach: Ich breche dich,
Röslein auf der Heiden!
Röslein sprach: Ich steche dich,
Daß du ewig denkst an mich,
Und ich will's nicht leiden.
Röslein, Röslein, Röslein rot,
Röslein auf der Heiden.

Und der wilde Knabe brach
's Röslein auf der Heiden;
Röslein wehrte sich und stach,
Half ihm doch kein Weh und Ach,
Mußt es eben leiden.
Röslein, Röslein, Röslein rot,
Röslein auf der Heiden.

Weiterführende Literaturhinweise:

Disselnkötter, Andreas/Parr, Rolf: Kollektivsymbolsystem – didaktisch aufbereitet. In: kultuR-
Revolution. Zeitschrift für angewandte diskurstheorie 30 (1994), 52-65 (zu 2.3.2.2.2)
Drews, Axel/Gerhard, Ute/Link, Jürgen: Moderne Kollektivsymbolik. Eine diskurstheoretisch
orientierte Einführung mit Auswahlbibliographie. In: Internationale Archiv für Sozialge-
schichte der Literatur. 1. Sonderheft Forschungsreferate (1985), 256-375 (zu 2.3.2.2.2)
Erlich, Victor: Die Versstruktur: Klang und Bedeutung. In: ders.: Russischer Formalismus
Frankfurt a. M. 1964, 234-255 (zu 2.3.1)
Jakobson, Roman: Der Doppelcharakter der Sprache und die Polarität zwischen Metaphorik
und Metonymik. In: Theorie der Metapher. Hrsg. von Anselm Haverkamp. Darmstadt 1983,
163-174 (zu 2.3.2.2.1)
Koch, Walter A.: Poetizität: Das Triviale des Triadischen. In: Poetica 14 (1982), 251-270 (zu 2.2)
Lachmann, Renate: Zur Frage einer Dialogischen Poetizitätsbestimmung bei Roman Jakobson.
In: Poetica 14 (1982), 278-293 (zu 2.2)
Ludwig, Hans-Werner: Arbeitsbuch Lyrikanalyse. 3. Auflage. Tübingen 1990 (zu 2.)
Stierle, Karlheinz: Gibt es eine poetische Sprache? In: Poetica 14 (1982), 270-278 (zu 2.2)
Suerbaum, Ulrich: Dichtung als ambivalente Rede. Ein Applikationsversuch. In: Poetica 14
(1982), 293-306 (zu 2.2)

3. Aspekte der Erzähltextanalyse

von Thomas Eicher

Der klassischen Gattungstrias von Lyrik, Epik und Dramatik folgend, wenden wir uns in diesem Kapitel den Erzähltexten zu, die wir auch als narrative Texte bezeichnen wollen. Im Gegensatz zu lyrischen Texten, in denen deskriptive Textelemente überwiegen, werden narrative Texte im Regelfalle durch Handlung(en) konstituiert. Eine Handlung ihrerseits ist immer an das Vergehen von Zeit gekoppelt. Daneben tritt in Erzähltexten – anders als in der Lyrik – die Instanz der Vermittlung des Dargestellten in den Vordergrund. Gemeint ist hier jedoch nicht nur die Ebene der sprachlichen Gestaltung (etwa durch Bildlichkeit, also Metapher, Symbol etc.), sondern der gesamte Vorgang der Lesesteuerung, der durch einen Erzähler vorgenommen wird. Unsere Einführung in die Erzähltextanalyse wird sich also im wesentlichen auf die Aspekte Handlung, Zeit und Erzähler konzentrieren.

Narrative vs. nicht-narrative Texte vgl. S. 53-56

Metapher vgl. S. 72f.
Symbol vgl. S. 74-76

Wir wollen dazu einleitend auf ein Modell der Struktur narrativer Texte Bezug nehmen, das Karlheinz Stierle in den siebziger Jahren im Gefolge französischer Erzähltheoretiker entwickelte:

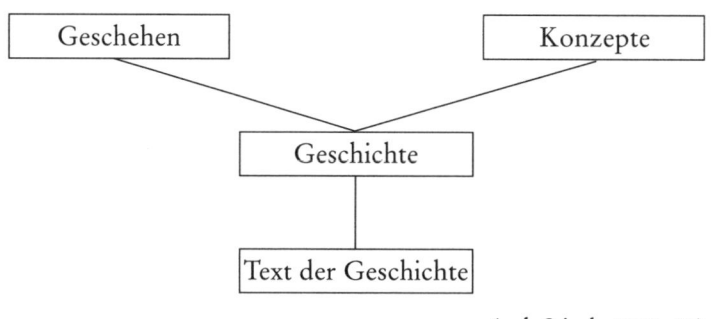

Strukturmodell narrativer Texte

(vgl. Stierle 1976, 15)

Um den Abstraktionsgrad des Stierleschen Ebenenmodells etwas zu reduzieren, greifen wir zunächst zu einer Hilfskonstruktion, die dieser synchronischen Darstellung einen prozessualen Charakter unterstellt. Nehmen wir also an, wir hätten es hier mit einem Schaubild für die Entstehung eines Erzähltextes zu tun, der als Text der Geschichte Produkt einer Genese ist. Unter dieser Voraussetzung ließe sich das

Vereinfacht konstruierte Beschreibung des Modells

Modell Stierles folgendermaßen lesen: Der Text bezieht sich in näher zu bestimmender Weise auf Wirklichkeit, genauer auf Ausschnitte oder Elemente der Realität, die Stierle in ihrer Summe als Geschehen bezeichnet. Die einzelnen Geschehensmomente sind noch ungeordnet, umgeben – wir führen hier unsere Hilfskonstruktion fort – einen Autor, bzw. gelangen ihm zur Kenntnis. Für ihre Ordnung vor der eigentlichen Konstruktion und der nachfolgenden Niederschrift sorgt die Geschichte, eine chronologische Reihung von Geschehensmomenten. Konzepte sind bestimmte Leitgedanken, die für die Auswahl und Begrenzung des Geschehens verantwortlich sind. Am Ende des hier fingierten Prozesses stünde die Komposition einer Erzählung mit sprachlichen und hier vor allem erzählerischen Mitteln.

Daß damit Stierles Modell unzureichend und mit bewußt falschen Präsuppositionen beschrieben wurde, soll vorerst pragmatischen Gründen der vereinfachenden Vermittlung zugeschrieben werden. Die Ebenen der Narration sollen indes für unser weiteres Vorgehen zum Leitfaden werden, der verschiedene Aspekte der Erzähltextanalyse in einem plausiblen Rahmen zusammenschließt. Dabei gehen wir nicht – der Logik des Rezipienten gemäß – von der Textoberfläche aus, sondern folgen der eben fingierten Textgenese, beginnend mit dem Geschehen.

3.1 Geschehen

Definition: Geschehen

Das Geschehen selbst, als Fundament der Geschichte, ist noch sinnindifferent, die aufeinanderfolgenden Geschehensmomente selbst sind diffus, und das heißt, daß Geschehen unter unendlich vielen Gesichtspunkten zu übergreifenden Geschehenszusammenhängen organisiert werden kann. Das Geschehen ist noch ein unartikulierter Bereich, [...] die elementare Sphäre im Aufbau der Narration. Sie enthält selbst noch nicht die Kriterien ihrer Auswahl und Zuordnung. Sie ist das noch vor aller medienspezifischen und gattungsspezifischen Bearbeitung liegende ideale Faktum selbst, das nie als dieses zur Darstellung gebracht werden kann, das aber andererseits für die Narration als ein idealer Bezugspunkt oder im Falle der Fiktion als ein ideales Äquivalent zu einem solchen Bezugspunkt vorausgesetzt werden muß. Die Sphäre des Geschehens ist also die Sphäre der Verknüpfungsmöglichkeiten [...]. (Stierle 1977, 212f.)

Geschehensmomente sind demnach Elemente unserer Erfah-
rungswelt: etwa der Herd, der Topf, die Milch ebenso wie das
Kind, das die warme Milch trinkt, aber auch der Akt des Trin-
kens selbst, das Überkochen der Milch oder das (eben nicht
zwingend abschließende) Scheuern der Herdplatten – wohl-
bemerkt ohne eine implizierte Reihenfolge möglicher Handlungsschritte. Die Milch kann in zwei verschiedenen Haushal-
ten jeweils getrunken werden oder überkochen, der Milchtopf
kann gerade in der Mikrowelle erhizt werden, etwa auch
nachdem der Herd in derselben Küche gerade gescheuert
wurde, usw. Es gibt auf der Ebene des Geschehens lediglich
potentielle Verbindungslinien zwischen einzelnen Geschehensmomenten. Als „ideales Faktum" bezeichnet Geschehen
immer ein (Re-)Konstrukt, das seiner Versprachlichung arbiträr gegenübersteht. Schon die oben vorgenommene sprachliche Fixierung des Geschehens stellt einen Übersetzungsvor-
gang dar, dessen Resultat über die referentielle Funktion der
Zeichen mit den Elementen der empirischen Wirklichkeit
bzw. deren Wahrnehmung verbunden ist. Dies gilt gleichermaßen für fiktionale und nicht-fiktionale Texte. Narrativ sind
nicht nur Romane, Novellen, Kurzgeschichten, Versepen, Balladen usw., sondern auch Gebrauchstexte wie Berichte, Pro-
tokolle oder Texte der Historiographie. Während letztere mit
dem Anspruch auftreten, ‚unmittelbar' Ereignisse aus der
Wirklichkeit abzubilden, ist das Verhältnis von Fiktion und
Realität ungleich komplexer. Die Darstellung empirischer
Fakten im Rahmen fiktionaler Texte macht – nach Stierle –
immer nur ideale Äquivalenzen solcher Bezugspunkte des
Textes im Wirklichen sichtbar, also noch nicht einmal den
idealen Bezugspunkt, auf den nicht-fiktionale Texte in ihrer
Darstellung referieren. Fiktion ist immer nur vermittelte
Wirklichkeit, ein Text, der in seiner Situierung innerhalb einer
spezifischen Kommunikationssituation vom Bewußtsein die-
ser Vermitteltheit getragen wird.

    Zwischen der Ebene des Geschehens und dem Text der Ge-
schichte tut sich also das Problem der Fiktionalität als ein
weiterer ‚Graben' auf, der eine direkte Ableitbarkeit des einen
aus dem anderen verhindert. Dies soll hingegen keineswegs
darüber hinwegtäuschen, daß, Stierle zufolge, eine solche unmittelbare Verbindungslinie ohnehin nicht besteht. Zwischen
Geschehen und Text der Geschichte schaltet Stierle die Instanz der Geschichte ein, die keinesfalls mit der landläufigen
Bezeichnung ‚Geschichte' = ‚Erzählung' verwechselt werden
darf. (Das verbietet sich übrigens besonders in Klausuren,

Beispiel

Arbitrarität vgl. S. 35

Referentielle Funktion
vgl. S. 23

Fiktionale Texte vermit-
teln eine Wirklichkeits-
sicht im Rahmen einer
spezifischen Kommuni-
kationssituation.

Fiktionalität vgl. S. 14.

Hausarbeiten oder Referaten, die Stierles Theorie zum Gegenstand haben.)

3.2 Geschichte

Definition: Geschichte

Im Hinblick auf die Geschichte ordnen sich die Geschehensmomente an auf einer Achse der Narration. Diese Achse der Narration [...]
ergibt sich durch Differenz von Anfangspunkt und Endpunkt der
Geschichte. [...] Auf dieser Achse sind Einheiten der Geschichte situ-
iert, die ihrerseits wiederum als Untergeschichten aufgefaßt werden
können, die nach demselben Prinzip organisiert sind wie die umgrei-
fende Geschichte selbst. Man kann eine Geschichte, die die Differenz
eines Zustandes A zu einem Zustand B auf der Zeitachse erklärt, immer genauer erzählen, und das heißt, es läßt sich ein immer weiter
entwickeltes System von Untergeschichten entfalten, so daß jede Geschichte zu einer unendlich langen Geschichte ausgefaltet werden
könnte. (ebda., 217)

Untergeschichten
siehe auch
Handlungssequenzen
vgl. S. 53f.

Geschichte ist demnach vom Text der Geschichte aus rekonstruierbar, indem man diesen in Einheiten zerlegt, die Einheiten wiederum chronologisch aneinander reiht. Dadurch wird
das Zeitgerüst der Erzählung transparent, das sich je nach
Umfang eines Textes und Anzahl der gestalteten Geschehensmomente graphisch darstellen läßt. Ein Beispiel: „Der süße
Brei", nachzulesen bei den Brüdern Grimm:

Beispiel

Es war einmal ein armes frommes Mädchen, das lebte mit seiner
Mutter allein, und sie hatten nichts mehr zu essen. Da ging das Kind
hinaus in den Wald und begegnete ihm da eine alte Frau, die wußte
seinen Jammer und schenkte ihm ein Töpfchen, zu dem sollt es sagen:
„Töpfchen koche", so kochte es guten süßen Hirsebrei, und wenn es
sagte: „Töpfchen steh", so hörte es wieder auf zu kochen. Das
Mädchen brachte den Topf seiner Mutter heim, und nun waren sie ihrer Armut und ihres Hungers ledig und aßen süßen Brei, so oft sie
wollten. Auf eine Zeit war das Mädchen ausgegangen, da sprach die
Mutter: „Töpfchen koche", da kocht es, und sie ißt sich satt; nun will
sie, daß das Töpfchen wieder aufhören soll, aber sie weiß das Wort
nicht. Also kocht es fort und der Brei steigt über den Rand hinaus
und kocht immerzu, die Küche und das ganze Haus voll, und das
zweite Haus und dann die Straße, als wollt's die ganze Welt satt machen, und ist die größte Not, und kein Mensch weiß sich da zu hel-
fen. Endlich, wie nur noch ein einziges Haus übrig ist, da kommt das
Kind heim und spricht nur: „Töpfchen steh", da steht es und hört auf
zu kochen; und wer wieder in die Stadt wollte, der mußte sich
durchessen.

Angeordnet auf einer *narrativen Achse* (hier von oben nach   Narrative Achse
unten), entsteht die folgende Reihung von Geschehens-
momenten:

- – Armut, Depraviertheit, Hunger des Mädchens
- – Aufbruch und Weg in den Wald
- – Begegnung mit alter Frau
- – Übergabe des Zaubertöpfchens
- – ‚Gebrauchsanweisung‘ für das Töpfchen
- – Rückweg und Heimkehr des Mädchens
- – Beseitigung von Hunger und Armut
- – Abwesenheit des Mädchens von zu Hause
- – Ingangsetzen des Töpfchens durch die Mutter
- – sättigende Mahlzeit der Mutter
- – Weiterkochen des Töpfchens
- – Überschwemmung der Stadt
- – Heimkehr des Mädchens
- – Zauberspruch zur Beendigung des Kochvorgangs
- – Brei als Hindernis für spätere Besucher der Stadt

Bei dieser Auflistung handelt es sich selbstverständlich nicht
um eine differenzierte Wiedergabe aller Geschehensmomente,
sondern bereits um eine zusammenfassende Darstellung von
Handlungsschritten, die ihrerseits mehrere Geschehensmomente beinhalten. Diese Zusammenfassung ist lediglich ein
Gebot der Darstellungsökonomie. Genaugenommen müßte
man beinahe jedes Wort eines Satzes auf der narrativen Achse
einzeln anordnen.

   Die vereinfachende Beschränkung des Schemas zeigt eine
für das Märchen typische Linearität und Eindimensionalität
der Handlung – ebenso eine beinahe schematische Beschränkung auf das Wesentliche. Eine „Untergeschichte" nach Stierle läßt sich dennoch beispielsweise für die ‚Gebrauchsanweisung‘ etablieren:

- – Zauberspruch zum Ingangsetzten des Töpfchens
- – Kochen von Hirsebrei
- – Zauberspruch zur Beendigung des Kochvorgangs

Die gleiche Handlung ließe sich freilich weitaus detaillierter erzählen. So könnte man sich etwa die Wanderung des Mädchens
in den Wald (innerhalb eines umfangreicheren Textes) als eine
Summe von Geschehensmomenten vorstellen: Bäume, Felsen,
Bäche, Angst und Hoffnungen des Mädchens usw.

Eine ausgebaute Parallelhandlung könnte die Darstellung auf der narrativen Achse zusätzlich erschweren. Würde etwa berichtet, wo sich das Mädchen aufhält, während das Töpfchen außer Kontrolle gerät, was es tut oder wem es begegnet, so käme es u.U. zu Überschneidungen auf der Zeitachse. Die (Re-)Konstruktion dieser Achse täuscht in ihrer Linearität also über die mögliche zeitliche Vielschichtigkeit des Textes hinweg, die eine mehrdimensionale Abbildungsform der Ordnung von Geschehensmomenten wünschenswert macht.

3.2.1 Konzepte.
Die paradigmatische Ordnung der Geschichte

Struktur der Mythen

> Saussure unterscheidet zwischen dem System der Sprache (=langue) und der jeweiligen individuellen Realisation (= parole).

Man hat die Sprache und das Gesprochene [langue und parole] mit Hilfe von Zeitsystemen unterschieden, auf die sich beide beziehen. Aber auch der Mythos läßt sich durch ein Zeitsystem definieren, das die Eigenschaften der beiden anderen kombiniert. Ein Mythos bezieht sich immer auf vergangene Ereignisse: „vor der Erschaffung der Welt" oder „in ganz frühen Zeiten" oder jedenfalls „vor langer Zeit". Aber der dem Mythos beigelegte innere Wert stammt daher, daß diese Ereignisse, die sich ja zu einem bestimmten Zeitpunkt abgespielt haben, gleichzeitig eine Dauerstruktur bilden. Diese bezieht sich gleichzeitig auf Vergangenheit, Gegenwart und Zukunft. (Lévi-Strauss 1969, 229f.)

Für die Organisation der Geschichte ist also nicht nur die Chronologie ausschlaggebend. Mehrdimensionalität ergibt sich hier vor allem durch thematische Verknüpfungen der Geschehensmomente untereinander. Diese Einsicht verdankt die strukturale Erzähltextanalyse u.a. dem französischen Anthropologen Claude Lévi-Strauss und seiner „Anthropologie Structurale". Lévi-Strauss erprobt hier eine Strukturbeschreibung des Mythos in Anlehnung an die grundlegenden Dichotomien der Linguistik Saussures.

Wenn in unserem Zusammenhang der Erzähltextanalyse auf Mythen Bezug genommen werden kann, so rechtfertigt sich diese Anleihe hingegen nicht nur durch die Übernahme linguistischer Kategorien, sondern auch durch den erzählenden Charakter des Mythos. „Die Substanz des Mythos liegt weder im Stil noch in der Erzählweise oder der Syntax, sondern in der Geschichte, die darin erzählt wird" (ebda., 231). Mythen sind prinzipiell Erzähltexte.

> Mythen sind Erzähltexte.

Lévi-Strauss hat aus der Vielfalt von Texten in erster Linie die Mythen herausgegriffen, und dies wohl deshalb, weil bei den Mythen als

Autor kein einmaliges historisches und persönliches, sondern das Kollektiv als ahistorisches Subjekt angenommen werden kann: Ziel der Mythenanalyse wird es so, unter der Oberfläche der jeweiligen Texte eine Tiefenstruktur aufzudecken, deren Ordnung nicht mehr diktiert ist durch die Ordnungsvorstellung der Zeit als einer Reihe von unvertauschbaren und chronologisch benennbaren Zeitpunkten, die im Verhältnis von Vorher und Nachher zueinander stehen. (Fietz 1982, 116)

Eine Ordnung jenseits der Chronologie

Kleinste Einheiten des Mythos sind – analog den Kategorien strukturaler Linguistik – *Mytheme* (vgl. Phonem, Sem), die, wie Lévi-Strauss z.B. am Ödipus-Mythos zeigen konnte, nach dem folgenden Muster arrangiert werden können:

Phonem vgl. S. 40f.
Sem vgl. S. 43f.

Kadmos sucht seine von Zeus entführte Schwester Europa			
		Kadmos tötet den Drachen	
	Die Spartoi rotten sich gegenseitig aus		
			Labdakos (Vater von Laios) = „hinkend" (?)
	Ödipus erschlägt seinen Vater Laios		Laios (Vater von Ödipus) = „linkisch" (?)
		Ödipus bringt die Sphinx um	
Ödipus heiratet Jokaste, seine Mutter			Ödipus = „geschwollener Fuß" (?)
	Eteokles tötet seinen Bruder Polyneikes		
Antigone beerdigt Polyneikes, ihren Bruder, und übertritt das Verbot			(Lévi-Strauss 1969, 235)

Man braucht gewiß nicht auf den bekannten Mythos von Ödipus näher einzugehen, um das Funktionieren des Verfahrens dieser strukturalen Mythenanalye zu erklären. Der Mythos wird zunächst in einzelne Geschehenseinheiten zerlegt, deren Umfang jedoch im vorliegenden Schaubild höchst variabel erscheint. In dieser Matrix finden sich drei Spalten

Beispiel

kurzer Handlungsbeschreibungen neben einer Spalte (rechts), die den sprechenden Charakter von Eigennamen hervorhebt. Die handlungsorientierten Geschehenseinheiten der ersten drei Spalten entstehen durch Zusammenfassung von im Mythos selbst detaillierter ausformulierten Erzählabschnitten, die aufgedeckte Namensmetaphorik durch ‚Übersetzung' einzelner Wörter. Die Bandbreite der Abbildungsmöglichkeiten von Textdetails, vor allem die des Umfangs aufgenommener Textelemente wird damit deutlich. Neben Handlungen von Figuren und den Figuren selbst bzw. ihren Funktionen könnten auch andere Konstituenten des Erzählens aufgenommen werden: Orts- und Zeitangaben, erzählte Gegenstände und Sachverhalte und deren Attribute, kurz sämtliche Bestandteile der erzählten Welt. Im Nachvollzug der Handlung soll von links nach rechts und von oben nach unten gelesen werden. Die chronologische Reihung ergibt sich durch jeweils nach unten versetzte Einträge in die verschiedenen Spalten.

> Alle Bestandteile der erzählten Welt können als Geschehenseinheiten zueinander in Beziehung treten, indem sie semantische Äquivalenzen aufweisen. Vgl. S. 57f.

Wesentlich für Lévi-Strauss' Ordnung des Mythos ist die Beobachtung, daß diese Geschehensmomente nicht nur im Text aufeinanderfolgen, sondern auch Ähnlichkeiten untereinander aufweisen, die es erlauben, aus ihnen sinnvolle Gruppen zu bilden.

> Wir behaupten [...], daß die wirklichen konstitutiven Einheiten des Mythos keine isolierten Beziehungen sind, sondern Beziehungsbündel, und daß jene nur in Form von Kombinationen solcher Bündel eine Bedeutungsfunktion erlangen. Beziehungen, die zum selben Bündel gehören, können in weiten Zwischenräumen erscheinen, wenn man sich auf einen diachronischen Standpunkt stellt [...]. Dieses System hat somit zwei Dimensionen: eine diachronische und eine synchronische, und es vereinigt so die charakteristischen Eigenschaften der „Sprache" und des „Gesprochenen" [langue und parole]. (ebda., 232)

Zweifache Lesbarkeit

Paradigma / Syntagma vgl. S. 57f.
Poetische Funktion vgl. S. 57f.

Dadurch entsteht eine zweifache Lesbarkeit, die syntagmatische Ordnungskriterien ebenso berücksichtigt wie die paradigmatischen Beziehungen innerhalb des Textes. In diesem Modell wiederholt sich also das Prinzip der oben eingeführten poetischen Funktion nach Jakobson, eine Projektion der Achse der Selektion auf die Achse der Kombination. Geschichte ist damit nicht nur als Abfolge von Geschehensmomenten im zeitlichen Nacheinander abbildbar, sondern auch als eine Reihe von Ähnlichkeitsbeziehungen der Geschehensmomente untereinander. Ganz von einem Zeitkontinuum löst sich aber auch Lévi-Strauss' Modell des Mythos nicht – das soll hier nicht unterschlagen werden. Die einzelnen Mytheme

> Geschichte vereinigt syntagmatische und paradigmatische Beziehungen zwischen Geschehenseinheiten.

eines Paradigmas sind nicht beliebig austauschbar. Sie wollen von oben nach unten gelesen werden. Zu den eigentlichen Ordnungskriterien der Paradigmenbildung kommt man, wenn man ‚Überschriften‘ der einzelnen Ähnlichkeitsbeziehungen auf der vertikalen Achse sucht. (Umgekehrt müßte man den Matrizierungsversuch einer Erzählung nach Lévi-Strauss bei der Bildung solcher ‚Überschriften‘ beginnen, Tabellen erstellen und zuletzt diese in eine zeitliche Abfolge bringen.)

Arbeitsaufgaben:

(1) Legen Sie die Reihenfolge der Mytheme des Ödipus-Mythos im oben abgedruckten Schaubild von Lévi-Strauss fest, indem Sie sie durchnumerieren.
(2) Erstellen Sie eine Matrix nach dem Modell von Lévi-Strauss für den folgenden Text von Theodor Storm.

THEODOR STORM: Der kleine Häwelmann. Ein Kindermärchen

Es war einmal ein kleiner Junge, der hieß Häwelmann. Des Nachts schlief er in einem Rollenbett und auch des Nachmittags, wenn er müde war; wenn er aber nicht müde war, so mußte seine Mutter ihn darin in der Stube umherfahren, und davon konnte er nie genug bekommen.

Nun lag der kleine Häwelmann eines Nachts in seinem Rollenbett und konnte nicht einschlafen; die Mutter aber schlief schon lange neben ihm in ihrem großen Himmelbett. „Mutter“, rief der kleine Häwelmann, „ich will fahren!“ Und die Mutter langte im Schlaf mit dem Arm aus dem Bett und rollte die kleine Bettstelle hin und her, und wenn ihr der Arm müde werden wollte, so rief der kleine Häwelmann: „Mehr, mehr!“ und dann ging das Rollen wieder von vorne an. Endlich aber schlief sie gänzlich ein; und so viel Häwelman auch schreien mochte, sie hörte es nicht; es war rein vorbei. — Da dauerte es nicht lange, so sah der Mond in die Fensterscheiben, der gute alte Mond, und was er da sah, war so possierlich, daß er sich erst mit seinem Pelzärmel über das Gesicht fuhr, um sich die Augen auszuwischen; so etwas hatte der alte Mond all‘ sein‘ Lebtage nicht gesehen. Da lag der kleine Häwelmann mit offenen Augen in seinem Rollenbett und hielt das eine

Beinchen wie einen Mastbaum in die Höhe. Sein kleines Hemd hatte er ausgezogen und hing es wie ein Segel an seiner kleinen Zehe auf; dann nahm er ein Hemdzipfelchen in jede Hand und fing mit beiden Backen an zu blasen. Und allmählich, leise, leise, fing es an zu rollen, über den Fußboden, dann die Wand hinauf, dann kopfüber die Decke entlang und dann die andere Wand wieder hinunter. „Mehr, mehr!“ schrie Häwelmann, als er wieder auf dem Boden war; und dann blies er wieder seine Backen auf, und dann ging es wieder kopfüber und kopfunter. Es war ein großes Glück für den kleinen Häwelmann, daß es gerade Nacht war, und die Erde auf dem Kopf stand; sonst hätte er doch gar zu leicht den Hals brechen können.

Als er dreimal die Reise gemacht hatte, guckte der Mond ihm plötzlich ins Gesicht. „Junge“, sagte er, „hast du noch nicht genug?“ – „Nein“, schrie Häwelmann, „mehr, mehr! Mach mir die Tür auf! Ich will durch die Stadt fahren; alle Menschen sollen mich fahren sehen.“ – „Das kann ich nicht“, sagte der gute Mond; aber er ließ einen langen Strahl durch das Schlüsselloch fallen; und darauf fuhr der kleine Häwelmann zum Hause hinaus.

Auf der Straße war es ganz still und einsam. Die hohen Häuser standen im hellen Mondschein und glotzten mit ihren schwarzen Fenstern recht dumm in die Stadt hinaus; aber die Menschen waren nirgends zu sehen. Es rasselte recht, als der kleine Häwelmann in seinem Rollenbette über das Straßenpflaster fuhr; und der gute Mond ging immer neben ihm und leuchtete. So fuhren sie Straßen aus, Straßen ein; aber die Menschen waren nirgends zu sehen. Als sie bei der Kirche vorbei kamen, da krähte auf einmal der große goldene Hahn auf dem Glockenturme. Sie hielten still. „Was machst du da?" rief der kleine Häwelmann hinauf. – „Ich krähe zum ersten Mal!" rief der goldene Hahn herunter. – „Wo sind denn die Menschen?" rief der kleine Häwelmann hinauf. – „Die schlafen", rief der goldene Hahn herunter, „wenn ich zum dritten Mal krähe, dann wacht der erste Mensch auf." – „Das dauert mir zu lange", sagte Häwelmann, „ich will in den Wald fahren, alle Tiere sollen mich fahren sehen!" – „Junge", sagte der gute alte Mond, „hast du noch nicht genug?" – „Nein", schrie Häwelmann, „mehr, mehr! Leuchte, alter Mond, leuchte!" Und damit blies er die Backen auf, und der gute alte Mond leuchtete, und so fuhren sie zum Stadttor hinaus und über's Feld und in den dunklen Wald hinein. Der gute Mond hatte große Mühe, zwischen den vielen Bäumen durchzukommen; mitunter war er ein ganzes Stück zurück, aber er holte den kleinen Häwelmann doch immer wieder ein.

Im Walde war es still und einsam; die Tiere waren nicht zu sehen; weder die Hirsche noch die Hasen, auch nicht die kleinen Mäuse. So fuhren sie immer weiter, durch Tannen- und Buchenwälder, bergauf und bergab. Der gute Mond ging nebenher und leuchtete in alle Büsche; aber die Tiere waren nicht zu sehen; nur eine kleine Katze saß oben in einem Eichbaum und funkelte mit den Augen. Da hielten sie still. „Das ist der kleine Hinze!" sagte Häwelmann, „ich kenne ihn wohl; er will die Sterne nachmachen." Und als sie weiter fuhren, sprang die kleine Katze mit von Baum zu Baum. „Was machst du da?" rief der kleine Häwelmann hinauf. – „Ich illuminiere!" rief die kleine Katze herunter, und sprang wieder einen Baum weiter; „horch nur, wie sie schnarchen!" – „So will ich

in den Himmel fahren!" rief Häwelmann, „alle Sterne sollen mich fahren sehen!" – „Junge", sagte der gute alte Mond, „hast du noch nicht genug?" – „Nein", schrie Häwelmann, „mehr, mehr! Leuchte, alter Mond, leuchte!" und dann blies er die Backen auf, und der gute alte Mond leuchtete; und so fuhren sie zum Walde hinaus und dann über die Heide bis an's Ende der Welt, und dann gerade in den Himmel hinein.

Hier war es lustig; alle Sterne waren wach und hatten die Augen auf und funkelten, daß der ganze Himmel blitzte. „Platz da!" schrie Häwelmann, und fuhr in den hellen Haufen hinein, daß die Sterne links und rechts vor Angst vom Himmel fielen. – „Junge", sagte der gute alte Mond, „hast du noch nicht genug?" – „Nein!" schrie der kleine Häwelmann, „mehr, mehr!" und – hast du nicht gesehen! fuhr er dem guten alten Mond quer über die Nase, daß er ganz dunkelbraun im Gesicht wurde. „Pfui!" sagte der Mond und nieste drei Mal, „Alles mit Maßen!" und damit putzte er seine Laterne aus, und alle Sterne machten die Augen zu. Da wurde es im ganzen Himmel auf einmal so dunkel, daß man es ordentlich mit Händen greifen konnte. „Leuchte, alter Mond, leuchte!" schrie Häwelmann, aber der Mond war nirgends zu sehen und auch die Sterne nicht; sie waren schon alle zu Bett gegangen. Da fürchtete der kleine Häwelmann sich sehr, weil er so allein im Himmel war. Er nahm sein Hemdzipfelchen in die Hände und blies die Backen auf: aber er wußte weder aus noch ein, er fuhr kreuz und quer, hin und her, und Niemand sah ihn fahren, weder die Menschen noch die Tiere, noch auch die lieben Sterne.

Da guckte endlich unten, ganz unten am Himmelsrande ein rotes rundes Gesicht zu ihm herauf, und der kleine Häwelmann meinte, der Mond sei wieder aufgegangen. „Leuchte, alter Mond, leuchte!" rief er, und dann blies er wieder die Backen auf und fuhr quer durch den ganzen Himmel und gerade darauf los. Es war aber die Sonne, die eben aus dem Meere heraufkam. „Junge", rief sie und sah ihm mit ihren glühenden Augen in's Gesicht, „was machst du hier in meinem Himmel?" Und – ein, zwei,

drei! nahm sie den kleinen Häwelmann und warf ihn mitten in das große Wasser. Da konnte er schwimmen lernen. Und dann?	Ja und dann? Weißt du nicht mehr? Wenn ich und du nicht gekommen wären und den kleinen Häwelmann in unser Boot genommen hätten, so hätte er doch leicht ertrinken können!

Der bei Lévi-Strauss als ‚Überschrift‘ exponierte ‚gemeinsame Nenner‘ einzelner Geschehensmomente bzw. Handlungssequenzen ist im Falle des Mythos semantischer Art. Gesucht wird also nach einem übergeordneten zeitenthobenen Bedeutungs- bzw. Sinnhorizont einzelner Paradigmen. Stierle geht in seiner Bestimmung von Geschichte noch über den Abstraktheitsgrad der Lévi-Strauss'schen Form der Analyse von Sinnkonstitution hinaus, indem er die Ebene der Konzepte einführt.

Jede Geschichte setzt einen Zusammenhang von Konzepten voraus, die zueinander in einer spezifischen Beziehung stehen und die die abstrakteste Fundierungsebene der Geschichte ausmachen, von der her sich erst die Relevanz von Geschehenszusammenhängen für eine Geschichte erfassen läßt. Jede Geschichte ist also bezogen auf eine Menge einander zugeordneter und zugleich in Opposition zueinander stehender Konzepte, die ihrerseits noch nicht narrativ gerichtet sind, sondern nur die Voraussetzung darstellen für die narrative Organisation. [...] Man kann diese abstrakteste Ebene des narrativen Textes die Ebene der Achronie, d.h. der Zeitenthobenheit nennen [...]. (Stierle 1977, 220)

Definition: Konzepte

Relation der Äquivalenzklassen vgl. S. 70

Anfangs- und Endpunkt der Geschichte sind damit im Idealfall nicht mehr nur eine zeitliche Relation, sondern zugleich die Pole einer konzeptuellen Opposition, etwa der Weg des Märchenhelden von Armut zu Reichtum, die Läuterung des Sünders zum Gläubigen oder gar Heiligen in der Erbauungsliteratur, die plötzlich erwachte Erdverbundenheit des Städters im Heimatroman u.v.m. „Je eindeutiger und klarer diese konzeptuelle Opposition ist, um so prägnanter ist der Rahmen, innerhalb dessen sich die Geschichte entfalten kann". (ebda., 217)

Sucht man für das oben zitierte Märchen vom süßen Brei ein dominantes oppositionelles Konzeptpaar, so wird man dort gleich mehrfach auf die (lebenswichtige) Bedeutung von Nahrung gestoßen. Der Anfang der Erzählung ist geprägt vom Mangel, u.a. dem Hunger, der Schluß von der Sättigung, ja vom Überfluß an Nahrung. Zwischen beiden Extremen, die Ausgangs- und Endpunkt der Geschichte bilden, lassen sich zwei Episoden unterscheiden, die – jede für sich – wiederum zwischen einem Oppositionspaar vermittelt. Die erste beginnt

Beispiel

mit dem (hier existenziell bedrohlichen Hunger von Mutter und Tochter und schließt mit der dauerhaften Möglichkeit, Hunger zu stillen; die zweite beginnt mit dem (alltäglichen) Bedürfnis der Mutter zu essen und endet mit einem Eßzwang für Besucher der Stadt infolge der unkontrollierten Breiproduktion. Hinzu kommen weitere Oppositionspaare, die die zwei Episoden konstituieren: in der ersten ‚arm' vs. ‚der Armut ledig', in der zweiten ‚in der Stadt' (drinnen) vs. ‚außerhalb der Stadt' (draußen). Die Opposition ‚drinnen' vs. ‚draußen' bildet darüber hinaus neben ‚Hunger' vs. ‚Überfluß' auch weitere Eckpunkte der gesamten Geschichte. Neben diesen Anfang-Ende-Relationen, deren Gültigkeit, wie gezeigt, auch auf einzelne Episoden übertragen werden kann, lassen sich jedoch auch weitere Oppositionen benennen, die im Sinne der Lévi-Strauss'schen ‚Überschriften' zusätzliche semantische Paradigmen bezeichnen: etwa ‚Mutter' und ‚Tochter', ‚alt' und ‚jung', ‚ausgehen' und ‚heimkommen' oder auch einfach nur „Töpfchen koche" und „Töpfchen steh".

Antagonistische Konzepte vgl. S. 50f.

Es muß aber ausdrücklich betont werden, daß gerade Märchen für ihre Schwarz-Weiß-Polarisierungen berühmt sind und sich deshalb vorzüglich zur Demonstration oppositioneller bzw. antagonistischer Konzepte in Erzähltexten eignen. In der vorgeführten Häufung sind diese freilich nicht für jeden Text nachweisbar. Semantische Rekurrenzen, die nach dem Muster von Lévi-Strass matriziert werden können, lassen sich dagegen im Regelfall erschließen.

Arbeitsaufgabe:

(3) *Erstellen Sie auch für den folgenden Text eine Matrix, indem Sie möglichst Überschriften wählen, die konzeptuelle Oppositionen bilden.*

Johannes Bobrowski: Mäusefest

Moise Trumpeter sitzt auf dem Stühlchen in der Ladenecke. Der Laden ist klein, und er ist leer. Wahrscheinlich weil die Sonne, die immer hereinkommt, Platz braucht und der Mond auch. Der kommt auch immer herein, wenn er vorbeigeht. Der Mond also auch. Er ist hereingekommen, der Mond, zur Tür herein, die Ladenklingel hat sich nur einmal und ganz leise nur gerührt, aber vielleicht gar nicht, weil der Mond hereinkam, sondern weil die Mäuschen so laufen und herumtanzen auf den dünnen

Dielenbrettern. Der Mond ist also gekommen, und Moise hat Guten Abend, Mond! gesagt, und nun sehen sie beide den Mäuschen zu.

Das ist aber auch jeden Tag anders mit den Mäusen, mal tanzen sie so und mal so, und alles mit vier Beinen, einem spitzen Kopf und einem dünnen Schwänzchen.

Aber lieber Mond, sagt Moise, das ist längst nicht alles, da haben sie noch so ein Körperchen, und was da alles drin ist! Aber das kannst du vielleicht nicht verstehen, und außerdem ist es gar nicht jeden Tag anders, sondern immer ganz genau dasselbe, und das, denk ich, ist gerade so sehr verwunderlich. Es wird doch schon eher so sein, daß du jeden Tag anders bist, obwohl du doch immer durch die gleiche Tür kommst und es immer dunkel ist, bevor du hier Platz genommen hast. Aber nun sei mal still und paß gut auf.

Siehst du, es ist immer dasselbe.

Moise hat eine Brotrinde vor seine Füße fallen lassen, da huschen die Mäuschen näher, ein Streckchen um das andere, einige richten sich sogar auf und schnuppern ein bißchen in die Luft. Siehst du, so ist es. Immer dasselbe.

Da sitzen die beiden Alten und freuen sich und hören zuerst gar nicht, daß die Ladentür aufgegangen ist. Nur die Mäuse haben es gleich gehört und sind fort, ganz fort und so schnell, daß man nicht sagen kann, wohin sie gelaufen sind.

In der Tür steht ein Soldat, ein Deutscher. Moise hat gute Augen, er sieht: ein junger Mensch, so ein Schuljunge, der eigentlich gar nicht weiß, was er hier wollte, jetzt, wo er in der Tür steht. Mal sehen, wie das Judenvolk haust, wird er sich draußen gedacht haben. Aber jetzt sitzt der alte Jude auf seinem Stühlchen, und der Laden ist hell vom Mondlicht. Wenn se mechten hereintreten, Herr Leitnantleben, sagt Moise.

Der Junge schließt die Tür. Er wundert sich gar nicht, daß der Jude Deutsch kann, er steht so da, und als Moise sich erhebt und sagt: Kommen se man, andern Stuhl hab ich nicht, sagt er: Danke, ich kann stehen, aber er macht ein paar Schritte, bis in die Mitte des Ladens, und dann noch drei Schritte auf den Stuhl zu. Und da Moise noch einmal zum Sitzen auffordert, setzt er sich auch.

Jetzt sind se mal ganz still, sagt Moise und lehnt sich an die Wand.

Die Brotrinde liegt noch immer da, und, siehst du, da kommen auch die Mäuse wieder. Wie vorher, gar nicht ein bißchen langsamer, genau wie vorher, ein Stückchen, noch ein Stückchen, mit Aufrichten und Schnuppern und einem ganz winzigen Schnaufer, den nur Moise hört und vielleicht der Mond auch. Ganz genau wie vorher.

Und nun haben sie die Rinde wiedergefunden. Ein Mäusefest, in kleinem Rahmen, versteht sich, nichts Besonderes, aber auch nicht ganz alltäglich.

Da sitzt man und sieht zu. Der Krieg ist schon ein paar Tage alt. Das Land heißt Polen. Es ist ganz flach und sandig. Die Straßen sind schlecht, und es gibt viele Kinder hier. Was soll man da noch reden? Die Deutschen sind gekommen, unzählig viele, einer sitzt hier im Judenladen, ein ganz junger, ein Milchbart. Er hat eine Mutter in Deutschland und einen Vater, auch noch in Deutschland, und zwei kleine Schwestern. Nun kommt man also in der Welt herum, wird er denken, jetzt ist man in Polen und später vielleicht fährt man nach England, und dieses Polen hier ist ganz polnisch.

Der alte Jude lehnt an der Wand. Die Mäuse sind noch immer um ihre Rinde versammelt. Wenn sie noch kleiner geworden ist, wird eine ältere Mäusemutter sie mit nach Hause nehmen, und die andern Mäuse werden hinterherlaufen.

Weißt du, sagt der Mond zu Moise, ich muß noch ein bißchen weiter. Und Moise weiß schon, daß es dem Mond unbehaglich ist, weil dieser Deutsche da herumsitzt. Was will er denn bloß? Also sagt Moise nur: Bleib du noch ein Weilchen.

Aber dafür erhebt sich der Soldat jetzt. Die Mäuse laufen davon, man weiß gar nicht, wohin sie alle so schnell verschwinden können. Er überlegt, ob er Aufwiedersehen sagen soll, bleibt also noch einen Augenblick im Laden stehen und geht dann einfach hinaus.

Moise sagt nichts, er wartet, daß der Mond zu sprechen anfängt. Die Mäuse sind fort, verschwunden. Mäuse können das.

Das war ein Deutscher, sagt der Mond, du weißt doch, was mit diesen Deutschen ist. Und weil Moise noch immer so wie vorher an der Wand lehnt und gar nichts sagt, fährt er dringlicher fort: Weglaufen willst du nicht, verstecken willst du dich nicht, ach Moise. Das war ein Deutscher, das hast du doch gesehen. Sag mir bloß nicht, der Junge ist keiner, oder jedenfalls kein schlimmer. Das macht jetzt keinen Unterschied mehr. Wenn sie über Polen gekommen sind, wie wird es mit deinen Leuten gehn? Ich hab gehört, sagt Moise. Es ist jetzt ganz weiß im Laden. Das Licht füllt den Raum bis an die Tür in der Rückwand. Wo Moise lehnt, ganz weiß, daß man denkt, er werde immer mehr eins mit der Wand. Mit jedem Wort, das er sagt. Ich weiß, sagt Moise, da hast du ganz recht, ich werd Ärger kriegen mit meinem Gott.

3.2.2 Die funktionale Gliederung der Geschichte

Kehren wir nun noch einmal zu Lévi-Strauss und seiner doppelten Lesbarkeit des Mythos zurück: Es soll nicht verschwiegen werden, daß gerade seine Paradigmatisierung der Erzähltexte nicht ohne Kritik geblieben ist. So bemerkt etwa Harald Weinrich:

Kritik an Lévi-Strauss

Nach den [...] Arbeiten aus der Schule von Lévi-Strauss wissen wir heute ungefähr, was mit dieser Methode zu gewinnen ist. Die Bilanz ist eindeutig positiv. Man darf sich aber auch fragen, was man dabei möglicherweise verliert. So ist wohl nicht zu übersehen, mit welcher Eile Lévi-Strauss und die ersten Strukturalisten über den Textcharakter der mythischen oder literarischen Texte hinweggehen. Ihr erster Methodenschritt besteht immer darin, daß sie die mythische Geschichte in „Mytheme" und den literarischen Text in ich weiß nicht welche „-eme" auseinandernehmen, um sich auf diese Weise möglichst schnell von der Erzählfolge zu entfernen. Der Erzählstil als solcher interessiert sie kaum, denn nur die paradigmatische Dimension eines Textes erscheint ihnen als übersetzbar in die argumentierende Sprache der Wissenschaft. (Weinrich 1986, 182)

Bei der Analyse von Texten soll nicht nur nach Ähnlichkeiten von Geschehensmomenten und deren Verteilung auf der narrativen Achse der Geschichte gefahndet werden. Vielmehr wird das Bedürfnis offenkundig, die textuelle Verortung einzelner Momente auch funktional, also im Hinblick auf ihren Zweck im Verhältnis zu anderen Einheiten der Geschichte zu begründen. Einen Erzählstil wird man jedoch nicht gewinnen können, solange eine funktionale Gliederung auf der Ebene der Geschichte vorgenommen wird. Erst auf der Ebene der sprachlichen Realisierung ließe sich in vollem Wortsinne ein Stil extrahieren. Trotzdem weist die Kritik Weinrichs in eine Richtung, der nachgegangen werden muß. Wir wollen einige funktionale Fragen an einem Textbeispiel von Peter Bichsel entwickeln, das wir aus „Die Beamten" herausgreifen:

Um zwölf Uhr kommen sie aus dem Portal, jeder dem nächsten die   Beispiel
Tür haltend, alle in Mantel und Hut und immer zur gleichen Zeit,
immer um zwölf Uhr. Sie wünschen sich, gut zu speisen, sie grüßen
sich, sie tragen alle Hüte.
Und jetzt gehen sie schnell, denn die Straße scheint ihnen verdächtig.
Sie bewegen sich heimwärts und fürchten, das Pult nicht geschlossen
zu haben. Sie denken an den nächsten Zahltag, an die Lotterie, an das
Sporttoto, an den Mantel für die Frau und dabei bewegen sie die
Füße und hie und da denkt einer, daß es eigenartig sei, daß sich die
Füße bewegen.

Welche Verbindung besteht zwischen dem erzählten Heraus-
kommen und dem Heimweg, welche zwischen dem schnellen
Gehen und der Bewegung heimwärts? Welche Funktion hat
der Hinweis auf die Uhrzeit, welche die Erwähnung von Hut
und Mantel? Jede dieser Einheiten, die wir oben als Geschehensmomente eingeführt haben, so eine vorläufige Festel-
lung, hilft mit, die Geschichte zu konstituieren, alle erfüllen
einen spezifischen Zweck.
  Roland Barthes, damals einer der Protagonisten des französischen Strukturalismus, hat 1966 ein System von Klassen solcher Einheiten entwickelt, das Stierle folgendermaßen veranschaulicht: Erzähleinheiten

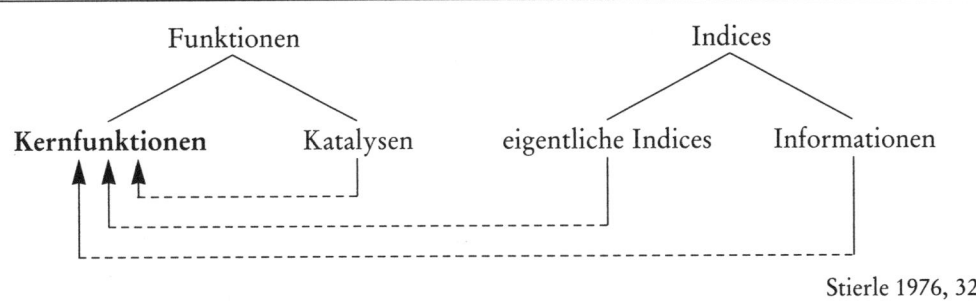

Stierle 1976, 32

Barthes unterscheidet generell zwei Klassen von Einheiten: Funktionen
Funktionen und *Indizien* bzw. *Indices*. Funktionen sind
Handlungsschritte, die einen Zustand A in einen Zustand B
(A → B) überführen. Sie korrelieren mit Einheiten derselben
Ebene. Die Tatsache, daß bei Bichsel die Beamten aus dem
Portal kommen, zieht die andere nach sich, daß sie sich heimwärts bewegen. Umgekehrt impliziert diese Bewegung auch,
daß sie irgendwoher kommen. Und ergänzt man den oben zitierten Abschnitt noch um den darauf folgenden Hauptsatz,
so entsteht eine ganze Kette von Momenten, die alle jeweils
auseinander hervorgehen bzw. das jeweils nächste als möglich

erscheinen lassen: „Beim Mittagessen fürchten sie sich vor dem Rückweg [...]."

Indizien bzw. Indices

Die zweite große Klasse von Einheiten, die integrativen, umfaßt alle „Indizien" [...], wobei die Einheit nun nicht auf einen ergänzenden und folgerichtigen Akt verweist, sondern auf einen mehr oder weniger unscharfen Begriff, der jedoch für den Sinn der Geschichte notwendig ist: Hinweise auf den Charakter der Protagonisten, Informationen über ihre Identität, Anmerkungen zur „Atmosphäre" usw. [...]. (Barthes 1988, 111)

Mantel und Hut der Beamten stehen als Indices für eine korrekte Kleidung, beinahe schon eine Art von Uniformiertheit, die möglicherweise einem (ungeschriebenen) Gesetz oder Dienstreglement, zumindest aber – „sie tragen alle Hüte" – einer Gesetzmäßigkeit folgt. Freilich ließe sich einer solchen Bekleidung auch ein konservatives Denken unterstellen oder auch nur eine Nachlässigkeit gegenüber aktuellen Trends der Mode, letztlich also auch eine Weltfremdheit und Isoliertheit, aus der heraus die Straße in ihrer Unabgeschlossenheit verdächtig erscheint. Indices fordern also zur Deutung heraus, verweisen unmittelbar auf die semantische Ebene. „Die Funktionen implizieren metonymische *Relata*, die Indizien meta-

Metonymie vgl. S. 73
Metapher vgl. S. 72f.

phorische *Relata*." (ebda., 112)

Barthes beläßt es indessen nicht bei seiner Grobeinteilung in Funktionen und Indizien; er differenziert weiter:

Innerhalb jeder dieser zwei Klassen lassen sich sofort zwei narrative Unterklassen bestimmen: in der Klasse der Funktionen zum Beispiel sind nicht alle Einheiten von gleicher „Wichtigkeit"; manche erweisen sich als richtiggehende Scharniere der Erzählung (oder eines Teils der Erzählung); andere wieder „füllen" nur den narrativen Raum, den Abstand zwischen den Scharnier-Funktionen: Bezeichnen wir erstere

Kardinalfunktionen
Katalysen

als *Kardinalfunktionen* (oder *Kerne*) und zweitere, mit Rücksicht auf ihre ergänzende Natur, als *Katalysen*. (ebda., 112)

Die Beamten bewegen sich heimwärts, indem sie schnell gehen; währenddessen sie die Füße bewegen, denken sie etwas, und schließlich verwundern sich einzelne von ihnen über die Beweglichkeit ihrer Füße. Die Bewegung heimwärts kann als Kardinalfunktion die Katalysen, hier weitere Differenzierungen derselben Tätigkeit, umspannen. Sie „sollen [...] vor allem den Erzählraum ,anfüllen', der die Kernfunktionen [...] voneinander trennt." (Stierle 1976, 32) „Die konstante Funktion der Katalyse ist also in jedem Falle eine phatische Funktion

Phatische Funktion
vgl. S. 23

(um den Ausdruck Jakobsons aufzugreifen)." (Barthes 1988, 114)

Auch die Indices werden in zwei weitere Subklassen aufgeteilt:

Man kann darin [...] zwischen *Indizien* im engeren Sinne unterscheiden, die auf einen Charakter, ein Gefühl, eine Atmosphäre (etwa des Verdachts) oder eine Philosophie verweisen, und zwischen *Informanten,* die zum Erkennen und Zurechtfinden in Raum und Zeit dienen. (ebda., 114)

Informanten bzw. Informationen sind Einheiten, die nur auf eine denotierte Bedeutung verweisen. So ist der Zeitpunkt, zu dem die Beamten aus dem Portal kommen, bei seiner ersten Nennung schlicht informativ motiviert. Erst wo das „um 12 Uhr" mit einem „immer" verbunden wird, ergeben sich Konnotationen von Regelmäßigkeit, Pedanterie, Mechanisierung.

Informanten bzw. Informationen

Denotation vs. Konnotation vgl. S. 27f.

Reine Informationen sind hingegen in Erzähltexten nur selten anzutreffen, verleiten doch auch Zeitangaben, historische Daten oder genannte Orte, Länder usw. dazu, hinter ihnen symbolische Bedeutungen zu suchen. Würden die Beamten etwa zu mitternächtlicher Stunde ein Gebäude verlassen, so gäbe dies Anlaß zu weiteren Spekulationen.

Kerne und Katalysen, Indizien und Informanten [...], das sind, so scheint mir, die ersten Klassen, auf die man die Einheiten der funktionellen Ebene verteilen kann. Diese Einteilung muß durch zwei Feststellungen ergänzt werden. Zunächst kann eine Einheit zwei verschiedenen Klassen gleichzeitig angehören: [...] manche Einheiten können gemischt auftreten. Dadurch werden allerlei Verschiebungen in der Ökonomie der Erzählung ermöglicht. (ebda., 115)

> Eine Einheit kann mehreren funktionalen Klassen angehören.

Daß den Beamten die Straße verdächtig scheint, hat beispielsweise zwei Funktionen. Als Katalyse beschreibt diese Aussage einen *Vorgang* im Innern der Protagonisten, als Index einen Charakterzug der Ängstlichkeit, möglicherweise einen Zug von Verfolgungswahn oder auch nur einen Teilbereich der Atmosphäre.

Arbeitsaufgaben:

(4) Untersuchen Sie die folgenden Texte im Hinblick auf funktionale Einheiten nach Roland Barthes.

(5) Stellen Sie fest, inwieweit die einzelnen Erzählungen von einer Klasse von Einheiten dominiert werden, und vergleichen Sie beide daraufhin.

ROBERT WALSER: Die Göttin

Ich ging einst, ganz in Gedanken, die elegante Hauptstraße entlang. Viele Menschen spazierten in derselben. Die Sonne schien so freundlich. Die Bäume waren grün, der Himmel war blau. Ich weiß nicht mehr genau, ob es Sonntag war. Ich erinnere mich nur, daß etwas Süßes, etwas Freundliches um mich war. Doch etwas noch Schöneres sollte folgen, indem sich nämlich vom ungewissen leichten Himmel herab eine schneeweiße Wolke auf die Straße niedersenkte. Die Wolke glich einem großen und graziösen Schwan, und auf dem weichen, weißen, flaumigen Rücken der Wolke saß, in liegender Haltung, den Arm nachlässig ausgestreckt, voller freundlicher, kindlicher Majestät, eine nackte Frau. So hatte ich mir stets die Göttinnen aus Griechenland vorgestellt. Die Göttin lächelte, und alle Menschen, die sie sahen, waren genötigt, mitzulächeln, bezaubert von der holdseligen Schönheit. O wie ihr Haar in der Sonne schimmerte! Mit ihren großen blauen gütigen Augen schaute sie die Welt an, die sie gleichsam mit ihrem hohen kurzen Besuch beehrte. Die Wolke flog auf, gleich einem Luftschiff, und nach kurzer Zeit war mir und allen andern der herrliche Anblick wieder entschwunden. Da gingen die Leute ins nächstgelegene Kaffeehaus und erzählten einander die wunderbare Neuigkeit. Noch schien die Sonne freundlich, auch ohne Göttin.

ROBERT MUSIL: Sarkophagdeckel

Irgendwo hinten am Pincio, oder schon Villa Borghese, ruhen zwei Sarkophagdeckel aus unedlem Stein zwischen den Büschen im Freien. Sie stellen keine Kostbarkeit dar, sie liegen umher. Lang hingestreckt lagert auf ihnen das Ehepaar, das sich einst zum letzten Andenken hat abbilden lassen. Man sieht viele solcher Sarkophagdeckel in Rom; aber in keinem Museum und in keiner Kirche machen sie solchen Eindruck wie hier unter den Bäumen, wo sich die Figuren wie auf einer Landpartie ausgestreckt haben und eben aus einem kleinen Schlaf erwacht zu sein scheinen, der zweitausend Jahre gewährt hat.

Sie haben sich auf den Ellbogen gestützt und sehen einander an. Es fehlt nur der Korb mit Käse, Früchten und Wein zwischen ihnen.

Die Frau trägt eine Frisur mit kleinen Locken – gleich wird sie sie ordnen, nach der letzten Mode vor dem Einschlafen. Und sie lächeln einander an; lang, sehr lang. Du siehst weg: und noch immer tun sie es ohne Ende.

Dieser treue, brave, bürgerliche, verliebte Blick hat die Jahrhunderte überstanden; er ist im alten Rom ausgesandt worden und kreuzt heute dein Auge.

Wundere dich nicht darüber, daß er vor dir andauert; daß sie nicht wegsehen oder die Augen senken: sie werden nicht steinern dadurch, sondern menschlich.

3.3 Diskurs I

Die Arbeit an literarischen Texten, die wir im vorausgegangenen Kapitel geleistet haben, täuscht möglicherweise über den Status von Geschichte hinweg, der noch einmal in Erinnerung gebracht sei: Geschichte ist eine konstruierte Ebene ‚hinter‘ dem Text der Geschichte. Hier werden Anfang und Ende der narrativen Achse festgelegt und damit die Konzepte, zwischen denen sich chronologisch die Geschehensmomente aneinanderreihen.

Doch selbst die Ebene des *Diskurses* (= Text der Geschichte), der wir uns nun zuwenden wollen, ist noch einmal zweigeteilt. Stierle unterscheidet hier zwischen Diskurs I, der Perspektivierung durch einen Erzähler, sowie Diskurs II, der sprachlichen Realisierung. Die Ebene der erzählerischen Perspektivierung ist immer noch vorsprachlich.

3.3.1 Zeitstruktur

Zuerst einmal ist jede Geschichte bezogen auf einen Erzähler, der immer die Möglichkeit hat, die zeitliche Abfolge der Geschichte nach Kriterien neu zu organisieren, die außerhalb der Geschichte selbst liegen. [...] Die Manifestation der Geschichte steht also unter der einheitlichen Perspektive eines Erzählers, der, da er die Geschichte in ihrer Ganzheit überblickt, die Möglichkeit hat, sie nach ganz verschiedenen Gesichtspunkten der Wirkung beim Leser neu zu arrangieren. (Stierle 1977, 224)

Dieses Neuarrangement läßt es durchaus zu – und dies ist eigentlich der Normalfall –, daß von der Chronologie der narrativen Achse im Erzählvorgang abgewichen wird. So kann im Text der Geschichte zum Beispiel das zeitlich erste Geschehensmoment den Abschluß der Erzählung bilden, etwa im Kriminalroman, wo die Aufklärung des Verbrechens an seinen Ausgangspunkt zurückkehrt. Ebenso üblich sind expositorische Einschübe in eine Erzählung, die zu der eben laufenden Handlung eine Vorgeschichte oder Hinweise auf diese regelrecht nachliefern, etwa wenn sich eine handelnde Figur zurückerinnert, wenn die Ahnengeschichte eines Protagonisten aufgerollt wird etc. Umgekehrt kann auch erzählerisch auf zeitlich Nachgeordnetes vorgegriffen werden, beispielsweise um durch Andeutungen Spannung zu erzeugen.

Einen ganzen Katalog der Rückwendungs- und Vorausdeutungsformen in Erzähltexten hat Eberhard Lämmert 1955 in seinem Buch „Bauformen des Erzählens" vorgelegt, das heute mit Fug als ‚Klassiker' der Erzähltheorie bezeichnet werden kann. Die wichtigsten von ihnen sollen im folgenden zusammengestellt werden:

Die *Rückwendungen* unterscheiden sich vor allem hinsichtlich ihrer Stellung im Text und ihrer Funktion für die Leserführung. *Aufbauende Rückwendungen* sind nachgeholte Expositionen, die sich in der Regel kurz nach dem Erzähleinsatz finden, um nachzutragen, wie es zu diesem Einsatz kommt.

Marginalien:

Arrangement der Geschichte durch einen Erzähler

Beispiel

expositorisch = einleitend, einführend

Rückwendungen

Diese nachgeholte Exposition nennen wir *aufbauende* Rückwendung, weil der Erzähler hier *Material* – faktische Vorgänge zumeist, aber auch seelische Entwicklungen – zusammenträgt, welches den isoliert vergegenwärtigten Handlungseinsatz in einen verständlichen Zusammenhang einfügt und gleichzeitig die Entfaltung künftiger Phasen unterbaut. (Lämmert 1993, 104)

Auflösende Rückwendungen bilden den Abschluß einer Erzählung.

Durch die Aufdeckung bisher unbekannter Ereignisse oder Zusammenhänge oder durch die Aufklärung eines bislang in der Erzählung noch rätselhaft gebliebenen Geschehens löst sie die Knoten der Handlung auf, glättet die Konflikte oder macht sie begreiflich. Ein entlarvender Charakter kennzeichnet sie zumeist. [...] Wie bei der aufbauenden Rückwendung, so liegt auch hier natürlicherweise das Schwergewicht auf rein faktischer Ergänzung des Erzählten. Wohl die meisten Kriminalromane besitzen eine solche Auflösung, aber auch alle auf Überraschung abzielenden Erzählschlüsse neigen zu solcher Rückwendung mit nachträglicher Erklärung der Zusammenhänge. (ebda., 108)

Aufbauende Rückwendungen gehen dem Spannungsbogen einer Erzählung voraus, auflösende sind ihm nachgeordnet bzw. schließen ihn ab. *Eingeschobene Rückwendungen* dagegen können retardierend auf die Spannung einwirken. Lämmert unterscheidet hier *den Rückschritt vom Rückgriff*, um die Qualität des eingeschobenen Materials zu berücksichtigen.

Der *Rückschritt* ist ein regelrechter Einschnitt in den Erzählverlauf, der bereits Erzähltes zwischenzeitlich in den Hintergrund treten lassen kann.

Was auf dem neuen Schauplatz bislang geschah, was die neu eingeführte oder wieder auftretende Person bisher erlebte, das mag für den weiteren Verlauf notwendig zu wissen oder doch merkwürdig genug sein, um hier mitgeteilt zu werden. Da eine neue Handlung noch nicht im Fluß, neue Spannung noch nicht erwachsen ist, kann der Erzähler sich hier in Ruhe ‚die Zeit nehmen‘, Wissenswertes oder Kurioses aus der Vergangenheit mitzuteilen. (ebda., 112)

Beispiele: Rückgriff

Der *Rückgriff* bezeichnet kleinere Hinweise auf Vergangenes, die die laufende Handlung nicht eigentlich unterbrechen: „Damals im Park hatten die Kastanien eine ähnliche Farbe"; „genau wie in seiner Schulzeit fühlte er sich heute"; „das erinnerte sie an eine Geste ihrer Mutter".

An beliebiger Stelle der Erzählung holen Erzähler oder handelnde Personen ein Requisit oder ein Erlebnis aus der Vergangenheit bei, um damit die augenblickliche Situation in Zusammenhänge einzu-

weisen oder den augenblicklichen Erzählgegenstand an Ort und Stelle ausholend zu erläutern.

Hier bleibt der gegenwärtige Vorgang durchaus im Blick des Lesers; und der Erzähler [...] gibt [...] die Gegenwart dabei nicht auf. [...]
Der wesentliche Unterschied zum Rückschritt besteht [...] darin, daß
der Rückgriff keine eigene *Geschichte* zum Inhalt hat. Er bleibt ganz
dem Gegenwartsgeschehen verbunden und erzählt lediglich beifü-
gend oder vergleichend ein isoliertes Stück Vergangenheit. (ebda.,
122f.)

Als einzige nicht retardierende, sondern als Höhepunktsmo-
ment verwendete *eingeschobene Rückwendung* fungiert der
Rückblick: die Kindheitserinnerungen in Musils „Törleß" etwa, die den Knaben immer wieder verlassen im Walde und
von Bäumen bedrohend umstanden zeigen, oder die finalen
Epiphanie-Augenblicke in James Joyces „The Dead", in denen Gabriel Conroy bewußt wird, daß er sein Leben auf einer
Lüge aufgebaut hat.

Beispiele: eingeschobene
Rückwendung

Die Vergangenheit ist im Rückblick nicht neben oder gar außer der
Gegenwart Gegenstand des Erzählens. Dem Erinnernden bzw. dem
Erzähler geht es nicht darum, leibhaftige *Vorgänge* der Vergangenheit
dem Gegenwartserlebnis beizufügen – seinem Blick öffnen sich
vielmehr die überzeitlichen *Wirkungen* der Vergangenheit. [...] Ereignisse von gestern und Ereignisse der frühesten Kindheit werden in
willkürlicher Reihenfolge auf *einen* wesentlichen Gehalt ‚zusammen-
gestrichen' [...].

Erfüllte Gegenwart ist also der eigentliche Zeitraum des Rückblicks im Gegensatz zu allen anderen Rückwendungen in die Vergangenheit, und damit erklärt sich gleichzeitig sein besonderes Verhältnis zur Erzählspannung. Der Akt des Rückblicks gehört meist einem
Gipfelpunkt der Handlung und – sicherer noch – einem markanten
Punkt des inneren Vorgangs an [...]. Er kann seine Gespanntheit von
einem entscheidenden Ereignis beziehen, das augenblicklich bevor-
steht oder eben vor sich ging – dann besitzt er als Gegenschlag gegen
die äußere Aktion eine entsprechende innere Dynamik; er kann jedoch auch [...] durch ein nichtiges Ereignis ausgelöst sein und trägt
diesem dann noch nachträglich eine unerwartete Bedeutung zu. Der
letztere Fall zeigt besonders deutlich, daß der Rückblick die Erzählspannung nicht nur begleiten, sondern ganz auf sich abzuziehen in
der Lage ist. Er ist also Glied der Haupthandlung im engsten Sinne.
(ebda., 136f.)

Analog zu den Rückwendungen lassen sich auch den Vorausdeutungen bestimmte Stellungen im Text und eine Rezepti-
onsorientierung zuweisen.

Vorausdeutungen

Einführende Vorausdeutungen finden sich in der Erzählung vorhergehenden Nebentexten, Titel, Motto, Vorwort o.ä.

Inhaltliche Aspekte können hier genannt werden, um auf das Kommende neugierig zu machen. Gleiches gilt für Vorgeschichten, die beispielsweise dem Ort des Geschehens oder einzelnen Figuren geheimnisvolle Attribute verleihen. Besonders auffällig geschieht das in Rahmenhandlungen, in denen ein Vorausdeutungsmoment häufig zum Ausgangspunkt einer Binnenerzählung wird.

Die *abschließenden Vorausdeutungen* bilden mit einem Hinweis auf die Zukunft den Endpunkt der erzählten Zeit. Sie haben formal den Charakter eines offenen Schlusses.

Je bestimmter aber ihre Ankündigung ist, desto runder und ‚schlüssiger' wird das Ende einer Erzählung. [...] Demgemäß erwarten wir von der abschließenden Vorausdeutung nicht spannende, sondern *lösende* Aussagen. Ihren abschließenden Charakter erhält sie gerade dadurch, daß sie Konflikte der Vergangenheit in der Zukunft der erzählten Handlung zu einer sinnvollen Lösung oder – ebenso sinnvollen – endgültigen Verhärtung bringt. (ebda., 153)

Beispiele: abschließende Vorausdeutung

Wenn etwa Leutnant Gustl in der gleichnamigen Novelle Arthur Schnitzlers am Ende nach einer in Sorge vor seiner verlorenen Ehre verbrachten Nacht draufgängerisch an ein bevorstehendes Duell denkt, obwohl er sich soeben noch mit Selbstmordgedanken getragen hat, so zeugt dies von einer „Verhärtung" der von Anfang an vorgeführten Determiniertheit seines Denkens; wenn sich in Gustav Freytags Roman „Soll und Haben" der Held Anton Wohlfahrt nach den Höhen und Tiefen seiner Persönlichkeitsentwicklung mit Sabine Schröter, einer reichen Kaufmannsschwester, verlobt, so läßt sich nicht nur seine baldige Hochzeit, sondern auch der zu erwartende Wohlstand erahnen usf.

Man kann hier weiter zwischen mehr oder weniger präzisen Vorausdeutungen unterscheiden, einer, die Unausweichliches prophezeit, einer, die – wie im Märchen – eine undifferenzierte Vorhersage auf die Zukunft macht, und einer, die aus einem symbolischen Schlußereignis erwächst. „Wohl das beliebteste und wortlos wirksamste Motiv dieser Art ist das Bild des anbrechenden Morgens, eines Sonnenaufgangs, oder einer Wanderung bzw. Fahrt des Helden in den neuen Tag hinein." (ebda., 161)

Eingeschobene Vorausdeutungen können sich auf einzelne Erzählabschnitte beziehen oder (wiederholt) auf den Ausgang der Handlung anspielen. Die *Phasenvorausdeutung* greift in Teil- bzw. Kapitelüberschriften u.ä. dem Inhalt von Teilen der Erzählung vor, die *Ausgangsvorausdeutung* nimmt auf den

Schluß der gesamten Erzählung Bezug. Ihre mehrfache Wiederaufnahme ergibt u.U. Gliederungsabschnitte, wo diese nicht durch das Layout des Textes unmittelbar veranschaulicht werden.

Warum aber ist allgemein die Stellung der Vorausdeutungen an markierten Einsätzen und Abschlüssen, also an Kapitelgrenzen, so auffallend häufig? – Antwort geben gerade die Vorausdeutungen, die ohne solche äußere Markierungen eingerückt sind. Auch sie schaffen nämlich von sich aus Einschnitte und Neuansätze, gliedern Handlungsstränge aus oder bilden Phasenbögen und Überleitungen! Und selbst dort, wo sie mitten im Erzählfluß einem Einzelereignis beigefügt sind, bekunden sie jeweils die Richtungnahme oder den Endpunkt dieser kleinen Erzählpartie. – Platz und Wirkungsweise der Vorausdeutungen sind also gleicherweise bestimmt durch ihre *gliedernde* und *verwebende* Funktion im Aufbau der Erzählung. (ebda., 174f.)

Vorausdeutungen – die übrigens nicht immer zutreffen müssen, also auch Täuschungsmanöver des Erzählers sein können – fallen mehr oder weniger deutlich ins Auge. Zwischen subtilen Anspielungen und dezidiert an den Leser gerichteten Ansprachen, zwischen Denotations- und Konnotationsebene von Zeichenkomplexen unterschiedlichen Umfangs, gibt es ein ganzes Spektrum erzählerischer Möglichkeiten.

Denotation vs. Konnotation vgl. S. 27f.

Arbeitsaufgabe:

(6) Bestimmen Sie die Formen der Rückwendungen und Vorausdeutungen nach Lämmert in folgenden Textausschnitten.

Aus: ARTHUR SCHNITZLER: Der Weg ins Freie

[...] Sie durchschritten das Tor und standen auf der Straße. Georg wandte sich um, aber die Friedhofsmauer hielt seinen Blick auf. Erst nach ein paar Schritten hatte er den Ausblick nach dem Talgrund wieder frei. [...] Über die rötlich-gelben Hügel, die die Landschaft abschlossen, sank der Himmel in mattem Herbstschein. In Georgs Seele war ein mildes Abschiednehmen von mancherlei Glück und Leid, die er in dem Tal, das er nun für lange verließ, gleichsam verhallen hörte; und zugleich ein Grüßen unbekannter Tage, die aus der Welt der Weite seiner Jugend entgegenklangen.

Aus: JOHANN PETER HEBEL: Unglück der Stadt Leiden

Diese Stadt heißt schon seit undenklichen Zeiten Leiden und hat noch nie gewußt, warum, bis am 12. Jänner des Jahres 1807. Sie liegt am Rhein in dem Königreich Holland und hatte vor diesem Tag elftausend Häuser, welche von vierzigtausend Menschen bewohnt waren, und war nach Amsterdam wohl die größte Stadt im Königreich. Man stand an diesem Morgen noch auf wie alle Tage; der eine betete sein Das walt Gott, der andere ließ es sein, und niemand dachte daran, wie es am Abend aussehen wird, obgleich ein Schiff mit siebenzig Fässern voll Pulver in der Stadt war. [...]

Aus: ANON.: Königin Grille

1. Kapitel

Der gute, tätige König. Die eigensinnige und übellaunige Königin. Die Gesandschaft an eine Fee. Die Ankunft derselben in einem prächtigen Luftschiffe.

In Indien lebte einst ein König, der sein Volk liebte, und der folglich auch von seinem Volke wiedergeliebt und fast angebetet wurde. [...]

Aus: ARTHUR SCHNITZLER: Frau Berta Garlan

[...] Berta blieb einen Augenblick stehen und sah um sich. Sie war ganz allein mit ihrem Buben, und eine merkwürdige Stille war um sie. Auch oben auf dem Friedhof hatte sie heute niemanden begegnet, nicht einmal die alte Frau, die sonst die Blumen begoß, den Gräberschmuck in gutem Stand erhielt, und mit der sie manchmal plauderte. Es kam Berta vor, als wäre sie schon recht lang vom Hause fort und hätte schon lang mit niemandem gesprochen. Jetzt schlug es von einem Kirchturme sechs Uhr. So war noch kaum eine Stunde verflossen, seit sie ihre Wohnung verlassen, und noch kürzere Zeit, daß sie auf der Straße mit der schönen Frau Rupius geplaudert. Und selbst die wenigen Minuten, die verstrichen waren, seit sie am Grabe ihres Mannes gestanden, schienen ihr schon weit zu liegen. –
„Mama!" hörte sie plötzlich ihren Buben rufen. Er hatte sich von ihrer Hand losgemacht, und war vorausgelaufen. „Mama, ich kann schneller gehen als du!" [...]

3.3.2 Erzählsituationen

Die Abfolge der Geschichte kann, wie wir gesehen haben, in eine Abfolge des Diskurses übersetzt werden, die zu dieser eine relative Autonomie bewahrt. Doch sind damit die Möglichkeiten des Erzählers mit Hinblick auf die Geschichte noch nicht erschöpft. [...] Eine weitere Leistung des Erzählers ist die narrative Perspektivierung, die die Distanz festlegt, in der dem Leser die einzelnen Figuren erscheinen, wodurch seine Identifikationsbereitschaft vorstrukturiert wird. Schließlich hat der Erzähler die Wahl der Einstellung zu der Geschichte, die er erzählt. Er kann die Geschichte neutral erzählen, so daß sie gleichsam sich von selbst zu erzählen scheint, seine Einstellung kann aber auch die der ironischen Distanz, des humorvollen Verstehens, der leidenschaftlichen Anteilnahme, der Bewunderung oder des Mitleids sein. (Stierle 1977, 227)

Distanz und Nähe zum Erzählten

Erzählte Zeit ist die Zeitspanne, die die Erzählung umfaßt; *Erzählzeit* ist die Zeit, die man zum Erzählen / Lesen benötigt.

Ein narrativer Text ist immer *vermittelte* Geschichte. Nicht nur die Struktur der erzählten Zeit zeigt die Spuren dieses Vermittlungsprozesses, sondern auch die mehr oder weniger

spürbare Präsenz einer Mittlerinstanz, einem Subjekt des Erzählens. Dieses Erzählsubjekt ist mit dem Autor nicht identisch; es ist vielmehr Teil einer innerliterarischen Kommunikationssituation, die einen Leser ebenso nur als Teil eines
textinternen Verständigungsprozesses kennt. Vergegenwärtigen wir uns dieses mehrschichtige kommunikative Gebilde
durch das folgende Schaubild:

Autor vs. Erzähler

realer Autor	realer Leser	textexterne Ebene
(empirische historische Personen)		
abstrakter Autor	impliziter Leser	textinterne Ebene I
(abstrakte Instanz, theoretisches Konstrukt)		
fiktiver Autor	fiktiver Leser	textinterne Ebene II
(Figur im Text)		

(vgl. H. Link 1980, 25)

Das Kommunikationsmodell im textexternen Bereich ent-
spricht oben eingeführten Relationen. Der Sender des
Zeichens ist Produzent eines Textes, der wiederum vom
Empfänger rezipiert wird. Die Ungleichzeitigkeit beider
Kommunikationsakte wird durch schriftliche Kodierung und
Konservierung im Medium möglich. Realer Autor und realer
Leser sind als Individuen empirische Personen, deren Mitwir-
kung am Kommunikationsprozeß an historische Situationen
gebunden ist.

Kommunikationsmodell
vgl. S. 21

Kode vgl. S.21f.
Medium vgl. S. 21f.

Für die textinterne Ebene scheint es ungleich schwerer,
zu einer bündigen Definition zu kommen. Auf der Suche
nach einer Kommunikationssituation im Text stößt man in
Erzähltexten oft genug auf Figuren, die durch das Per-
sonalpronomen ‚ich' eingeführt sind, sich selbst namentlich vorstellen oder von anderen vorgestellt werden und
ihrerseits erzählen. Dabei werden möglicherweise andere
Figuren, die namentlich bekannt sind oder nur durch pro-
nominalisierte Anredeformen repräsentiert werden, angesprochen: „lieber Leser", „verehrte Freunde", „du" oder
„ihr".

Textinterne
Kommunikation

Analog der externen Ebene bedient sich der fiktionale
Text in der Regel schriftlicher oder (authentisch) verschrift-
lichter Kommunikation. Ich und Du, fiktiver Autor und
Leser, sind jedoch ihrerseits nur Teil eines Gesamtkonzepts,
aus dessen Perspektive eine Figur im Text wie Ich oder Du

nur Gestaltungsmöglichkeiten sind, Spielarten eines Repertoires, Textstrategien. Alternativen zu einem erzählenden Ich wären etwa der Verzicht auf einen Sprecher, die Er-Erzählform oder gar eine rein dialogische Präsentation der Geschichte. Jene abstrakte Instanz des Textes, die aus solchen Möglichkeiten auswählt, kann *abstrakter Autor* genannt werden. Dabei entstehende Strukturen, die Raum für eine ,Beteiligung' des Lesers schaffen, deuten auf einen *impliziten Leser* hin. Während wir den Formen der Leserbeteiligung am Text später nachgehen wollen, soll zunächst

Konstituenten des Erzählens

näher auf die Instanz des abstrakten Autors eingegangen werden.

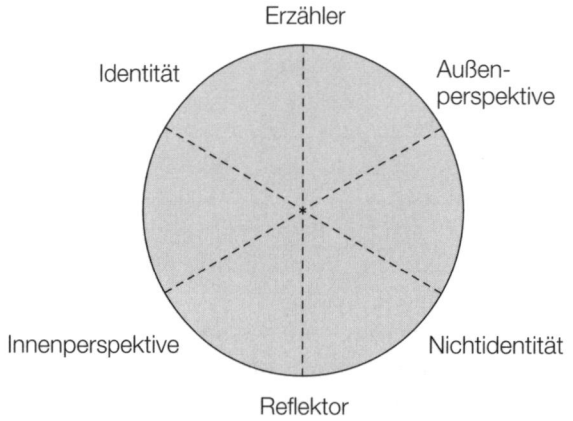

Dazu greifen wir zurück auf ein triadisches Erzählmodell, das Franz K. Stanzel bereits 1955 entwickelt hat und seitdem in seiner „Theorie des Erzählens" durch Hinzufügung weiterer Konstituenten fundieren konnte. Stanzel unterscheidet drei verschiedene Erzählsituationen (= ES), die auktoriale, die personale und die Ich-Erzählsituation. Diese werden wiederum gebildet durch das Zusammenwirken dreier Konstituenten, Person, Perspektive und Modus.

Modus: zwischen Erzähler und Reflektor

Das eigentliche Narrative wird repräsentiert durch den Erzähler [...] und den Reflektor. Diese beiden bilden zusammen die erste Konstituente der typischen ES, den *Modus* der Erzählung. Unter Modus ist die Summe der möglichen Abwandlungen der Erzählweisen zwischen den beiden Polen Erzähler und Reflektor zu verstehen: *Erzählen* im eigentlichen Sinne der Mittelbarkeit, d.h. der Leser hat die Vorstellung, daß er einem persönlichen Erzähler gegenübersteht, und *Darstellen*, d.h. Spiegelung der fiktionalen Wirklichkeit im Bewußtsein einer Romangestalt, wobei im Leser die Illusion der Unmittelbarkeit seiner Wahrnehmung der fiktionalen Welt entsteht. (Stanzel 1989, 71)

Die Existenz eines Erzählers als Person macht das Vorhandensein einer Erzählinstanz sehr anschaulich. Wie im alltäglichen Gespräch sieht man sich beim Lesen einem ,Sprecher' gegenüber, dies gilt auch noch (abgeschwächt), wenn sich das Gegenüber nicht vorstellt, nicht als Ich in Erschei nung tritt, sondern lediglich über die Art seines Erzählens faßbar wird. Dieses ist vor allem gekennzeichnet durch fehlende Unmittelbarkeit, ein Nichtbeteiligtsein an der Geschichte.

Im Gegensatz dazu ist der Reflektor immer scheinbar unmittelbar Wahrnehmungszentrum des soeben Geschehenden, als solches also zumeist innerhalb einer Figur verankert. Er ist Kamera oder Rekorder, aber manchmal auch ausgestattet mit einem eigenen Bewußtsein, das Wahrnehmung steuert, kommentiert, mit Empfindungen, Gedanken verbindet. Der Leser gewinnt dabei den Eindruck, gleichsam an der Handlung beteiligt zu sein. Er sieht, hört und denkt gemeinsam mit der Reflektorfigur – scheinbar distanzlos, während der Zeit, in der die Handlung abläuft.

Die zweite Konstituente der Erzählsituationen nach Stanzel betrifft die Unterscheidung der Seinsbereiche von Erzähler und Figuren:

Nicht das Vorkommen [...] des Personalpronomens in einer Erzählung (außerhalb des Dialogs natürlich) ist [...] entscheidend, sondern der Ort der dazugehörigen Bezugsperson innerhalb oder außerhalb der fiktionalen Welt der Charaktere eines Romans oder einer Erzählung. Als Kennzeichnung dieser zweiten Konstituente soll trotzdem der Begriff *Person* wegen seiner Prägnanz beibehalten werden. Das wesentliche Kriterium der zweiten Konstituente – das muß nachdrücklichst hervorgehoben werden – ist aber nicht die relative Häufigkeit des Vorkommens einer der beiden Personalpronomina Ich oder Er/Sie, sondern die Frage nach der Identität bzw. Nicht-Identität der Seinsbereiche, in denen der Erzähler und die Charaktere beheimatet sind. (ebda., 71f.)

Person:
zwischen Identität und Nicht-Identität der Seinsbereiche von Erzähler und Figuren

Damit keine Verwirrung aufkommt: Identität oder Nicht-Identität der Seinsbereiche stehen nur auf dem Prüfstand innerhalb der Zeitspanne, die vom Anfangs- und Endpunkt der Geschichte begrenzt wird. Nicht der Zeitpunkt des Erzählens, der dem Erzählten nachgeordnet sein kann, wird also für diese Opposition ausschlaggebend, sondern die erzählte Zeit. Erzählt beispielsweise ein Ich retrospektiv aus seinem Leben, ohne jemals auf seine Ist-Situation zu sprechen zu kommen, kann man ebenso mit Fug von einer Identität der Seinsbereiche sprechen wie in Aussagen desselben Ich über seine augenblickliche Situation, die neben dem Zeitraum immer auch die Gegenstände des Erzählens, also auch seine Figuren wechseln. Wer außerhalb der erzählten Welt steht, wird dagegen seine Figuren nicht mit der ersten Person pronominalisieren.

Die *Perspektive* des Erzählens bildet Stanzels dritte Konstituente. Sie benennt den Standpunkt des Wahrnehmungszentrums gegenüber der dargestellten Wirklichkeit. Es ist dies nicht nur die Perspektive einer Erzählinstanz, sondern zugleich der dem Leser angewiesene ‚Tribünenplatz‘, der im Falle der Innenperspektive eben nicht mehr nur ein unbeteiligtes Zuschauen erlaubt.

Die Art und Weise dieser Wahrnehmung hängt wesentlich davon ab, ob sich der Standpunkt, von dem aus das Erzählte präsentiert wird, innerhalb der Geschichte befindet, d.h. in der Hauptfigur oder im Zentrum des Geschehens, oder außerhalb des Geschehens liegt, in einem Erzähler, der nicht selbst Träger der Handlung ist, sondern als Zeitgenosse der Hauptfigur und des Geschehens, als Beobachter oder unbeteiligter Chronist der Geschichte berichtet. Dementsprechend ist zwischen einer Innenperspektive und einer Außenperspektive zu unterscheiden. Das die Opposition Perspektive konstituierende Element ist also der Grad des Beteiligtseins der Mittlerfigur am Geschehen. (ebda., 72)

Person, Perspektive und Modus tragen dazu bei, die Erzählsituationen beschreibbar zu machen. Die drei Erzählsituationen ihrerseits werden jeweils dominiert von einem Pol der drei Konstituenten: Die auktoriale Erzählsituation von der Außenperspektive, die personale Erzählsituation von der Reflektorfigur, die Ich-Erzählsituation von der Identität der Seinsbereiche von Erzähler und Figuren.

Die *auktoriale Erzählsituation* kennzeichnet das Auftreten eines allwissenden Erzählers, der die Umwelt seiner Figuren nicht durch deren Augen wahrnimmt. Seine Distanz zum Erzählten drückt sich durch den erzählenden Gebrauch der dritten Person und das Vorherrschen des Präteritums aus. Das Erzähltempus suggeriert einen zeitlichen Abstand zwischen erzählter Zeit – der Geschichte – und dem Erzählakt. Erst durch einen nachgeordneten, rückblickenden Standpunkt ist es dem Erzähler möglich, die Chronologie der Geschichte durch Vorausdeutungen der oben beschriebenen Formen zu durchbrechen. Distanz zum Erzählten belegen auch Kommentare, Erklärungen, (ausführliche) Beschreibungen und Reflexionen, die deutlich eine Beteiligung am Geschehen negieren. Besonders signifikant sind Bemerkungen über den Erzählvorgang selbst, die als deutliche Hinweise auf die Autofunktiona-

Perspektive: zwischen Innen- und Außenperspektive

Auktoriale ES

Autofunktionalität vgl. S. 26f.

lität des Textes gleichsam über die Köpfe der Figuren hinweg an den Leser gerichtet werden. Hinzu kommt eine
spürbare Tendenz zur Ironisierung des Dargestellten, die
bis auf die Wortebene reicht und seine Glaubwürdigkeit
(gezielt) unterwandert. Der Gegenpol solcher Formen der
Distanzierung wäre eine Neutralität des Erzählens, deren
Höchstmaß in berichtenden Formen erreicht wird. Authen-
tizität verspricht vor allem die *szenische Darstellung*, die   Szenische Darstellung
sich einer dramatischen Präsentation annähert. Hier ver-
schwindet der Erzähler gleichsam hinter den Dialogen
seiner Figuren. Lediglich seine Regieführung ist ihm noch
nachzuweisen, wenn er (aus einer Außenperspektive heraus)
Inquit-Formeln wie „sagte er" oder kurze (wertende)
Handlungsbeschreibungen wie „schluchzte sie (auffällig)
laut" einfügt.

Diese Form des Erzählens nähert sich bereits der *persona-*   Personale ES
len Erzählsituation an, die ebenfalls durch ein ‚Verschwinden'
des Erzählers gekennzeichnet ist. Während die szenische
Darstellung jedoch keine beteiligte Figur als Perspektiven-
träger namhaft macht, wird die personale Erzählsituation
besonders durch das Vorhandensein eines Reflektors definiert. Auch hier wird scheinbar eine größere Objektivität
erreicht, indem sich der Wahrnehmungsbereich der empirischen Kapazität des einzelnen Menschen annähert.
Rückwendungen, etwa in Form von Erinnerungen, sind
möglich, ein Blick in die Zukunft jedoch außerhalb der
Kompetenzen des Reflektors. Er ‚spiegelt' seine Umwelt,
das was er wahrnehmen kann, also einen subjektiven Aus-
schnitt, der ergänzt wird durch einen unverstellten Blick
ins Innere des Wahrnehmungssubjekts. Durch den Weg-
fall des Erzählers kommt es hier zu einer scheinbaren Unmittelbarkeit des Zugriffs auf die erzählte Welt. Der Leser
fühlt sich in diese Welt versetzt, weil er im Akt der Wahrnehmung mit dem Reflektor identifikatorisch verschmilzt.
Wirklichkeit wird somit nicht mehr im eigentlichen Sinne
erzählt, sondern nur noch dargestellt, abgebildet, gezeigt,
ohne Kommentar, jedoch mit der Möglichkeit, Wertungen
vorzunehmen. Dies wird dann vor allem durch die Selektion des ‚unmittelbar' Wahrgenommenen, Empfundenen
oder Gedachten erreicht; läßt sich doch durch eine Einschränkung des Gesichtsfeldes leicht auch der Eindruck
von Beschränktheit des Sehenden erzeugen. Einen ähnlichen
Effekt haben freilich auch hier Formen der Ironie auf syntaktischer und semantischer Ebene. Sie können gleichsam

punktuelle Restbestände der auktorialen Erzählsituation bilden, die aber die Dominanz der Reflektorfigur nicht verdrängen.

Was für Überschneidungen mit dem Geltungsbereich der Außenperspektive feststellbar ist, gilt auch für die Konstituente Person. So ist die personale Erzählsituation weitgehend durch eine Pronominalisierung mit ‚er' bestimmt, die auch in der auktorialen Erzählsituation vorherrscht. Auch Reflektorfiguren können mit ‚er' eingeführt werden – nach Stanzel ein Beleg für die Nichtidentität der Seinsbereiche. Solange jemand noch mit ‚er' bezeichnet werden kann, ist eine Identifikation nicht restlos möglich. Darüber hinaus ist auch das Erzähltempus in der personalen Erzählsituation normalerweise ein Präteritum, was ebenfalls auf einen vom Erzählten getrennten Ort des Erzählens hinweist: „Er blickte aus dem Fenster. Draußen lag Schnee." Lediglich das „Draußen" weist hier auf die Existenz eines Reflektors und dessen Blickwinkel hin. Der erste der beiden Sätze könnte der Form nach auch aus einer auktorialen Erzählsituation vorgebracht werden. Radikal verändert sich das Bild, wenn wir die gleiche Erzählsituation für ein Ich annehmen: „Draußen liegt Schnee. Hier am Fenster werde ich mich noch erkälten." Die gleiche Situation, gleichwohl scheint die Innenperspektive radikalisiert. Hier ist eine Identität der Seinsbereiche erreicht, die überdies noch vom Erzähltempus verstärkt wird. Dominant für die Erzählsituation ist in beiden konstruierten Fällen die Existenz einer Reflektorfigur, die anderen Konstituenten verschieben sich.

Mit der Einführung der ersten Person Singular näherten wir uns indessen auf dem Typenkreis Stanzels der *Ich-Erzählsituation* an. Die Ich-Erzählsituation ist durch eine Identität der Seinsbereiche von Erzähler und Figuren charakterisiert. Ein Ich erzählt rückblickend aus einer zeitlich nachgeordneten Perspektive eine Geschichte, die unter Beteiligung dieses Ich abläuft. Das erzählende Ich bürgt durch seine Zeugenschaft für die wahrheitsgemäße Wiedergabe des Erzählten. Im Gegensatz zum umfassenderen Blick der auktorialen Erzählsituation ergibt sich hier zugleich ein eingeschränkter Zugriff auf die erzählte Welt, der sich jedoch weiten kann – nicht zuletzt übrigens durch das Vergehen von Zeit zwischen Erzähltem und Erzählen. Ein Ich-Erzähler, der nach der erzählten Zeit Gelegenheit hatte (oder vorgibt, diese gehabt zu haben), mit den anderen handelnden Personen zu sprechen, ihre Gedanken, Gefühle usw. erfragt zu haben,

Beispiele

Ich-ES

kann die radikale Innenperspektive aufgeben, sich auch in andere Beteiligte versetzen. Er kann schließlich aus ,gewachsener' zeitlicher Distanz heraus kommentieren, Reflexionen anstellen oder über seine Position als Erzähler räsonieren. Auch mit der erzählten Zeit und ihrer Chronologie kann er in dieser Situation frei von den Zwängen der Unmittelbarkeit verfahren wie in der auktorialen Erzählsituation. Im Uhrzeigersinn auf dem Typenkreis fortschreitend, wird die Ich-Erzählsituation immer deutlicher auf einen Erzähler beziehbar, wird die Perspektive immer weiter nach außen verlagert.

Insgesamt muß darauf hingewiesen werden, daß Erzählsituationen keine monolithischen Blöcke sind, die an festgefügten Grenzen aneinander stoßen, sondern vielmehr differenzierbare Gebilde mit fließenden Übergängen. Dies soll abschließend noch einmal veranschaulicht werden durch verschiedene Modifikationen des oben eingeführten Typenkreismodells.

3.3.3 Die Konstituenten der typischen Erzählsituationen.

Kommentierte Graphiken
von Christof Rickert

Jede der drei Konstituenten einer Erzählsituation kann mittels einer binären Opposition in zwei diskrete, d.h. deutlich voneinander unterscheidbare Polbegriffe gefaßt werden. Im folgenden werden diese Polaritäten anhand zweier unterschiedlich schraffierter Kreishälften veranschaulicht. Der Kreis wird in diesem Fall dreidimensional dargestellt, d.h. er erscheint als eine Ellipse.

Formenkontinuum Modus: Opposition Erzähler – Nichterzähler (Reflektor)

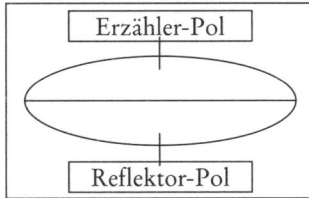 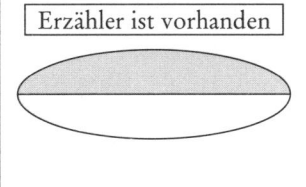 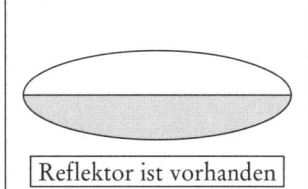

Anhand des Formenkontinuums Modus beantworten wir die Frage: „Wer erzählt?" Die Antwort darauf lautet: ein Erzähler, der als eigenständige Instanz vor dem Leser erscheinen oder soweit hinter das Erzählte zurücktreten kann, daß er gleichsam unsichtbar wird. Maßgebend für das *Erzählen* im eigentlichen Sinne ist die Mittelbarkeit. Die Spiegelung einer fiktionalen Wirklichkeit im Bewußtsein einer Romangestalt entspricht dagegen eher dem Darstellen: Im Leser ensteht die Illusion der Unmittelbarkeit seiner Wahrnehmung der fiktionalen Welt.

Formenkontinuum Person:
Opposition Identität – Nicht-Identität (der Seinsbereiche des Erzählers und der Charaktere)

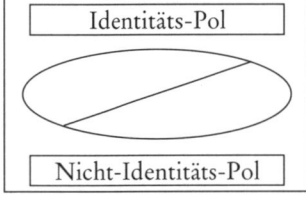 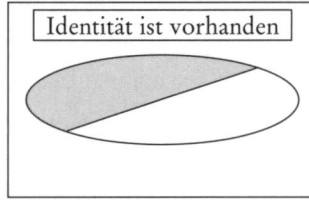 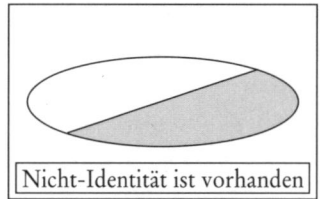

Das Formenkontinuum Person unterscheidet zwischen der Identität bzw. Nicht-Identität (der Seinsbereiche des Erzählers und der Charaktere). Lebt der Erzähler in derselben Welt wie die Charaktere, dann ist es nach der herkömmlichen Terminologie ein Ich-Erzähler. Existiert der Erzähler außerhalb der Welt der Charaktere, dann handelt es sich (nach der herkömmlichen Terminologie) um eine Er-Erzählung.

Formenkontinuum Perspektive:
Opposition Innenperspektive (Perspektivismus) – Außenperspektive (Aperspektivismus)

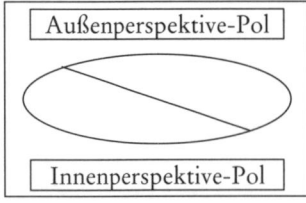 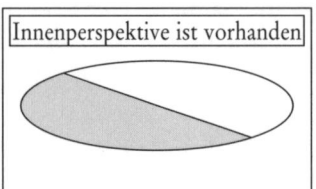 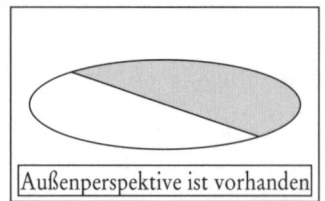

Das Formenkontinuum Perspektive trennt die beiden relevanten Sichtweisen auf die narrative Wirklichkeit: die Innen- und die Außenperspektive. Befindet sich der Standpunkt, von dem aus das Erzählte präsentiert wird, innerhalb der Handlung, so sprechen wir von einer Innenperspektive. Ist der Erzähler dagegen nicht selbst Träger der Handlung, sondern Zeitgenosse der Hauptfigur und des Geschehens, ein Beobachter oder unbeteiligter Chronist, so handelt es sich um eine Außenperspektive.

Kleiner Typenkreis:

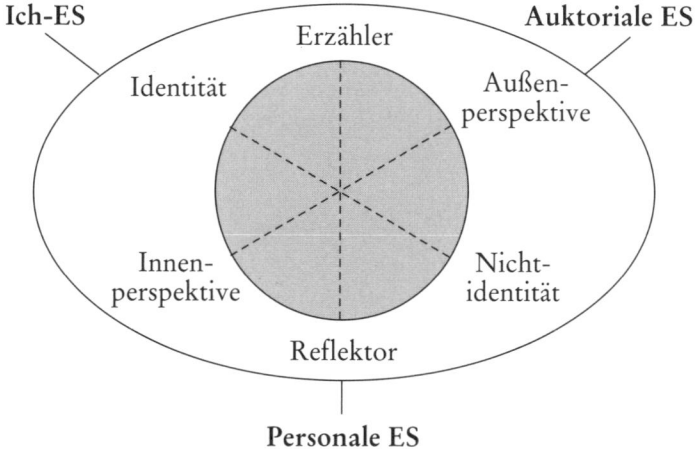

Ich-ES

Auktoriale ES

Erzähler

Identität

Außen-
perspektive

Innen-
perspektive

Nicht-
identität

Reflektor

Personale ES

Die Kombination dieser drei Konstituenten (Modus,
Person, Perspektive) in literarischen Texten resultiert in
drei grundlegenden Erzählsituationen (ES) und drei
Zwischenformen. Durch die unterschiedlichen Grade, in
denen die drei Konstituenten in der Erzählung verwirklicht
sind, ergeben sich zum Teil noch Subkategorien zu den
obigen Kombinationen. Diese werden im weiteren Text-
verlauf im Rahmen ihrer übergeordneten Erzählsituation behandelt.

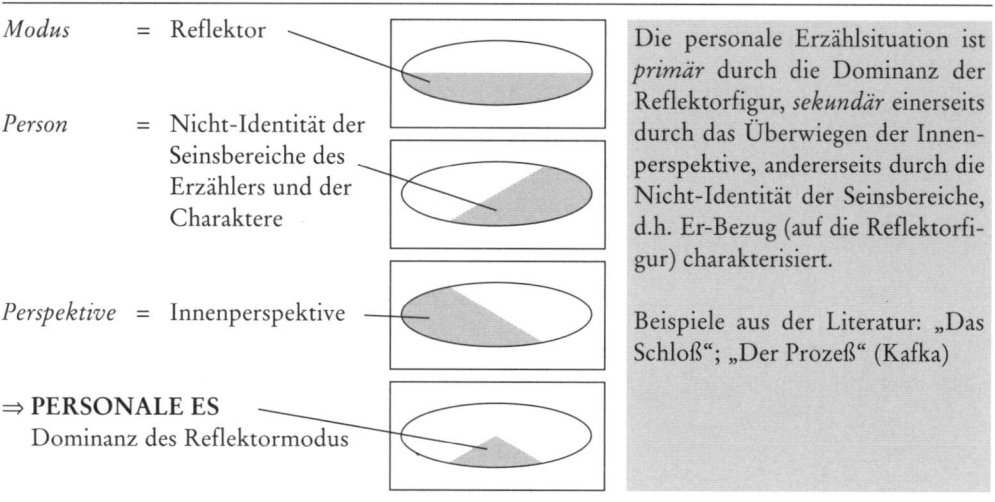

Modus   = Reflektor

Person   = Nicht-Identität der
                 Seinsbereiche des
                 Erzählers und der
                 Charaktere

Perspektive = Innenperspektive

⇒ **PERSONALE ES**
   Dominanz des Reflektormodus

Die personale Erzählsituation ist
primär durch die Dominanz der
Reflektorfigur, *sekundär* einerseits
durch das Überwiegen der Innenperspektive, andererseits durch die
Nicht-Identität der Seinsbereiche,
d.h. Er-Bezug (auf die Reflektorfigur) charakterisiert.

Beispiele aus der Literatur: „Das
Schloß"; „Der Prozeß" (Kafka)

Das *primäre* Merkmal dieser Erzählsituation ist die Nicht-Identität der Seinsbereiche, d. h. Er-Bezug (auf die Reflektorfigur). Durch die gleichzeitige Dominanz sowohl der Reflektorfigur als auch der Außenperspektive wird das gemeinsame Bindeglied, nämlich die Nicht-Identität der Seinsbereiche, zum konstituierenden Mittel der hier skizzierten Zwischenform.

Beispiel aus der Literatur:
„Der Kosak und die Nachtigall"
(Leo Perutz/Paul Frank)

Modus	=	Reflektor
Person	=	Nicht-Identität der Seinsbereiche des Erzählers und der Charaktere
Perspektive	=	Außenperspektive

⇒ **ZWISCHENFORM**
enthält Merkmale sowohl der PERSONALEN als auch der AUKTORIALEN ES

Die auktoriale Erzählsituation ist *primär* durch die Dominaz der Außenperspektive (omniscience), *sekundär* durch die Präsenz einer Erzählerfigur und durch die Nicht-Identität der Seinsbereiche charakterisiert.

Beispiele aus der Literatur:
„Wilhelm Meister" (Goethe); „Effi Briest" (Fontane); „Der Zauberberg" (Thomas Mann)

Modus	=	Erzähler
Person	=	Nicht-Identität der Seinsbereiche des Erzählers und der Charaktere
Perspektive	=	Außenperspektive

⇒ **AUKTORIALE ES**

Das *primäre* Merkmal dieser Erzählsituation ist die Erzählerfigur. Durch die Dominanz der Identität (der Seinsbereiche des Erzählers und der Charaktere) und der Außenperspektive wird die Erzählerfigur zum entscheidenden Charakteristikum der hier skizzierten Zwischenform.

Beispiele aus der Literatur:
„Pole Poppenspäler";
„Schimmelreiter" (Storm)

Modus	=	Erzähler
Person	=	Identität der Seinsbereiche des Erzählers und der Charaktere
Perspektive	=	Außenperspektive

⇒ **ZWISCHENFORM**
enthält sowohl Merkmale der ICH-ES als auch der AUKTORIALEN ES

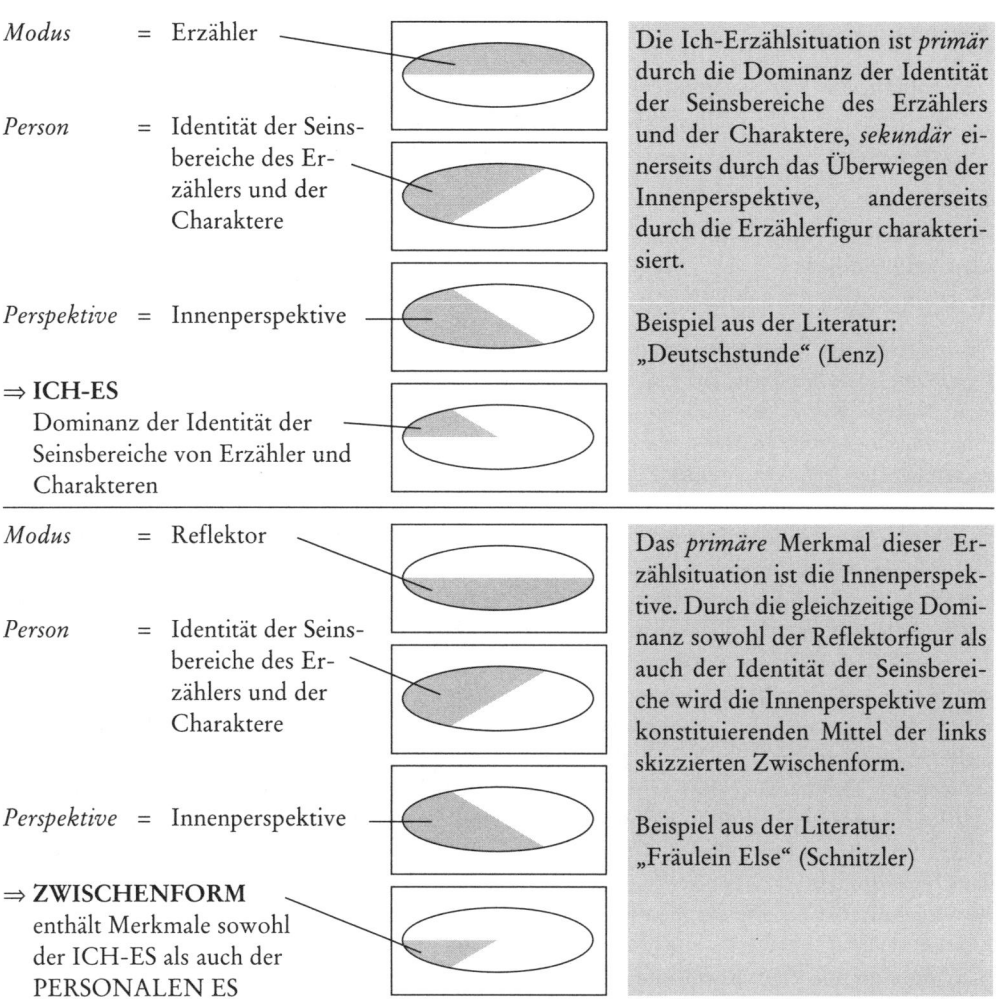

Modus   = Erzähler

Person   = Identität der Seins-
                 bereiche des Er-
                 zählers und der
                 Charaktere

Perspektive = Innenperspektive

⇒ **ICH-ES**
    Dominanz der Identität der
    Seinsbereiche von Erzähler und
    Charakteren

Die Ich-Erzählsituation ist *primär* durch die Dominanz der Identität der Seinsbereiche des Erzählers und der Charaktere, *sekundär* einerseits durch das Überwiegen der Innenperspektive, andererseits durch die Erzählerfigur charakterisiert.

Beispiel aus der Literatur: „Deutschstunde" (Lenz)

Modus   = Reflektor

Person   = Identität der Seins-
                 bereiche des Er-
                 zählers und der
                 Charaktere

Perspektive = Innenperspektive

⇒ **ZWISCHENFORM**
    enthält Merkmale sowohl
    der ICH-ES als auch der
    PERSONALEN ES

Das *primäre* Merkmal dieser Erzählsituation ist die Innenperspektive. Durch die gleichzeitige Dominanz sowohl der Reflektorfigur als auch der Identität der Seinsbereiche wird die Innenperspektive zum konstituierenden Mittel der links skizzierten Zwischenform.

Beispiel aus der Literatur: „Fräulein Else" (Schnitzler)

Noch ein Hinweis: Die Erzählsituation kann innerhalb eines Textes wechseln bzw. sich auf dem Typenkreis verschieben. Solchen Verschiebungen sollte nachgegangen werden. Sie sind es auch, die eindeutige Positionierungen einzelner Werke der Literatur auf dem Stanzelschen Typenkreis häufig verhindern. Erzähltextanalyse macht deshalb eine kleinschrittige Betrachtung der Texte erforderlich.

Arbeitsaufgaben:

(7) Ordnen Sie den folgenden Erzählanfängen Erzählsituationen nach Stanzel zu. Begründen Sie Ihre Zuordnungen. Versuchen Sie jeweils eine Positionierung auf dem Typenkreis.

Aus: HEINRICH VON KLEIST:
Michael Kohlhaas
(Aus einer alten Chronik)

An den Ufern der Havel lebte, um die Mitte des sechzehnten Jahrhunderts, ein Roßhändler, namens Michael Kohlhaas, Sohn eines Schulmeisters, einer der rechtschaffensten zugleich und entsetzlichsten Menschen seiner Zeit. – Dieser außerordentliche Mann würde, bis in sein dreißigstes Jahr für das Muster eines guten Staatsbürgers haben gelten können. Er besaß in einem Dorfe, das noch von ihm den Namen führt, einen Meierhof, auf welchem er sich durch sein Gewerbe ruhig ernährte; die Kinder, die ihm sein Weib schenkte, erzog er, in der Furcht Gottes, zur Arbeitsamkeit und Treue; nicht einer war unter seinen Nachbarn, der sich nicht seiner Wohltätigkeit oder seiner Gerechtigkeit erfreut hätte; kurz, die Welt würde sein Andenken haben segnen müssen, wenn er in einer Tugend nicht ausgeschweift hätte. Das Rechtsgefühl aber machte ihn zum Räuber und Mörder.

Er ritt einst, mit einer Koppel junger Pferde, wohlgenährt alle und glänzend, ins Ausland, und überschlug eben, wie er den Gewinst, den er auf den Märkten damit zu machen hoffte, anlegen wollte: teils, nach Art guter Wirte, auf neuen Gewinst, teils aber auch auf den Genuß der Gegenwart: als er an die Elbe kam, und bei einer stattlichen Ritterburg, auf sächsischem Gebiete, einen Schlagbaum traf, den er sonst auf diesem Weg nicht gefunden hatte. [...]

Aus: ALFRED DÖBLIN:
Berlin Alexanderplatz

[...] Mit der 41 in die Stadt

Er stand vor dem Tor des Tegeler Gefängnisses und war frei. Gestern hatte er noch hinten auf den Äckern Kartoffeln geharkt mit den andern, in Sträflingskleidung, jetzt ging er im gelben Sommermantel, sie harkten hinten, er war frei. Er ließ Elektrische auf Elektrische vorbeifahren, drückte den Rücken an die rote Mauer und ging nicht. Der Aufseher am Tor spazierte einige Male an ihm vorbei, zeigte ihm seine Bahn, er ging nicht. Der schreckliche Augenblick war gekommen [schrecklich, Franze, warum schrecklich?], die vier Jahre waren um. Die schwarzen eisernen Torflügel, die er seit einem Jahre mit wachsendem Widerwillen betrachtet hatte [Widerwillen, warum Widerwillen], waren hinter ihm geschlossen. Man setzte ihn wieder aus. Drin saßen die andern, tischlerten, lackierten, sortierten, klebten, hatten noch zwei Jahre, fünf Jahre. Er stand an der Haltestelle.

Die Strafe beginnt.

Er schüttelte sich, schluckte. Er trat sich auf den Fuß. Dann nahm er einen Anlauf und saß in der Elektrischen. Mitten unter den Leuten. Los. Das war zuerst, als wenn man beim Zahnarzt sitzt, der eine Wurzel mit der Zange gepackt hat und zieht, der Schmerz wächst, der Kopf will platzen. Er drehte den Kopf zurück nach der roten Mauer, aber die Elektrische sauste mit ihm auf den Schienen weg, dann stand nur noch sein Kopf in der Richtung des Gefängnisses. Der Wagen machte eine Biegung, Bäume, Häuser traten dazwischen. Lebhafte Straßen tauchten auf, die Seestraße, Leute stiegen ein und aus. In ihm schrie es entsetzt: Achtung, Achtung, es geht los. [...]

Aus: HEINRICH HEINE:
Deutschland. Ein Wintermärchen.

Caput I

Im traurigen Monat November wars,
Die Tage wurden trüber,
Der Wind riß von den Bäumen das Laub,
Da reist ich nach Deutschland hinüber.

Und als ich an die Grenze kam,
Da fühlt ich ein stärkeres Klopfen
In meiner Brust, ich glaube sogar
Die Augen begunnen zu tropfen.

Und als ich die deutsche Sprache vernahm,
Da ward mir seltsam zu Muthe;
Ich meinte nicht anders, als ob das Herz
Recht angenehm verblute.

Ein kleines Harfenmädchen sang.
Sie sang mit wahrem Gefühle
Und falscher Stimme, doch ward ich sehr
Gerühret von ihrem Spiele.

Sie sang von Liebe und Liebesgram,
Aufopfrung und Wiederfinden
Dort oben, in jener besseren Welt,
Wo alle Leiden schwinden.
[...]

Aus: ARTUR SCHNITZLER:
Leutnant Gustl

Wie lange wird denn das noch dauern? Ich muß auf die Uhr schauen... schickt sich wahrscheinlich nicht in einem so ernsten Konzert. Aber wer sieht's denn? Wenn's einer sieht, so paßt er gerade so wenig auf, wie ich, und vor dem brauch' ich mich nicht zu genieren... Erst viertel auf zehn? Mir kommt vor, ich sitz' schon drei Stunden in dem Konzert. Ich bin's halt nicht gewohnt... Was ist es denn eigentlich? Ich muß das Programm anschauen... Ja, richtig: Oratorium? Ich hab' gemeint: Messe. Solche Sachen gehören doch nur in die Kirche. Die Kirche hat auch das Gute, daß man jeden Augenblick fortgehen kann. – Wenn ich wenigstens einen Ecksitz hätt'! Auch Oratorien nehmen ein End'! Vielleicht ist es sehr schön, und ich bin nur nicht in der Laune. Woher sollt' mir auch die Laune kommen? Wenn ich denke, daß ich hergekommen bin, um mich zu zerstreuen... Hätt' ich die Karte lieber dem Benedek geschenkt, dem machen solche Sachen Spaß; er spielt ja selber Violine. Aber da wär' der Kopetzky beleidigt gewesen. Es war ja sehr lieb von ihm, wenigstens gut gemeint. Ein braver Kerl, der Kopetzky! Der einzige, auf den man sich verlassen kann... Seine Schwester singt ja mit unter denen da oben. Mindestens hundert Jungfrauen, alle schwarz gekleidet; wie soll ich sie da herausfinden? Weil sie mitsingt, hat er auch das Billett gehabt, der Kopetzky... Warum ist er denn nicht selber gegangen? – Sie singen übrigens sehr schön. Es ist sehr erhebend – sicher! Bravo! bravo!... Ja, applaudieren wir mit.
[...]

(8) Schreiben Sie die Textausschnitte (natürlich ohne einen künstlerischen Anspruch) so um, wie es die jeweils anderen Erzählsituationen erforderlich machen würden, und begründen Sie Ihre Ergebnisse.
(9) Klären Sie mit Hilfe von literaturwissenschaftlichen Wörterbüchern die Begriffe ‚innerer Monolog' und ‚erlebte Rede'.

3.3.4 Impliziter Leser

Diskurs I, die Ebene der Perspektivierung durch einen Erzähler, beinhaltet immer auch die pragmatische Ausrichtung
des Textes auf einen Leser. Strukturen des Textes, für die wir
innerhalb der internen Kommunikationsebene einen Erzähler
verantwortlich machen, sind zugleich rezeptionssteuernde
Momente, gleichsam das Raster des Leseakts. Wenn ein Erzähler einen Leser direkt anspricht: „lieber Leser“, „verehrte
Leserin“, konstatieren wir einen *expliziten bzw. fiktiven Leser*. Dieser kann (rhetorisch) befragt, zu etwas aufgefordert,
gelobt, vielleicht sogar verhöhnt oder beschimpft werden. Solange dieser explizite Leser im Text auch manifest wird, etwa
als Figur einer Rahmenerzählung, die als Adressat einer ebenfalls im Rahmen verankerten Binnenerzählung fungiert, besteht eine große Distanz zwischen uns, den realen Lesern, und
der internen Kommunikationssituation des Textes. Eine Identifikation mit Angesprochenen ist möglich, wird aber umso
zwingender, je weniger der explizite Leser als Charakter kon-
turiert wird. In Texten, die keine fröhliche Erzählrunde oder
einen ähnlichen Rahmen aufbauen, dort also, wo sich ein
nicht näher beschriebenes Ich an ein Du wendet, fühlen wir
uns beim Lesen direkt angesprochen, belehrt oder zu Handlungen verleitet.

Die rezeptionssteuernden Mechanismen sind jedoch weitaus vielfältiger, vor allem auf der Ebene des impliziten Lesers,
eines Adressatenbezugs also, der nicht unmittelbar als Anre-
de hergestellt wird, sondern unterschwellig durch die Signal-
form der Erzählstruktur. Die Signale, die ein Text enthält, sind
vielfältig.

Sie reichen von nichtfiktionalen Anweisungen (Gattungsbezeich-
nung: „Eine Erzählung“, „Roman“; „Eine Geschichte um Liebe und
Leid“, „Eine Bauernchronik“ usw.), von Buchtiteln („Der Tod des
Iwan Iljitsch“, Tolstoi; „Der Verbrecher aus verlorener Ehre“, Schiller) über Kapitelüberschriften und -einteilungen (im Nibelungenlied
die Gliederung nach Aventiuren: „wie sifrid erslagen ward“) über fiktionale Erzählstrategien (Erzählerfigur, Erzählerperspektive; Leserfigur; implizite Erzähler-Leser-Kommunikation: fiktiver Dialog; Poly-
perspektivik verschiedener Erzählschichten mit die Erzähler- bzw.
Leserfigur transzendierenden Signalen; Vorausdeutungen, Ahnungen,
Träume von Personen der fiktionalen Handlung) bis zu syntaktischen
Strukturen oder lexischen Komplexen. (Grimm 1975, 32)

Die oben als einseitig intentional ausgerichtet beschriebenen
Erzählstrategien müssen also von der Leserseite aus gesehen

Expliziter bzw. fiktiver Leser

Impliziter Leser

Signale an den Leser

als Formen des impliziten Lesers gelten, Konstitutionsele-
mente des Textes, die die erwartete Mitwirkung eines Lesers
sichtbar machen; denn, so formuliert Wolfgang Iser, einer der
Begründer der Rezeptionsästhetik, „der Text ist ein Wir-
kungspotential, das im Lesevorgang aktualisiert wird" (Iser
1976, 7).

Rezeptionsästhetik untersucht die Beschaffenheit eben dieses Potentials. Sie geht davon aus, daß die Richtung, die der
Akt des Lesens einschlägt, zwar bereits im impliziten Leser
vorgezeichnet ist; die Bedeutungsebene des Textes jedoch
wird erst im realen Leser voll entfaltet.

> Rezeptionsästhetik ana-
> lysiert Textstrukturen auf
> ihre Signalfunktion für
> den Leser hin.

Aus diesem Grunde erscheint es geboten, das Lesen als Prozeß einer
dynamischen Wechselwirkung von Text und Leser beschreibbar zu
machen. Denn die Sprachzeichen des Textes bzw. seine Strukturen
gewinnen dadurch ihre Finalität, daß sie Akte auszulösen vermögen,
in deren Entwicklung eine Übersetzbarkeit des Textes in das Bewußtsein des Lesers erfolgt. Damit ist zugleich gesagt, daß sich diese
vom Text ausgelösten Akte einer totalen Steuerbarkeit durch den
Text entziehen. Die Kluft indes begründet erst die Kreativität der Rezeption. (Iser 1976, 176)

Beschreibbar ist hingegen für Iser vornehmlich die Textseite
des Rezeptionsprozesses. Er entwickelt seine Theorie
zunächst aus dem Umgang des literarischen Textes mit den
Geschehensmomenten, die durch ihre Erzählung literarische
Gegenstände hervorbringen:

[...] literarische Gegenstände kommen dadurch zustande, daß der
Text eine Mannigfaltigkeit von Ansichten entrollt, die den Gegenstand schrittweise hervorbringen und ihn gleichzeitig für die Anschauung des Lesers konkret machen. Wir nennen diese Ansichten
[...] „schematisierte Ansichten" [...], weil eine jede von ihnen den Gegenstand nicht in einer beiläufigen oder gar zufälligen, sondern in einer repräsentativen Weise vorstellen möchte. [...] Jede einzelne Ansicht bringt in der Regel nur einen Aspekt voll zur Geltung. Sie
bestimmt daher den literarischen Gegenstand genauso, wie sie eine
neue Bestimmungsbedürftigkeit zurückläßt. Das aber heißt, daß ein
sogenannter literarischer Gegenstand nie an das Ende seiner allseiti-
gen Bestimmtheit gelangt. (Iser 1970, 14)

Schematisierte Ansichten

Texte haben demnach immer – gemessen an der Vielfältigkeit
empirischer Wahrnehmung – einen unvollständigen Charakter. Selbst mikroskopische Beschreibungen können niemals alles erfassen. Die Darstellung der Wirklichkeit spart immer etwas aus – und das sehr bewußt aufgrund einer gewählten
Perspektive. Das gilt auch für die Präsentation von Handlung,
die sich ebenso selektiv gestaltet.

Diese elementare Beschaffenheit des literarischen Textes bedeutet, daß die „schematisierten Ansichten", durch die der Gegenstand entrollt werden soll, oftmals unvermittelt aneinander stoßen. Der Text besitzt dann einen Schnitt. Die häufigste Verwendung dieser Schnitttechnik findet sich dort, wo mehrere Handlungsstränge gleichzeitig ablaufen, aber nacheinander erzählt werden müssen. Die Beziehungen, die zwischen solchen übereinander gelagerten Ansichten bestehen, werden in der Regel vom Text nicht ausformuliert, obgleich die Art, in der sie sich zueinander verhalten, für die Intention des Textes wichtig ist. Mit anderen Worten: Zwischen den „schematisierten Ansichten" entsteht eine Leerstelle, die sich durch die Bestimmtheit der aneinanderstoßenden Ansichten ergibt. [...] Solche Leerstellen eröffnen dann einen Auslegungsspielraum für die Art, in der man die in den Ansichten vorgestellten Aspekte aufeinander beziehen kann. (ebda., 14f.)

Leerstellen

Die Schnitte, von denen Iser spricht, sind freilich nicht nur von der Art, wie wir sie aus Filmen kennen: räumliche oder zeitliche Sprünge also. Vielmehr kann alles, was z.B. einen Handlungsablauf oder einen Beschreibungsvorgang unterbricht, eine Leerstelle sein. Schon die Aufteilung eines Textes in Absätze und Kapitel stellt eine solche ‚Lücke' dar – ebenso wie Freizeilen, Gedankenstriche oder die impressionistischen drei Pünktchen („...") zwischen manchmal ohnehin schon elliptischen Sätzen. So entscheidet bisweilen der Satz (im drucktechnischen Sinne) mit über den Rezeptionsvorgang. Dieselbe Funktion erfüllen aber auch die oben klassifizierten Rückwendungen und Vorausdeutungen – sofern sie nicht selbst Zielpunkt einer Erzählung sind –, eingeschobene Reflexionen eines Erzählers – sofern sie nicht selbst Hauptthema der Erzählung sind –, ausführliche deskriptive Passagen innerhalb einer sonst aktionsreichen Handlung, kurz: alle Formen der Abweichung von einer bereits innerhalb eines Erzähltextes als dominant etablierten Diktion.

„Erst die Leerstellen gewähren einen Anteil am Mitvollzug und an der Sinnkonstitution des Geschehens." (ebda., 16). Dort, wo die Perspektive wechselt, wo eine neue Figur eingeführt wird, wo ein Orts- oder Zeitwechsel stattfindet, wo von der spannenden Handlung abgeschweift wird usw., gibt der Text Raum für Leseraktivität.

Der Leser wird die Leerstellen dauernd auffüllen beziehungsweise beseitigen. Indem er sie beseitigt, nutzt er den Auslegungsspielraum und stellt selbst die nichtformulierten Beziehungen zwischen den einzelnen Ansichten her. (ebda., 15)

Ein Vorwurf, den man der textorientierten Rezeptionsästhetik Isers gemacht hat, soll hier abschließend nicht unerwähnt bleiben: Sie vernachlässige, so ihre Kritiker, die Historizität von Literatur ebenso wie die der Rezeption. Produktion und Rezeption sind kontextabhängig. Die Appellfunktion der Texte ist also vom Leser aus gesehen nichts Ewiges, sondern bestenfalls historisch kontingent, in Abhängigkeit vom Kode des Lesers variabel.

> Kritik an Iser: Rezeptionsästhetik argumentiert ahistorisch.

Ein Text (der zunächst keine Zeichenmaterialität ist) bedarf, um zur Bedeutungsstruktur zu werden, semantischer Komplexion, die vom jeweiligen Rezipienten auf dem Hintergrund seines eigenen historisch aktuellen und semiotisch strukturierten Kommunikationshorizontes erstellt werden muß. Auf diese Weise *vollzieht sich eine immer wieder neue Synthese von Text und Kontext*, eine immer wieder neue *Einheit von intra- und extratextuellen Strukturen eines Werkes*. Die alten Bedeutungen eines Werkes werden dadurch freilich nicht aufgehoben; sie treten mit den neu zu erstellenden in strukturelle Beziehungen ein. Man darf deshalb nicht den Fehler begehen, diese historische Umstrukturierung von literarischen Werken als subjektiv beiseite zu schieben und sich auf ein angeblich allein objektives, in seiner ursprünglichen Einheit rekonstruierbares Werk zu konzentrieren. *Das Wandern von Texten durch Kontexte* zu verfolgen, das Aufgabe der *Rezeptionsgeschichte* ist, stellt eine ebenso objektive, weil auf codifizierte Konnotationsstrukturen gestützte und durchaus wichtige Beschäftigung mit Literatur dar. Die Frage nach der einen und ahistorischen Bedeutungsstruktur eines Kunstwerks, die die traditionelle Literaturwissenschaft bestimmt hat, ist eine das Kunstwerk unangemessen ontologisierende Frage, die rezeptionsästhetisch dynamisiert werden sollte zur Frage nach den Bedeutungsstrukturen eines Werkes in historisch variablen Kontexten. (Schulte-Sasse/Kaurer/Behse 1973, 410)

> *Text und Kontext*
> vgl. S. 22f.

Dies ist freilich eine Frage, die hier nur angedeutet werden kann. Innerhalb eines Analyseverfahrens, das auf immanente Strukturen der Texte und funktionale Kategorien der Textkonstitution ausgerichtet ist, können die Kontexte von Produktion und Rezeption nur insofern Berücksichtigung finden, als sie auch textintern ihre Gebundenheit an historische Konstellationen zum Ausdruck bringen.

Arbeitsaufgaben:

(10) Erörtern Sie die Formen der Leserführung durch fiktiven und impliziten Leser in den folgenden Textbeispielen:

JOHANN PETER HEBEL: Der Kommandant und die badischen Jäger in Hersfeld

Folgende Begebenheit verdient, daß sie im Andenken bleibe, und wer keine Freude daran hat, den will ich nicht loben. Im verflossenen Winter, als die französische Armee und ein großer Teil der bundesgenossischen Truppen in Polen und Preußen stand, befand sich ein Teil des badischen Jägerregiments in Hessen und in der Stadt Hersfeld auf ihren Posten. Denn dieses Land hatte der Kaiser im Anfang des Feldzuges eingenommen und mit Mannschaft besetzt. Da gab es nun von seiten der Einwohner, denen das Alte besser gefiel als das Neue, mancherlei Unordnungen, und es wurden besonders in dem Ort Hersfeld mehrere Widersetzlichkeiten ausgeübt, und unter andern ein französischer Offizier getötet. Das konnte der französische Kaiser nicht geschehen lassen, während er mit einem zahlreichen Feind im Angesicht kämpfte, daß auch hinter ihm Feindseligkeiten ausbrachen und ein kleiner Funke sich zu einer großen Feuersbrunst entzündete. Die armen Einwohner von Hersfeld bekamen daher bald Ursache, ihre unüberlegte Kühnheit zu bereuen. Denn der französische Kaiser befahl, die Stadt Hersfeld zu plündern und alsdann an vier Orten anzuzünden und in die Asche zu legen. Dieses Hersfeld ist ein Ort, der viele Fabriken und daher auch viele reiche und wohlhabende Einwohner und schöne Gebäude hat; und ein Menschenherz kann wohl empfinden, wie es nun den armen Leuten, den Vätern und Müttern zumute war, als sie die Schreckenspost vernahmen; und der arme Mann, dem sein Hab und Gut auf einmal auf dem Arm konnte weggetragen werden, war jetzt so übel dran als der Reiche, dem man es auf vielen Wagen nicht wegführen konnte; und in der Asche sind die großen Häuser auf dem Platz und die kleinen in den Winkeln auch so gleich als die reichen Leute und die armen auf dem Kirchhof. Nun, zum Schlimmsten kam es nicht. Auf Fürbitte der französischen Kommandanten in Kassel und Hersfeld wurde die Strafe so gemildert: es sollten zwar nur vier Häuser verbrannt werden, und dies war glimpflich; aber bei der Plünderung sollte es

bleiben, und das war noch hart genug. Die unglücklichen Einwohner waren auch, als sie diesen letzten Bescheid hörten, so erschrocken, so allen Mutes und aller Besinnung beraubt, daß sie der menschenfreundliche Kommandant selber ermahnen mußte, statt des vergeblichen Klagens und Bittens die kurze Frist zu benutzen und ihr Bestes noch geschwind auf die Seite zu schaffen. Die fürchterliche Stunde schlug; die Trommel wirbelte ins Klaggeschrei der Unglücklichen. Durch das Getümmel der Fliehenden und Verzweifelten eilten die Soldaten auf ihren Sammelplatz. Da trat der brave Kommandant von Hersfeld vor die Reihen seiner badischen Jäger, stellte ihnen zuerst das traurige Schicksal der Einwohner lebhaft vor die Augen und sagte hierauf: „Soldaten! Die Erlaubnis zu plündern fängt jetzt an. Wer dazu Lust hat, der trete heraus aus dem Glied." So sprach der Kommandant; und wer jetzt ein Glas voll Wein hat neben sich stehen, der trinke es aus zu Ehren der badischen Jäger. Kein Mann trat aus dem Glied. Nicht einer! Der Aufruf wurde wiederholt. Kein Fuß bewegte sich; und wollte der Kommandant geplündert haben, so hätte er müssen selber gehen. Aber es war niemand lieber als ihm, daß die Sache also ablief, das ist leicht zu bemerken. Als die Bürger das erfuhren, war es ihnen zumute wie einem, der aus einem schweren Traum erwacht. Ihre Freude ist nicht zu beschreiben. Sie schickten sogleich eine Gesandtschaft an den Kommandanten, ließen ihm für diese Milde und Großmut danken und boten ihm aus Dankbarkeit ein großes Geschenk an. Wer weiß, was mancher getan hätte! Aber der Kommandant schlug dasselbe ab und sagte: er lasse sich keine gute Tat mit Geld bezahlen. „Nur zum Andenken von euch", setzte er hinzu, „erbitte ich mir eine silberne Münze, auf welcher die Stadt Hersfeld vorgestellt ist und der heutige Auftritt. Dies soll das Geschenk sein, welches ich meiner künftigen Gattin aus dem Krieg mitbringen will." Dies ist geschehen im Februar des Jahres 1807, und so etwas ist des Lesens zweimal wert.

PETER HACKS: Der Bär auf dem Försterball

Der Bär schwankte durch den Wald, es war übrigens Winter; er ging zum Maskenfest. Er war von der besten Laune. Er hatte schon ein paar Kübel Bärenschnaps getrunken; den mischt man aus Honig, Wodka und vielen schwierigen Gewürzen. Des Bären Maske war sehr komisch. Er trug einen grünen Rock, fabelhafte Stiefel und eine Flinte auf der Schulter; ihr merkt schon, er ging als Förster.

Da kam ihm, quer über den knarrenden Schnee, einer entgegen: auch im grünen Rock, auch mit fabelhaften Stiefeln und auch die Flinte geschultert. Ihr merkt schon, das war der Förster. Der Förster sagte mit einer tiefen Baßstimme: „Gute Nacht, Herr Kollege, auch zum Försterball?"

„Brumm", sagte der Bär, und sein Baß war so tief wie die Schlucht am Weg, in die die Omnibusse fallen.

„Um Vergebung", sagte der Förster erschrocken, „ich wußte ja nicht, daß Sie der Oberförster sind."

„Macht nichts", sagte der Bär leutselig. Er faßte den Förster unterm Arm, um sich an ihm festzuhalten, und so schwankten sie beide in den Krug zum zwöften Ende, wo der Försterball stattfand. Die Förster waren alle versammelt. Manche Förster hatten Geweihe, die sie vorzeigten, und manche Hörner, auf denen sie bliesen. Sie hatten alle lange Bärte und geschwungene Schnurrbärte, aber die meisten Haare im Gesicht hatte der Bär.

„Juhu", riefen die Förster und hieben den Bären kräftig auf den Rücken.

„Stimmung", erwiderte der Bär und hieb die Förster auf den Rücken, und es war wie ein ganzer Steinschlag.

„Um Vergebung", sagten die Förster erschrocken, „wir wußten ja nicht, daß Sie der Oberförster sind."

„Weitermachen", sagte der Bär. Und sie tanzten und tranken und lachten; sie sangen, sie hätten soviel Dorst im grünen Forst. Ich weiß nicht, ob ihr es schon erlebt habt, in welchen Zustand man gerät, wenn man so viel tanzt und trinkt, lacht und singt. Die Förster gerieten in einen Tatendrang und der Bär mit ihnen; der Bär sagte: „Wir wollen jetzt ausgehn, den Bären schießen."

Da streiften sich die Förster ihre Pelzhandschuhe über und schnallten sich ihre Lederriemen fest um den Bauch; so strömten sie in die kalte Nacht. Sie stapften durchs Gehölz. Sie schossen mit ihren Flinten in die Luft. Sie riefen Hussa und Hallihallo und Halali, wovon das eine so viel bedeutet wie das andere, nämlich gar nichts, aber so ist das Jägerleben. Der Bär riß im Vorübergehn eine Handvoll trockener Hagebutten vom Strauch und fraß sie. Die Förster riefen: „Seht den Oberförster, den Schelm", und fraßen auch Hagebutten und wollten sich ausschütten vor Spaß. Nach einer Weile jedoch merkten sie, daß sie den Bären nicht fanden.

„Warum finden wir ihn nicht?" sagte der Bär, „er sitzt in seinem Loch, ihr Schafsköpfe." Er ging zum Bärenloch, die Förster hinterdrein. Er zog den Hausschlüssel aus dem Fell, schloß den Deckel auf und stieg hinunter, die Förster hinterdrein.

„Der Bär ist ausgegangen", sagte der Bär schnüffelnd, „aber es kann noch nicht lange her sein, es riecht stark nach ihm." Dann torkelte er zurück in den Krug zum zwölften Ende und die Förster hinterdrein.

Sie tranken gewaltig nach der Anstrengung, aber die Menge, die der Bär trank, war wie ein Schmelzwasser, das die Brücken fortreißt.

„Um Vergebung", sagten die Förster erschrocken. „Sie sind ein großartiger Oberförster."

Der Bär sagte: „Der Bär steckt nicht im Walde, und der Bär steckt nicht in seinem Loch; es bleibt nur eins, er steckt unter uns und hat sich als Förster verkleidet."

„Das muß es sein", riefen die Förster, und sie blickten einander mißtrauisch und scheel an. Es war aber ein ganz junger Förster dabei, der einen verhältnismäßig kleinen Bart hatte und nur wenige Geweihe und überhaupt der Schwächste und Schüchternste war von allen. So beschlossen sie, dieser sei der Bär. Sie krochen mühsam auf die Bänke, stützten ihre Bär-

te auf die Tische und langten mit den Händen
an der Wand empor.
„Was sucht ihr denn?" rief der junge Förster.
„Unsere Flinten", sagten sie, „sie hängen leider
an den Haken."
„Wozu die Flinten?" rief der junge Förster.
„Wir wollen dich doch schießen", antworteten
sie, „du bist doch der Bär."
„Ihr versteht überhaupt nichts von Bären", sag-
te der Bär. „Man muß untersuchen, ob er einen
Schwanz hat und Krallen an den Tatzen", sagte
der Bär.
„Die hat er nicht", sagten die Förster, „aber
Potz Wetter! Sie selbst haben einen Schwanz
und Krallen an den Tatzen, Herr Oberförster."
[...]

[Leerstelle]

(11) Der Text von Hacks ist ohne seinen Schluß abgedruckt. Erstellen Sie einen eigenen
   Schluß und begründen Sie diesen mit den im vorliegenden Teil bereits angelegten
   Strukturen.
(12) Eruieren Sie in der Bibliothek den Erzählschluß von Hacks, und vergleichen Sie die-
   sen mit Ihrem eigenen.
(13) Diskutieren Sie den von uns vorgenommenen Schnitt im Hinblick auf seinen Leer-
   stellen-Charakter.

3.4 Diskurs II

Poetische Funktion
vgl. S. 57f.

Von der weitgehenden Beschränkung auf die poetische Funktion (Jakobson) bei der Analyse narrativer Texte ist auch der
nunmehr zu vollziehende Schritt auf die letzte Ebene des von
uns durchlaufenen Modells nach Stierle geprägt. *Diskurs II*, der
Oberflächendiskurs, stellt die sprachliche Realisierung aller bisher beschriebenen vorsprachlichen Fundierungsebenen dar.

Sprachliche Realisierung

Die sprachliche Realisierung hat zwei Dimensionen, die die Perspektive des Erzählers, aber damit zugleich auch die Perspektive des Lesers festlegen können. Dies ist einmal der Bereich der semantischen
Konkretisation, d.h. der Wahl der Wörter und damit der Perspektive,
in der sie das Gemeinte zur Darstellung bringen, zum anderen der
Bereich der syntaktischen Konkretisation, d.h. der Organisation einer Sachlage im hierarchischen Aufbau des Satzes. Hier, in der abschließenden Dimension der semantischen und syntaktischen Kon-
kretisierung, erweist sich erst die eigentliche literarische Kunst. Erst
hier erfüllt sich auch die je spezifische Einstellung, die der Erzähler
seinem Gegenstand entgegenbringt. (Stierle 1977, 227)

Gerade auf der Ebene des Diskurses I wird die Abhängigkeit der Narration von medialen Determinanten und dem gewählten Gattungsrahmen deutlich. Filme erzählen anders als Bücher, Balladen anders als Kalendergeschichten. Während also die Menge der im Text der Geschichte verarbeiteten Geschehensmomente bereits auf der Ebene der Geschichte festliegt, paßt sich doch diese Menge den Gegebenheiten einer jeweils spezifischen erzählerischen Kommunikationssituation an. Wenn sich beispielsweise der Diskurs Metrum und Reimschema unterwerfen lassen muß, unterliegt er anderen syntaktischen Zwängen als in einer Prosaerzählung; wenn in einem wissenschaftlichen Werk von einer bestimmten Begebenheit erzählt (oder besser: berichtet) wird, ist die Semantik weniger auf die Ebene der Konnotation ausgerichtet als in einer Erzählung derselben Begebenheit innerhalb eines Gedichtbandes.

Metrum vgl. S. 62-64

Konnotation vgl. S. 27f.

Arbeitsaufgaben:

(14) Die folgenden drei Texte entstammen unterschiedlichen Kontexten. Ermitteln Sie diese mit Hilfe des Kapitels „Bergwerk zu Falun" in Elisabeth Frenzels Handbuch: „Stoffe der Weltliteratur".

(15) Untersuchen Sie die drei Texte im Hinblick auf ihre Syntax und Semantik. Versuchen Sie bei Ihrer Analyse, Gattung bzw. Textsorte und deren Einfluß auf die Textkonstitution mitzureflektieren.

Aus: Gotthilf Heinrich Schubert:
Ansichten von der Nachtseite der Naturwissenschaft

[...] Auf gleiche Weise zerfiel auch jener merkwürdige Leichnam, von welchem Hülpher, Cronstedt und die schwedischen gelehrten Tagebücher erzählen, in eine Art von Asche, nachdem man ihn, dem Anscheine nach in festen Stein verwandelt, unter einem Glasschrank vergeblich vor dem Zutritt der Luft gesichert hatte. Man fand diesen ehemaligen Bergmann, in der schwedischen Eisengrube zu Falun, als zwischen zween Schachten ein Durchschlag versucht wurde. Der Leichnam, ganz mit Eisenvitriol durchdrungen, war anfangs weich, wurde aber, so bald man ihn an die Luft gebracht, so hart als Stein. Fünfzig Jahre hatte derselbe in einer Tiefe von 300 Ellen in jenem Vitriolwasser gelegen, und niemand hätte die noch unveränderten Gesichtszüge des verunglückten Jünglings erkannt, niemand die Zeit, seit welcher er in dem Schachte gelegen, gewußt, da die Bergchroniken so wie die Volkssagen bei der Menge der Unglücksfälle in Ungewißheit waren, hätte nicht das Andenken der ehemals geliebten Züge eine alte treue Liebe bewahrt. Denn als um den kaum hervorgezogenen Leichnam das Volk, die ungekannten jugendlichen Gesichtszüge betrachtend, steht, da kömmt an Krücken und mit grauem Haar ein altes Mütterchen, mit Tränen über den geliebten Toten, der ihr verlobter Bräutigam gewesen, hinsinkend, die Stunde segnend, da ihr noch an den Pforten des Grabes ein solches Wiedersehen gegönnt war, und das Volk sahe mit Verwunderung die Wiedervereinigung dieses seltnen Paares, davon das eine, im Tode und in tiefer Gruft das jugendliche Aussehen, das andre bei dem Verwelken und Veralten des Leibes die jugendliche Liebe treu und unverändert erhalten hatte, und wie bei der 50jährigen Silber-

hochzeit der noch jugendliche Bräutigam starr und kalt, die alte und graue Braut voll warmer Liebe gefunden wurden. [...]

Johann Peter Hebel: Unverhofftes Wiedersehen

In Falun in Schweden küßte vor guten fünfzig Jahren und mehr ein junger Bergmann seine junge hübsche Braut und sagte zur ihr: „Auf Sankt Luciä wird unsere Liebe von des Priesters Hand gesegnet. Dann sind wir Mann und Weib und bauen uns ein eigenes Nestlein." – „Und Friede und Liebe soll darin wohnen", sagte die schöne Braut mit holdem Lächeln, „denn du bist mein einziges und alles, und ohne dich möchte ich lieber im Grab sein, als an einem andern Ort." Als sie aber vor St.Luciä der Pfarrer zum zweitenmal in der Kirche ausgerufen hatte: „So nun jemand Hindernisse wüßte anzuzeigen, warum diese Personen nicht möchten ehelich zusammenkommen", da meldete sich der Tod. Denn als der Jüngling den andern Morgen in seiner schwarzen Bergmannskleidung an ihrem Haus vorbei ging, der Bergmann hat sein Totenkleid immer an, da klopfte er zwar noch einmal an ihrem Fenster und sagte ihr guten Morgen, aber keinen guten Abend mehr. Er kam nimmer aus dem Bergwerk zurück, und sie säumte vergeblich selbigen Morgen ein schwarzes Halstuch mit rotem Rand für ihn zum Hochzeitstag, sondern als er nimmer kam, legte sie es weg, und weinte um ihn und vergaß ihn nie.
Unterdessen wurde die Stadt Lissabon in Portugal durch ein Erdbeben zerstört und der Siebenjährige Krieg ging vorüber, und Kaiser Franz der Erste starb, und der Jesuitenorden wurde aufgehoben und Polen geteilt, und die Kaiserin Maria Theresia starb, und der Struensee wurde hingerichtet, Amerika wurde frei, und die vereinigte französische und spanische Macht konnte Gibraltar nicht erobern. Die Türken schlossen den General Stein in der Veteraner Höhle in Ungarn ein, und der Kaiser Joseph starb auch. Der König Gustav von Schweden eroberte russisch Finnland, und die französische Revolution und der lange Krieg

fing an, und der Kaiser Leopold der Zweite ging auch ins Grab. Napoleon eroberte Preußen, und die Engländer bombardierten Kopenhagen, und die Ackerleute säeten und schnitten. Der Müller mahlte, und die Schmiede hämmerten, und die Bergleute gruben nach den Metalladern in ihrer unterirdischen Werkstatt. Als aber die Bergleute in Falun im Jahre 1809 etwas vor oder nach Johannis zwischen zwei Schachten eine Öffnung durchgraben wollten, gute dreihundert Ellen tief unter dem Boden, gruben sie aus dem Schutt und Vitriolwasser den Leichnam eines Jünglings heraus, der ganz mit Eisenvitriol durchdrungen, sonst aber unverwest und unverändert war; also daß man seine Gesichtszüge und sein Alter noch völlig erkennen konnte, als wenn er erst vor einer Stunde gestorben oder ein wenig eingeschlafen wäre an der Arbeit. Als man ihn aber zu Tag ausgefördert hatte, Vater und Mutter, Gefreundte und Bekannte waren schon lange tot, kein Mensch wollte den schlafenden Jüngling kennen oder etwas von seinem Unglück wissen, bis die ehemalige Verlobte des Bergmanns kam, der eines Tages auf die Schicht gegangen war und nimmer zurückkehrte. Grau und zusammengeschrumpft kam sie an einer Krücke an den Platz und erkannte ihren Bräutigam; und mehr mit freudigem Entzücken als mit Schmerz sank sie auf die geliebte Leiche nieder, und erst als sie sich von einer langen heftigen Bewegung des Gemüts erholt hatte: „Es ist mein Verlobter", sagte sie endlich, „um den ich fünfzig Jahre lang getrauert hatte, und den mich Gott noch einmal sehen läßt vor meinem Ende. Acht Tage vor der Hochzeit ist er unter die Erde gegangen und nimmer herauf gekommen." Da wurden die Gemüter aller Umstehenden von Wehmut und Tränen ergriffen, als sie sahen die ehemalige Braut jetzt in der Gestalt des hingewelkten kraftlosen Alters und den Bräutigam noch in seiner jugendlichen Schöne, und wie in ihrer Brust nach fünfzig Jahren die Flamme der jugendlichen Liebe noch einmal erwachte; aber er öffnete den Mund nimmer zum Lächeln oder die Augen zum Wiedererkennen; und wie sie ihn endlich von den Bergleuten in ihr Stüblein tragen ließ, als die einzige, die ihm angehörte und ein Recht an ihn habe, bis sein Grab gerüstet war auf dem Kirchhof. Den andern Tag, als das Grab gerüstet war auf dem Kirchhof und ihn die Bergleute holten, schloß sie ein Kästlein auf, legte sie ihm das schwarzseidene Halstuch mit roten Streifen um, und begleitete ihn alsdann in ihrem Sonntagsgewand, als wenn es ihr Hochzeittag und nicht der Tag seiner Beerdigung wäre. Denn als man ihn auf dem Kirchhof ins Grab legte, sagte sie: „Schlaf nun wohl. Noch einen Tag oder zehen im kühlen Hochzeitbett, und laß dir die Zeit nicht lang werden. Ich habe nur noch wenig zu tun, und komme bald, und bald wird's wieder Tag. Was die Erde einmal wiedergegeben hat, wird sie zum zweitenmal auch nicht behalten", sagte sie, als sie fortging, und noch einmal umschaute.

Friedrich Rückert: Die goldne Hochzeit

„Brechet auf den Felsenschacht,
   Der geruht hat lang';
Zieht hervor aus seiner Nacht
   Goldnen Überschwang!
Sprenget auf den Grubengang,
   Daß die Wunderpracht
Die er längst in sich verschlang,
   Sei ans Licht gebracht!"
Höret ihr, wie auf den Höhn
   Zither spielt der Geist,
Wie uns lockend sein Getön
   Hier zur Bergwand weist?
Rühret Arm' und Waffen dreist,
   Wühlet mit Gedröhn,
Bis der Fund, den er verheißt,
   Daliegt goldenschön! –
Und die Schar der Knappen bringt,
   Sonder Zeitverlust,
Schaufel, Karst und Hack', und schwingt
   Sie mit Macht und Lust.
Bis ihr Fleiß den tauben Wust
   Des Gesteins bezwingt,
Und entgegen Erzgekrust
   Ihren Streichen springt.
Aber aus dem offnen Spalt,
   Was man sich verspricht,
Zieht man itzt den Reichgehalt
   Schweren Goldes nicht;
Staunend aus der Nacht ans Licht
   Zieht man die Gestalt
Eines Jünglings, von Gesicht
   Schön, doch todeskalt.

Und da liegt er jung und zart,
   Wie ein Lilienreis;
Ihn bewundernd steht geschart
   Rings ein weiter Kreis.
Recht als ob zu Gottes Preis
   Er sei aufbewahrt,
Liegt er da, geschmückt mit Fleiß,
   Wie nach Bräut'gams Art.
Gold ist seiner Schuhe Rand,
   Goldstoff wunderklar
Wirkt sein schlichtes Leibgewand
   Ihm zum Festtalar;
Golden schlingt der Ringe Paar
   Sich um jede Hand,
Und um sein schon goldnes Haar
   Spielt ein goldnes Band.
Kann die Erd' im stillen Raum,
   Wo sie Wunder tut,
Wandeln so in goldnem Traum
   Staub, Gebein und Blut?
Selbst der Strauß, der ihm geruht
   An des Busens Saum,
Blüht verwandelt wohlbehut
   Dort als goldner Baum.
Wer sagt an, wie lang' es mag
   Sein, daß er verscholl?
Schlaget eure Chronik nach,
   Die es wissen soll!
Seht, da steht: Im Berggeroll
   Heut ein Knapp' erlag.
Heut? ja fünfzig Jahre voll
   Zählt's bis heut zum Tag.

Niemand mehr, der ihn gekannt,
  Der befreundt ihm war?
Dem er Bruder war benannt,
  Oder Liebster gar?
Hätt' umsonst ihn wunderbar
  Uns der Geist gesandt?
Halt! hier stellt sich eines dar,
  Dem er ist verwandt.
Durch den Strom der Menge bricht,
  Die mit Staunen weicht,
Eine Greisin: stört sie nicht,
  Wie sie näher schleicht!
Die, wie sie den Platz erreicht,
  Tränend ihr Gesicht
Zu dem Jüngling niederneigt,
  Dann es hebt, und spricht:
Nein! ob schweigen auch der Mund
  Eurer Bücher mag,
Eine treue Todeskund'
  Ist ihm blieben nach;
Treu, wie er bewahret lag
  In des Felsen Schlund,
Lag er auch bis diesen Tag
  Mir in Herzens Grund.
Die ihr mich von Haupt und Haar
  Zitternd und ergraut
Sehet, heut vor fünfzig Jahr
  War ich eine Braut.
Er hier, den ihr vor mir schaut
  Liegen goldenklar,
Sollt' als Bräut'gam mir vertraut
  Werden am Altar.
Wartend stand das Brautgemach
  Auf den Bräutigam
Als mit ihm die Bergschlucht brach,
  Ihn hinunter nahm.
Nicht einmal zu Ohren kam
  Mir sein letztes Ach,
Statt des Bräut'gams kam der Gram
  Zu mir tausendfach.
Fünfundzwanzig Jahr ist viel,
  Wer sie zählt wie ich;
Langsam zählt' ich, bis zum Ziel
  Fünfundzwanzig schlich.
Als das Haar schon silberlich
  Um die Stirne fiel,
Fand die Silberhochzeit mich
  Ohne Tanz und Spiel.

Fünfundzwanzig noch einmal
  Gingen mir vorbei,
Daß ich heut, gebückt und kahl,
  Goldhochzeitrin sei.
Welche Wunderzauberei
  Bringt an Tages Strahl
Mir zur Goldhochzeit herbei
  Golden den Gemahl?
Aber, weh, darf ich mich nahn
  Dir mit Liebkosung?
Du bist schimmernd angetan,
  Golden, schön und jung.
Barg dich Grabes Dämmerung
  Vor der Zeiten Zahn?
Doch mich traf Verwitterung
  Auf des Lebens Bahn.
Himmelsmächte, deren Schluß
  Aus des Todes Reich
Ihn zu hochzeitlichem Gruß
  Sendet schimmerreich;
Ach was hilft's, wenn todesbleich
  Ich ihm bleiben muß,
Braut dem Bräutigam nicht gleich
  Wird im Liebeskuß!
Also ruft sie, schweigt und bückt
  Sich dem Jüngling nah,
Auf die frische Lippe drückt
  Sie die welke, ha!
Eh' sie weiß, wie ihr geschah,
  Hat es sie durchzückt,
Schön verwandelt steht sie da,
  Jugendlich geschmückt.
Leuchtend, wie ihr Junggesell
  Selbst ein Jungfraunbild,
Steht sie da, ihr Aug' ein Quell,
  Der von Feuer quillt.
Ihrer Wange Rose schwillt;
  Und der Locken Well'
Weil's der goldnen Hochzeit gilt,
  Wallet golden hell.
Also steht sie dort, und hebt
  Sanft den Blick auf ihn,
Und ein täuschend Lächeln webt
  Flüchtig über ihn;
Wie sie so sieht lächeln ihn,
  Schrickt sie auf und bebt,
Ihre Leiche sinkt auf ihn,
  Ihre Seel' entschwebt.

Die bewegte Meng' umkreist   Fern herüber hell und klar
Still das ruh'nde Paar,   Zither spielt der Geist
Das, an Jahren hochergreist,   Über der erstaunten Schar,
Jung gestorben war.   Die sein Wunder preist.

3.5 Resümee

Am Ende unseres Abschnitts zur Erzähltextanalyse steht
noch einmal ein Überblick über die einzelnen Ebenen der
Narration nach Stierle in Merksätzen:

Geschehen   Geschehen
– fundiert die Geschichte als ideales Äqivalent eines Realitäts-
  bezuges,
– besteht aus Geschehensmomenten,
– ist unartikuliert, sinnindifferent und diffus.

Konzepte   Konzepte
– sind zeitenthobene, häufig abstrakte Größen,
– bilden Oppositionen, zwischen denen sich die Geschichte
  entwickelt,
– fundieren die Geschichte als thematischer Horizont.

Geschichte   Geschichte
– selektiert und kombiniert Geschehensmomente,
– vermittelt zwischen Geschehen und Konzepten,
– ordnet Geschehensmomente auf der narrativen Achse.

Text der Geschichte   Text der Geschichte
– unterliegt den Gegebenheiten eines gegebenen Mediums,
– entsteht in Abhängigkeit bzw. Auseinandersetzung (z.B.   Verfremdung vgl. S. 24f.
  durch Verfremdung) mit den Konventionen von Textsorte
  und Gattung,
– teilt sich in Tiefen- und Oberflächendiskurs.

Diskurs I   Diskurs I
– organisiert die erzählte Zeit unabhängig von der narrativen
  Achse,
– perspektiviert die Geschichte durch einen Erzähler,
– richtet die Geschichte auf einen Rezipienten aus.

Diskurs II   **Diskurs II**
– ist die Ebene der sprachlichen Realisierung,
– konkretisiert die vorsprachlichen Ebenen im Bereich von Syntax und Semantik.

Versteht man dieses Modell nicht nur als Analyseraster, dem sklavisch durch seine Einzelebenen hindurch zu folgen ist, sondern auch als integrativen Rahmen einzelner Aspekte der Erzähltextanalyse, so erweist sich erst sein universeller Charakter. Dennoch soll am Ende noch eine übergreifende Aufgabe stehen:

Arbeitsaufgabe:

(16) Wählen Sie einen der oben abgedruckten Texte Schuberts, Hebels oder Rückerts aus, und beschreiben Sie an ihm die Ebenen der Narration: Geschehen, Konzepte, Geschichte, Text der Geschichte (in dieser oder der umgekehrten Reihenfolge). Beschränken Sie sich bei der Darstellung von Geschehen auf Zusammenfassungen von Handlungssequenzen oder die Kernfunktionen.

Weiterführende Literaturhinweise:

Cohn, Dorrit: The Encirclement of Narrative. On Franz Stanzel's Theorie des Erzählens. In: Poetics Today 2 (1981), 157-182 (zu 3.3.2)

Jauß, Hans Robert: Literaturgeschichte als Provokation der Literaturwissenschaft. In: Rezeptionsästhetik. Theorie und Praxis. Hrsg. von Rainer Warning. München 1975, 126-162 (zu 3.3.4)

Landwehr, Jürgen: Fiktion und Nichtfiktion. In: Literaturwissenschaft. Grundkurs 1. Reinbek bei Hamburg 1985, 380-404 (zu 3.1)

Müller, Jürgen E.: Literaturwissenschaftliche Rezeptions- und Handlungstheorien. In: Neue Literaturtheorien. Eine Einführung. Hrsg. von Klaus-Michael Bogdahl. Opladen 1990, 176-200 (zu 3.3.4)

Schwarze, Hans-Wilhelm: Die Ebenen narrativer Texte · Geschehen, Geschichte, Diskurs. In: Romananalyse. Hrsg. von Hans-Werner Ludwig. Tübingen 1982, 65-77 (zu 3.)

Vogt, Jochen: Aspekte erzählender Prosa. Eine Einführung in Erzähltechnik und Romantheorie. 7., neubearbeitete und erweiterte Auflage. Opladen 1990, 41-94 (zu 3.3.2) und 95-142 (zu 3.3.1)

4. Aspekte der Dramenanalyse

von Bernd Hamacher

Wenn wir nach charakteristischen Gattungsmerkmalen des Dramas fragen, so sind es zunächst vor allem drei Bauelemente, die sich sowohl für eine Abgrenzung zu Lyrik und Epik als auch für eine Binnengliederung der Gattung zu empfehlen scheinen: Raum, Figur und Handlung. Der Bühnenraum ist der mediale Ort des Dramas, die Figuren stehen bei der Rezeption wie bei keiner anderen Gattung im Vordergrund, und daß die Handlung charakteristisch für das Drama sei, ist nichts weiter als eine Tautologie, bedeutet doch das griechische Wort ‚drama‘ nichts anderes als eben ‚Handlung‘ (was auch immer darunter im einzelnen zu verstehen ist). So differenziert denn auch der Autor einer der meistverbreiteten deutschen Einführungen in die Literaturwissenschaft, Wolfgang Kayser, das Drama generell nach „Figurendrama“, „Raumdrama“ und „Handlungsdrama“, je nachdem, welcher Aspekt im Vordergrund steht (vgl. Kayser 1973, 368-373). Auch wir werden diese wichtigsten Bauformen des Dramas im vorliegenden Kapitel behandeln. Sie sind jedoch nicht spezifisch für das Drama in dem Sinne, daß sie zur Gattungsbestimmung hinreichend wären: Alle drei Merkmale finden sich beispielsweise auch im Roman, so daß Wolfgang Kayser analog von „Geschehnisroman“, „Figurenroman“ und „Raumroman“ reden kann (vgl. ebda., 359-365).

Zwei Aspekte hingegen, die von der traditionellen werkimmanenten Literaturwissenschaft vom Schlage Kaysers nicht berücksichtigt wurden, ermöglichen eine zuverlässige Abgrenzung: die Kommunikationssituation und die semiotische Struktur. Mit ihnen wollen wir beginnen.

> Raum, Figur und Handlung sind die wichtigsten Bauelemente des Dramas.

> Abgrenzung zu Lyrik und Epik

4.1 Die Kommunikationsstruktur des Dramas

Die Vermittlung von Bedeutung vollzieht sich im Theater auf drei sich überlagernden Kommunikationsebenen, deren gemeinsamer Bezugspunkt die dargestellte Geschichte [...] ist: einer dramatischen (die Interaktion der Figuren auf der Bühne), einer theatralischen (die

> Drei Kommunikationsebenen im Theater: Bühne, Publikum, Lebenswelt

Kommunikation zwischen Schauspieler und Publikum) und einer lebensweltlichen Ebene (die gesellschaftliche Kommunikation über die Inszenierung und deren Bezug auf lebensweltliche Normen). (Mahler 1992, 72)

Das theatralische Werk, dessen Kommunikationsstruktur wir mit diesem Schichtenmodell analysieren können, unterscheidet sich von literarischen Werken anderer Gattungen grundsätzlich dadurch, daß es – in aller Regel – als *Inszenierung* bereits *Interpretation* eines zugrunde liegenden primären Werkes, nämlich des Dramentextes ist. Damit ergeben sich zunächst zwei Kommunikationsreihen:

> Inszenierung bedeutet
> Interpretation.

zum einen die Verbindung von Autor – Drama – Leser, zum anderen die von Theaterapparat – Aufführung des Dramas – Zuschauer. Im ersten Fall ist der Code rein sprachlicher Natur (sowohl im Haupttext als auch im Nebentext), im zweiten Fall bedient er sich der gesamten audiovisuellen Möglichkeiten des Theaterapparats. (Platz-Waury 1980, 40)

> Dramenlektüre ist auf
> imaginierte Aufführung
> ausgerichtet.

Zwar ist die erste Reihe nicht dramenspezifisch, doch ist die Dramenrezeption auch bei der Lektüre auf Grund der Gattungskonvention auf eine imaginierte Aufführung ausgerichtet. Daß manche Informationen nur bei der Lektüre aufgenommen und nicht ins Medium des Theaters überführt werden können, werden wir im Laufe des Kapitels noch behandeln. Vorerst wollen wir jedoch die Lektüre nur als Sonderfall der Dramenrezeption auffassen und die von Mahler und Platz-Waury angeführten Aspekte in das folgende Kommunikationsmodell integrieren:

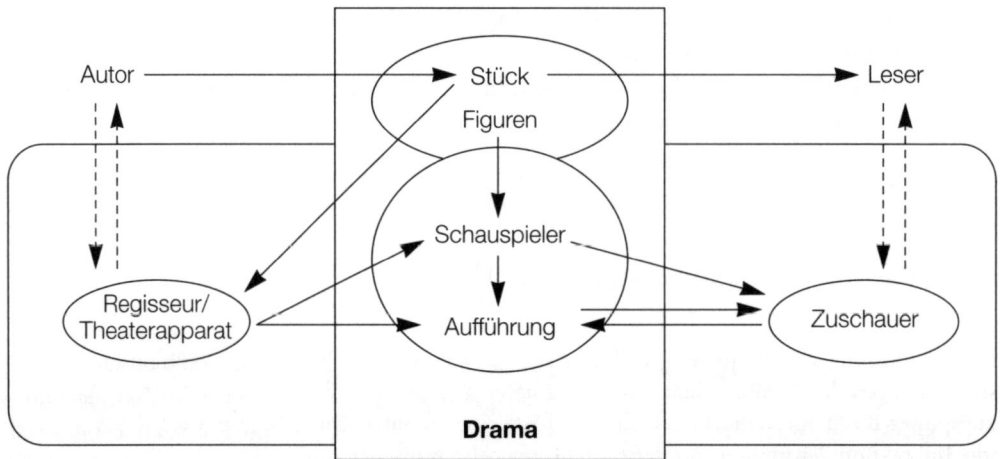

Beginnen wir links oben im Modell: Die Reihe Autor – Stück – Leser bezeichnet (wie alles im Modell stark vereinfacht) die Rezeptionssituation bei der Lektüre, die sich nicht von der bei anderen Gattungen unterscheidet. Für die Zwecke der vorliegenden Darstellung können wir dabei einstweilen von der Unterscheidung zwischen realem und implizitem Autor bzw. Leser absehen. „Stück" bezeichnet den Text des Dramas unabhängig von seiner Realisierung. Bei der Reihe Autor – Stück – Regisseur nimmt der Regisseur die Stelle des Lesers ein. Zugleich wird die Brücke zur zweiten medialen Reihe geschlagen. Bei der Inszenierung von Stücken zeitgenössischer Autoren ist – markiert durch die senkrechten gestrichelten Pfeile – auch eine direkte Kommunikation Autor – Regisseur möglich: Der Autor kann einerseits als eine Art Co-Regisseur fungieren, wie auch umgekehrt der Regisseur mit den Forderungen des Theaters an den Autor herantreten und ihn zu einer Umarbeitung des Stückes bewegen kann. Beispiele für verschiedene Bühnenfassungen gibt es in allen Epochen der Theater- bzw. Literaturgeschichte, so bei Shakespeare (Unterschiede zwischen Quarto- und Folio-Texten), den frühen Dramen Schillers oder im 20. Jahrhundert bei Friedrich Dürrenmatt. Bei der unteren Kommunikationsreihe nun nimmt der Regisseur mit dem gesamten Theaterapparat die Autorstelle ein, anstelle des Stückes steht die Aufführung, und der Rezipient ist nicht Leser, sondern Zuschauer. Die Ellipsen in der Mitte signalisieren Binnenkommunikation zwischen den Figuren im Stück einerseits und analog (daher die Überlappung der Ellipsen) den Schauspielern in der Aufführung andererseits. Die Kommunikation zwischen Regisseur und Zuschauer vollzieht sich auf zwei primären Kanälen: einem verbalen (über die Schauspieler) und einem audiovisuellen. Diese Kommunikationsreihe ist, im Unterschied zur oberen Reihe, nicht linear, sondern rückkoppelnd: Die Rezeptionsbedingungen müssen bereits bei der Konzeption der Aufführung berücksichtigt werden, und auch die Aufführung selbst wird durch das Verhalten des Publikums beeinflußt. Dadurch, daß bei der Aufführung Produktion und Rezeption simultan verlaufen – diese „Unmittelbarkeit der Darstellung" ist sogar als „primäres Gattungsmerkmal" des Dramas bezeichnet worden (Petersen 1989, 50) –, wird ein gemeinsamer Kommunikationsrahmen konstituiert, der bei der Lektüre nicht gegeben ist und sich zusätzlich dadurch auszeichnet, daß sowohl Produktion als auch Rezeption

> Autor – Stück – Leser

> *Impliziter Autor/Leser*
> vgl. S. 103

> Autor – Stück – Regisseur

> Bühnenfassungen

> Regisseur – Aufführung – Zuschauer

> Bei der Aufführung ist die Kommunikation nicht linear, sondern rückkoppelnd.

> Produktion und Rezeption verlaufen bei der Aufführung simultan.

teilweise kollektiv erfolgen, d.h. der Regisseur auf die Unterstützung des Theaterapparats angewiesen ist und die
Reaktion des Zuschauers in gewissem Grade durch das Verhalten der anderen Theaterbesucher beeinflußt wird. Die
dadurch jeweils begründete Binnenkommunikation ist
wiederum mittels einer Ellipse bezeichnet. Als Oberbegriff
für „Stück" als dem literarischen Text und „Aufführung" als
der individuellen theatralischen Realisierung wollen wir
schließlich den Begriff „Drama" als einen virtuellen Text
definieren, der die schriftliche Fixierung und die Menge aller
tatsächlichen und möglichen theatralischen Kodierungen
umfaßt.

> **Drama wird definiert als virtueller Text, der das Stück und die Menge aller tatsächlichen und möglichen Aufführungen umfaßt.**

Anwendung des Kommunikationsmodells

Legen wir nun das hier eingeführte Kommunikationsmodell als Folie auf einzelne Dramen, so zeigt sich, daß es in seinem Kern zur Verschachtelung und Reduplikation neigt. Innerhalb des – werkimmanent betrachtet – eigentlichen Kerns
des Dramas, den beiden mittleren Ellipsen also, kann das gesamte Modell mit allen dem literarischen Text auf den ersten
Blick scheinbar äußerlichen Ebenen noch einmal enthalten
sein. Wir sprechen in einem solchen Fall der Selbstreferenz
des Dramas von *Spiel im Spiel.*

Selbstreferenz des Dramas: Spiel im Spiel

Die Selbstreferentialität und Fähigkeit zur Selbstreproduktion ist im
Drama besonders evident. […] Zwar kann auch ein Gedicht ein Gedicht enthalten und ein Roman eine weitere Erzählung, aber im Drama entfaltet die Selbstduplikation eine ganz andere, ungleich intensivere Wirkung. Warum ist das so? Weil das Spiel im Spiel auch die
Situation des Zuschauers verdoppelt […]. In einem Spiel im Spiel […]
hat ein Zuschauer die drameninternen Zuschauer ständig vor Augen;
er beobachtet sie beim Beobachten. Deshalb führt ein Drama mit seiner Reduplikation seine eigenen Grenzen vor Augen, zeigt, wie es
von außen aussieht und redupliziert nicht nur sich selbst, sondern die
ganze Theatersituation mit Skript, Regie, Inszenierung und Zuschauern. (Schwanitz 1990, 100f.)

Selbstreferentialität siehe auch *Autofunktionalität* vgl. S. 26

Historisch gesehen handelt es sich beim Spiel im Spiel häufig
um die Integration älterer dramatischer Formen wie etwa der
höfischen *Zwischenspiele (interludes),* die in der Regel *Pantomimen (dumb shows)* waren. In Shakespeares „Hamlet"
(Akt III, Szene 2) wird das Spiel im Spiel, „Der Mord an
Gonzago", durch eine Pantomime eingeleitet. In die deutschsprachige Dramatik fand das Spiel im Spiel mit Beginn der
‚Entdeckung' Shakespeares im letzten Drittel des 18. Jahrhunderts Eingang. Das vielleicht berühmteste Beispiel für
Autoreferentialität im Drama ist „Der gestiefelte Kater" des
Romantikers und Shakespeareübersetzers Ludwig Tieck.

Pantomime vgl. S. 159

Auf Grund der historischen Affinität des Spiels im Spiel zur Pantomime ist die charakteristische mediale Darbietungsform des Dramas bei der Selbstthematisierung der Gattung von besonderer Bedeutung. Ihr wollen wir uns nun zuwenden.

Arbeitsaufgabe:

(Alle Arbeitsaufgaben des Kapitels beziehen sich auf Heinrich von Kleists Schauspiel „Prinz Friedrich von Homburg". Verwenden Sie die Einzelausgabe in „Reclams Universal-Bibliothek" oder – besser noch – eine Gesamtausgabe der Werke Kleists, z.B. die von Helmut Sembdner herausgegebene.)
(1) In welchen Szenen findet in „Prinz Friedrich von Homburg" ein Spiel im Spiel statt? Begründen Sie Ihre Entscheidung, indem Sie die Elemente benennen, mit denen die Theatersituation jeweils simuliert wird, und die beteiligten Figuren in das Kommunikationsmodell einordnen.

4.2 Die Plurimedialität des Dramas

Die Selbstreferenz des Dramas beim Spiel im Spiel hat deutlich werden lassen, daß die ‚Randbedingungen' des literarischen Textes – die Kommunikationssituation seiner Aktualisierung und deren semiotische Struktur – ihm nicht äußerlich bleiben, wie dies bei anderen Gattungen der Fall sein mag, sondern im Gegenteil die zentralen Charakteristika des Dramas ausmachen. Verweilen wir also noch einen Moment bei der unteren Reihe des Kommunikationsmodells und sehen uns die medialen Kodes genauer an:

Die prinzipielle Zeichenhaftigkeit und die Begrenztheit machen die Aufführung zum Text, der sich einer Fülle nonverbaler Codes zur Vermittlung seiner Inhalte bedient. Die Plurimedialität ist also ein wesentlicher Faktor theatralischer Bedeutungskonstitution. (Mahler 1992, 80)

> Die Aufführung ist ein Text mit plurimedialen Kodes.

Mit Elke Platz-Waury (1980, 33f.) lassen sich drei wesentliche Kanäle der Informationsübermittlung zum Zuschauer unterscheiden:

Aktion (performativer Text)	Szene (szenischer Kontext)	Stimme (sprachlicher Text)
Raumbewegung (Choreographie)	Bühnenform Bühnenbild	Stimme
	Beleuchtung	gesprochenes Wort
Mimik	Projektionen/Film	
	Geräuscheffekte	Gesang
Gestik	Musik	
	Aussehen der Figuren	
	Kleidung	

Der mediale Kanal *Szene* steht bei der Aufführung im Vordergrund.

Kontext vgl. S. 22f.

Synästhesie des Dramas

Bereits anhand der Anzahl der Elemente innerhalb der (offenen) Listen können wir ersehen, daß bei der Aufführung die „Szene" im Vordergrund steht, also das, was bei informationstheoretischen Kommunikationsmodellen mit dem vagen Begriff „Kontext" leicht vernachlässigt wird. Eine besonders hohe Informationsdichte kommt dadurch zustande, daß das Drama als plurimediale Kunstform *synästhetisch* wirkt, d.h. die einzelnen Sinne des Zuschauers gleichzeitig angesprochen werden. Dabei sind den Mitteln nicht erst im Gegenwartsdrama keine Grenzen gesetzt. Im Wortsinne berüchtigt ist der Hofmarschall von Kalb aus Schillers „Kabale und Liebe", der bei seinem Auftritt in der sechsten Szene des ersten Aktes „einen Bisamgeruch über das ganze Parterre" verbreitet.

Arbeitsaufgabe:

(2) Analysieren Sie die Informationskanäle in den beiden letzten Auftritten (V, 10 u. 11) von „Prinz Homburg".

Von den drei Hauptbauformen des Dramas – Raum, Figur, Handlung – sind es die ersten beiden, die von der Plurimedialität entscheidend betroffen sind. Ihnen wollen wir uns nun zuwenden.

4.3 Raum und Bühne

Jedes Element der Aufführung trägt eine Bedeutung.

Die „vollständige Semiotisierung der Theatersituation" (Mahler 1992, 80) bringt es mit sich, daß auch scheinbar zufällige Elemente der Aufführung zu Bedeutungsträgern werden. Die Aufführung bildet einen Rahmen, innerhalb dessen jedes einzelne Zeichen sinnhaft eingesetzt wird bzw. bei der Analyse *als* sinnhaft eingesetzt betrachtet werden muß. Wenn wir dabei vom Raum reden, so kommen jene Elemente in Betracht, die oben dem medialen Kanal „Szene" beispielhaft zugeordnet wurden:

> Raumbezogene Codes betreffen vornehmlich den architektonischen Entwurf und die Ausgestaltung der Bühne, die Beleuchtungstechnik, die Verwendung von Requisiten sowie den Einsatz von Geräuschen und Musik. (Mahler 1992, 81)

Die verschiedenen denkbaren Raumkonzeptionen lassen sich nach dem Grad der Thematisierung des Rahmens auf einer Skala anordnen, die von ständiger Selbstreferenz des Dramas, also ständigem Verweis auf den Rahmen einerseits bis zu dem mit unterschiedlichen Mitteln unternommenen Bemühen, den Rahmen für den Zuschauer nicht sichtbar werden oder ihn vergessen zu lassen, andererseits reicht. Beispiele für das Überspielen des Rahmens finden sich im Naturalismus oder im zeitgenössischen Aktions- und Straßentheater.

Zwei Dramen aus den sechziger Jahren dieses Jahrhunderts mögen die beiden Pole illustrieren. Sie sind deshalb so gut zum Vergleich geeignet, weil in beiden Fällen eine „Irrenanstalt" der Schauplatz ist. Zunächst Peter Weiss' „Die Verfolgung und Ermordung Jean Paul Marats dargestellt durch die Schauspielgruppe des Hospizes zu Charenton unter Anleitung des Herrn de Sade" (1964/65). Bereits im Titel ist hier die Autoreferentialität des Dramas ausgedrückt. Anders bei Friedrich Dürrenmatts Komödie „Die Physiker" (1961, Neufassung 1980). Auf fast vier Seiten werden eingangs nicht nur („nur der Genauigkeit zuliebe") die Stadt und die nähere Umgebung beschrieben, in der sich die Villa befindet, sondern auch ihre früheren und derzeitigen Insassen erwähnt – als Realismus-Argument wird ins Feld geführt, der Briefwechsel der leitenden Ärztin mit C.G. Jung sei soeben erschienen – sowie das Interieur des Salons detailliert geschildert, um schließlich mit ironischem Understatement den Rahmen in Erinnerung zu rufen: „Zur Ausstattung einer Bühne […] gehört wenig. Wir können beginnen." Für Aufsehen sorgte Anfang der achtziger Jahre eine von der Kritik als mustergültig gerühmte „Physiker"-Inszenierung des Stadttheaters Konstanz. Als Spielort diente die Halle eines leerstehenden ehemaligen Privatsanatoriums.

> Die Aufführung bildet einen theatralischen Rahmen, der durch die Raumkonzeption betont oder verwischt werden kann.

Beispiele

Realistische Raumkonzeption: Überspielen des Rahmens, Illusionismus

Arbeitsaufgabe:

(3) Wo würden Sie „Prinz Homburg" auf der Skala der denkbaren Raumkonzeptionen anordnen? Begründen Sie Ihre Entscheidung.

Lokalisierungstechniken:
- im Nebentext:
Bühnenanweisungen

Bei der Kodierung der Raumkonzeption, die sich im Text jedes Stückes findet, sprechen wir von *Lokalisierungstechniken.* Diese finden sich zum einen im *Nebentext,* den *Bühnenanweisungen,* die bei der Aufführung in den szenischen Kontext transferiert werden müssen. Bei dieser Übersetzung vom Text in mehrere synästhetisch eingesetzte andere Medien sind Bedeutungsveränderungen unumgänglich. Wenn es wiederum in den „Physikern" heißt: „Die übrigen Möbel leicht zerschlissen, verschiedene Epochen", so müssen diese im Text des Stückes gleichgültigen Epochen bei der Aufführung konkretisiert werden. Dadurch findet eine zusätzliche Semiotisierung

- im Haupttext:
Wortkulisse

statt. Zum anderen kann die Lokalisierung im *Haupttext,* der Figurenrede, erfolgen. In diesem Fall spricht man von einer *Wortkulisse.*

Arbeitsaufgabe:

(4) Vergleichen Sie die Wortkulisse des Schlosses in „Prinz Homburg", wie sie von der Titelfigur in I,4 (V. 140ff.) entworfen wird, mit der Lokalisierung dieses Schauplatzes in I,1.

Einheit des Ortes

Zu bestimmten Stilepochen – vornehmlich im Klassizismus und im Naturalismus – wurde von der normativen Poetik die *Einheit des Ortes* gefordert. Auch dies können wir als Bestreben sehen, den Rahmen vergessen zu machen, indem die Illusion einer größtmöglichen Wahrscheinlichkeit erzeugt werden soll. Bei der Analyse der Raumkonzeption ist jedoch die Erweiterung zu beachten, die auch bei geschlossenen Räumen

Öffnung des Raumes
durch Mauerschau oder
Botenbericht

durch *Mauerschau (Teichoskopie)* oder *Botenberichte* erfolgen kann. Dabei werden häufig nicht ohne weiteres darstellbare Handlungen wie etwa Schlachten ins Bühnengeschehen einbezogen, was uns im Abschnitt über die Handlung noch beschäftigen wird.

Arbeitsaufgaben:

(5) *Benennen Sie Passagen in „Prinz Homburg", wo der Bühnenraum durch Mauerschau oder Botenberichte erweitert wird. Erläutern Sie anhand der gefundenen Belegstellen (und gegebenenfalls mit Hilfe eines literaturwissenschaftlichen Begriffslexikons) den Unterschied von Mauerschau und Botenbericht.*

(6) *Erläutern Sie anhand derselben Beispiele die Funktionen dieser Öffnungen des Raumes.*

Die Raumkonzeption eines Dramas ist abhängig von den theatralischen Normen und Konventionen sowie von den technischen Möglichkeiten der Entstehungszeit, weshalb die historische Bühnenform bei der Analyse mitbedacht werden muß. Eine Norm wie diejenige von der Einheit des Ortes etwa wäre auf der mittelalterlichen *Simultanbühne* oder auch im *elisabethanischen Theater*, der Bühne Shakespeares und seiner Zeitgenossen, undenkbar. Gespielt wurde unter freiem Himmel, ohne Kulissen und – abgesehen von den Kostümen – mit nur wenigen Requisiten. Verschiedene Stellen auf der Bühne und unterschiedliche Spielflächen bezeichneten unterschiedliche Schauplätze. Hier spielten die verbalen Lokalisierungstechniken, die oben erwähnte sogenannte *Wortkulisse*, eine besondere Rolle. Erst mit der Entwicklung der auf Grund der baulichen Gegebenheiten in den meisten Theatern noch heute vorherrschenden *Guckkastenbühne* mit Kulissen und künstlicher Beleuchtung im Hoftheater des 17. und 18. Jahrhunderts war eine im modernen Sinne ‚realistische‘ Darstellung möglich:

> Die Bühne, durch Rampe und Bühnenportal mit Vorhang vom Zuschauerraum getrennt, präsentiert sich als dreiseitig abgeschlossener Kasten, dessen vierte Seite (die imaginäre ‚vierte Wand‘) dem Zuschauer Einblick in das Bühnengeschehen erlaubt und ihm die Illusion gibt, als zufälliger Zeuge an einem realen Geschehen teilzunehmen. Seine konsequenteste Ausprägung erfährt dieser szenische Illusionismus im naturalistischen Drama und Theater, etwa in der geschlossenen Zimmerdekoration. (Geiger/Haarmann 1982, 77 u. 80)

Im zeitgenössischen Drama, das sich seit Brecht vom Illusionscharakter der Guckkastenbühne überwiegend distanziert, knüpft man wieder an ältere Bühnenformen an. So lautet die Bühnenanweisung bei Tankred Dorsts Schauspiel „Toller" (1968):

> Kein Bühnenbild. Alle Szenen sollen ineinander übergehen; einige müssen simultan gespielt werden können. Das Ganze als Revue. Mehrere Spielflächen: *Unten* die Hauptbühne, darüber *oben* eine Art

---

Marginalien:

Die Raumkonzeption ist von der historischen Bühnenform abhängig.

Beispiele

Die Guckkastenbühne begünstigt szenischen Illusionismus.

‚Vierte Wand‘

Abkehr vom szenischen Illusionismus bedeutet Anknüpfen an ältere Bühnenformen.

Beispiel

Galerie; *rechts* und *links* erhöht kleinere Seitenbühnen. Licht wie im Zirkus: Spotlights auf den jeweils bespielten Flächen.

Indem so im oben erläuterten Sinne der Rahmen thematisiert wird, wird die realistische und dokumentarische Illusion des historischen Stoffes durchbrochen.

Nun können nicht nur im modernen Drama ältere Raumkonzepte aufgenommen werden. Umgekehrt ist es natürlich auch möglich, beispielsweise die Stücke Shakespeares, die für die elisabethanische Bühne geschrieben wurden, mit illusionistischen Kulissen auf einer Guckkastenbühne aufzuführen. Welche Konsequenzen sich für die Analyse daraus ergeben, soll im letzten Abschnitt dieses Kapitels erläutert werden.

Arbeitsaufgabe:

(7) Die vorherrschende Bühnenform zu Kleists Zeit war die Guckkastenbühne. Diskutieren Sie, ob dies die ‚ideale‘ Bühnenform für eine Aufführung von „Prinz Homburg“ ist, oder ob sich Elemente in der Raumkonzeption finden, die Versuche mit anderen Bühnenformen oder Aufführungsorten rechtfertigen. Falls Sie eine Aufführung des Dramas kennen, illustrieren Sie Ihre Argumentation durch dieses konkrete Beispiel.

4.4 Figur

Nachdem er [der Zuschauer, B.H.] den Schauplatz erst einmal im Überblick erfaßt hat, nimmt er wohl als nächstes die Figuren wahr, die dann etwas sagen und/oder tun. Wahrnehmungspsychologisch gehört der stärkere Eindruck wohl den Figuren. (Platz-Waury 1980, 68)

| Der erste Zugang zum Drama erfolgt über die Charaktere. |

Daß der erste Zugang zum Drama beim Zuschauer durch eine einfühlende Deutung der Charaktere erfolgt, kann – ‚Verfremdung‘ hin oder her – kaum bestritten werden und hat seinen Grund in der simplen, von der literaturwissenschaftlichen Polemik gegen die Erlebnisdeutung freilich nicht immer hinreichend bedachten Tatsache, daß den Rezipienten im Drama nicht bloße literarische Figuren, sondern Menschen aus Fleisch und Blut gegenübertreten. Sowohl ‚realistisch‘ als auch wirkungsästhetisch argumentierende Dramatiker haben sich diese Rezeptionsbedingung zunutze gemacht. Betrachten wir zwei Beispiele für diese Positionen: Johann Christoph Gottsched postuliert im „Versuch einer Critischen Dichtkunst“ (zuerst 1730, erweitert 1751):

Forderung nach Wahrscheinlichkeit der Charaktere

Beispiele

Auf dieser Kunst [der Nachahmung der Natur, B.H.] nun beruhet fast die ganze theatralische Poesie: was nämlich die Charactere einzelner Personen, ihre Reden in einzelnen Scenen, und ihre Handlungen anlanget. Denn hier muß ein Poet alles, was von dem auftretenden Helden, oder wer es sonst ist, wirklich und der Natur gemäß hätte geschehen können, so genau nachahmen, daß man nichts unwahrscheinliches dabey wahrnehmen könne. (IV. Hauptstück, § 5; Gottsched 1962, 146)

Für Lessings Wirkungsästhetik kommt alles darauf an, daß der Zuschauer mit den handelnden Personen mitleiden kann. Er bezieht sich auf Aristoteles, wenn er im 75. Stück der „Hamburgischen Dramaturgie" (19. Januar 1768) schreibt, die Möglichkeit des Mitleids mit einem leidenden Charakter könne nicht statthaben, „wenn wir keine Möglichkeit sähen, daß uns sein Leiden auch treffen könne. Diese Möglichkeit aber finde sich alsdenn, […] wenn ihn der Dichter […] mit uns von gleichem Schrot und Korne schildere" (Lessing 1985, 558f.). So ist die *Charakterisierung* eine Hauptaufgabe der Dramenanalyse. Dabei wird es uns darum gehen, die skizzierte Rezeptionsbedingung nicht zu vergessen und gleichwohl operationalisierbare Verfahren zu entwickeln, die über eine subjektive Erlebnisdeutung hinausführen.

> Mitleid

> Charakterisierung als Hauptaufgabe der Dramenanalyse

4.4.1 Charakterisierung

Figurencharakterisierung läßt sich begreifen als Zuweisung und Bündelung semantischer Merkmale. Im Gegensatz zu realen Personen ist die Information über fiktive Figuren durch den Rahmen des Diskursuniversums begrenzt und demzufolge der Satz der sie charakterisierenden Merkmale endlich. Dies bedeutet, daß sich das Figurenarsenal über ein System von Äquivalenzen und Oppositionen bestimmt und die Spezifik einer Figur bereits über die Differenz zu den anderen Figuren gegeben ist; die Differenzierung nach Kontrast- bzw. Korrespondenzrelationen vollzieht sich dabei häufig nach den Kriterien Geschlecht (männlich vs. weiblich), Alter (jung vs. alt), Stand (hoch vs. niedrig) und Herkunft (fremd vs. heimisch). (Mahler 1992, 78f.)

> Charakterisierung bedeutet Zuweisung semantischer Merkmale.
>
> *Semanalyse* vgl. S. 45-51

> Das Verhältnis von Figuren untereinander ist durch Äquivalenzen und Oppositionen bestimmt.
>
> *Sprachliche Oppositionen* vgl. S. 44f.

Da die Figuren uns auf dem Theater als lebendige Menschen begegnen, ist die Abgrenzung zu realen Personen, die Mahler hier vornimmt, besonders wichtig. In älteren Charakteranalysen, aber auch in neueren psychoanalytischen Deutungen wurde diese Unterscheidung immer wieder verwischt, so wenn nach Hamlets psychischer Konstitution vor den im

> Die Figuren im Drama sind keine realen Personen.

Drama dargestellten Ereignissen oder danach gefragt
wurde, ob er an einem Ödipus-Komplex leide. Diese Fragen
sind nicht nur deshalb fehl am Platz, weil der Text für
solche Spekulationen keine Grundlage bietet, sondern auch,
weil damit ein psychologisches Menschenbild des 20. Jahrhunderts auf frühere Epochen zurückprojiziert wird.
Zur Vermeidung solcher Anachronismen ist – wie bei der
Kategorie des Raumes – auch in diesem Falle der historische
Kontext zu berücksichtigen, da das geschichtlich rekon-
struierbare Menschenbild der Entstehungszeit auf die
Figurenkonzeption des jeweiligen Dramas einwirkt. Bei der
Beispiele Analyse von Georg Büchners „Woyzeck" beispielsweise
würden wir zu völlig gegensätzlichen Ergebnissen kommen, je nachdem, ob wir in der Tradition der Aufklärung
von der prinzipiellen Möglichkeit menschlicher Autonomie
ausgingen oder aber mit dem Szientismus des 19. Jahrhunderts und einer Art prä-naturalistischer Milieutheorie
die völlige Determination des Menschen durch Vererbung
einerseits und soziale Umwelt andererseits zugrunde
legten. Bei Schillers „Kabale und Liebe", einem Nachzügler
des „Bürgerlichen Trauerspiels", können wir uns fragen,
ob denn die Konventionen der Gattung noch gelten, in
welchem Grade also die Opposition nach dem Standes-
kriterium noch von Belang ist. Bei Shakespeares „Richard
III." wiederum, um ein drittes Beispiel anzuführen, ist die
im Eingangsmonolog der Titelfigur ausgeführte Vorstellung
des sozialen Verhaltens als eines bewußten Rollenspiels –
Metapher vgl. S. 72f. auch dies eine, in der Metapher von der Welt als Bühne
zugespitzte Form der Selbstreferenz des Dramas – zu
berücksichtigen.

Generell dürfen wir nur semantische Merkmale, die sich
innerhalb des dramatischen Rahmens – des „Diskursuniversums", wie Mahler sich ausdrückt – befinden, für die Charakterisierung der Figuren heranziehen. Mit Manfred Pfister
(1988, 252) lassen sich dabei folgende Techniken unterscheiden:

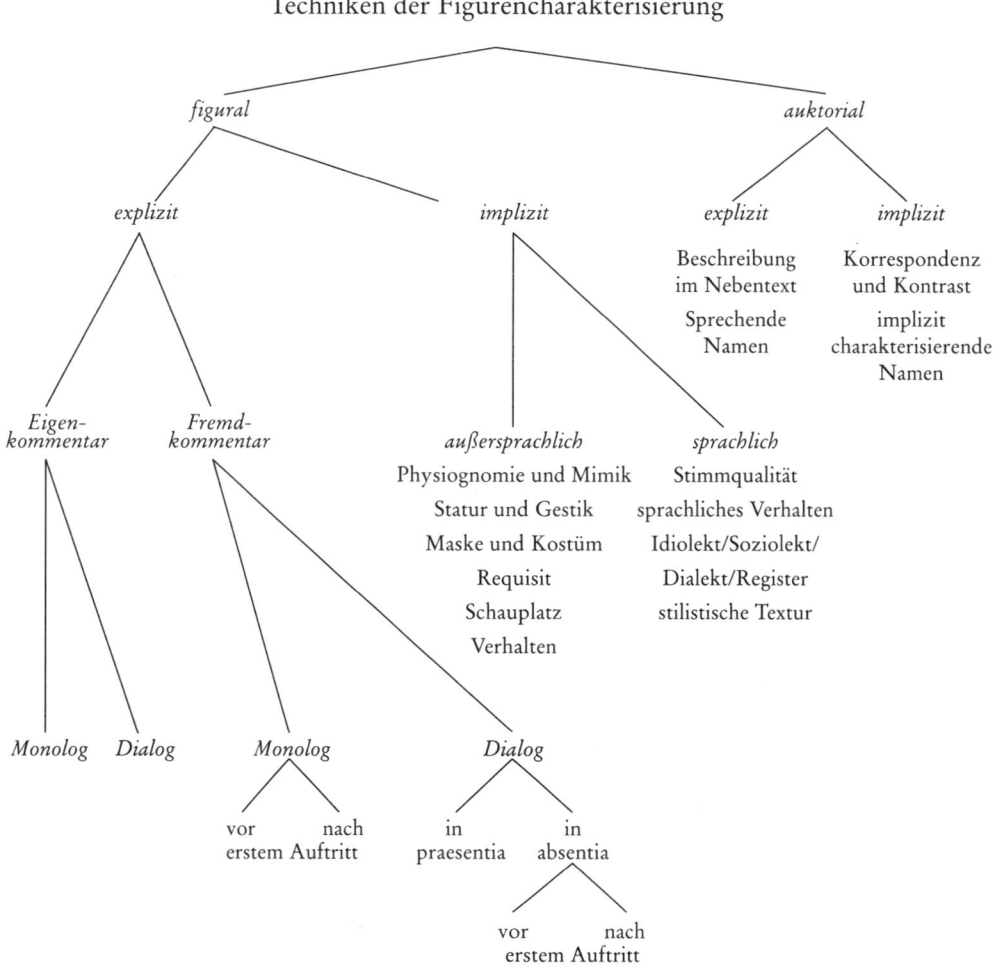

Handelt es sich – so können wir als Resultat der Figurenanalyse in jedem Einzelfall fragen – um *Individuen, Typen* oder
gar *Personifikationen*, um *statische* oder *dynamische, einseitige*
oder *plastische Charaktere*, oder steht hinter einer Reihe von
diskontinuierlichen Eigenschaften bei der Figur eines zeitgenössischen Dramas die ,postmoderne‘ Vorstellung von der
Auflösung des Subjekts? Um die Relationen zwischen den Figuren, die Differenzen und Korrespondenzen ermitteln zu
können, muß die Figurenanalyse in jedem Fall durch die Analyse von Konstellation und Konfiguration ergänzt werden,
denn jede Figur läßt sich „als ein Bündel konfigurationskon-
stitutiver Merkmale definiert" (Link 1974, 244).

Figurenanalyse muß
durch die Analyse von
Konstellation und Konfi-
guration ergänzt wer-
den.

Arbeitsaufgaben:

(8) *Untersuchen Sie entweder für den Prinzen oder Natalie oder den Kurfürsten anhand des Schemas von Pfister, welche Techniken der Figurencharakterisierung in „Prinz Homburg" verwendet werden.*

(9) *Nennen Sie – wiederum für die von Ihnen ausgewählte Figur – die semantischen Merkmale, die ihr durch die Charakterisierungstechniken zugeschrieben werden. Finden Sie widersprüchliche Merkmale im Verlauf des Dramas? Oder können Sie Anzeichen einer Entwicklung der Figur erkennen? Einige Dramentheoretiker bestreiten, daß eine Figur sich im Verlauf eines Dramas entwickeln könne; möglich sei nur die Entfaltung dessen, was bereits von der ersten Szene an angelegt sei. Diskutieren Sie diese Position anhand Ihres Beispiels.*

(10) *Welche Kontrast- oder Korrespondenzrelationen zu anderen Figuren sind in den von Ihnen gefundenen semantischen Merkmalen angelegt?*

4.4.2 Konstellation

Wenn wir nun von „Konstellation" und „Konfiguration" sprechen, so ist zunächst ein Wort über den Begriffsgebrauch in der Forschung vonnöten. Manfred Pfister (1988, 232ff.) und (mit ausdrücklichem Bezug auf ihn) Elke Platz-Waury (1980, 89-91) verwenden die Begriffe genau umgekehrt wie beispielsweise Karl Konrad Polheim, dem wir hier folgen wollen:

> | Ein Drama hat verschiedene Konstellationen, aber nur eine Konfiguration. |

In einem [...] abschließenden unbedingten Sinn [...] kann ein Drama nur *eine* Konfiguration haben. In der Forschung spricht man jedoch bisweilen von verschiedenen Konfigurationen, und man meint damit jene veränderlichen Gruppierungen im Laufe des Dramas [...]. Unser Vorschlag geht dahin, in diesem Zusammenhang von ‚Gruppierung' oder ‚Konstellation' zu sprechen. (Polheim 1976, 238, Anm.4)

> | Eine Konstellation ist das zu einem bestimmten Zeitpunkt auf der Bühne versammelte Personal. Sie verändert sich mit jedem Auftritt oder Abgang. |

Damit ist unter *Konstellation* das zu einem bestimmten Punkt des Dramenverlaufs auf der Bühne befindliche Personal zu verstehen. Mit jedem Auftritt oder Abgang einer Figur verändert sich die Konstellation. So können wir für jedes Drama Konstellationstabellen erstellen, die über die Figurenführung und die Bedeutung einzelner Figuren wichtige Aufschlüsse geben. Als Beispiel mag der erste Akt von Heinrich von Kleists „Prinz Friedrich von Homburg" dienen. Die Anwesenheit einer Figur auf der Bühne ist mit 1, ihre Abwesenheit mit 0 bezeichnet:

Akt/Szene	I,1		I,2	I,3	I,4		I,5		I,6	Beispiel
Konstellation:	1	2	3	4	5	6	7	8	9	
Personal:										
Homburg	1	1	1	1	1	1	1	1	1	
Kurfürst	0	1	0	0	0	1	0	1	0	
Kurfürstin	0	1	0	0	0	1	0	0	0	
Natalie	0	1	0	0	0	1	0	0	0	
Hohenzollern	0	1	0	1	1	1	1	1	0	
Golz	0	1	0	0	0	1	1	1	0	
Dörfling	0	0	0	0	0	1	1	1	0	
Truchß	0	0	0	0	0	1	1	1	0	
Hennings	0	0	0	0	0	1	1	1	0	
Andere	0	1	0	1	0	1	1	1	0	

An dieser Matrix lassen sich bereits einige Charakteristika des ersten Aktes ablesen: Die Titelfigur ist ununterbrochen auf der Bühne, in drei von neun Konstellationen allein. Daraus läßt sich Homburgs Isolierung ableiten. Mit Ausnahme von Hohenzollern treten alle anderen Figuren im ersten Akt nur in Massenszenen auf. Hohenzollern ist der einzige, der mit Homburg zusammen allein auf der Bühne ist, also in diesem Akt sein einziger Vertrauter.

Folgerungen aus dem Beispiel

Die Konstellationsstruktur ändert sich von Akt zu Akt. Wenn wir die Tabellen für die anderen Akte fortführen würden, könnten wir die Konfiguration des Dramas ermitteln. Daß mit der Ermittlung und Analyse der einzelnen Konstellationen lediglich ein erster Schritt auf dem Weg zur Erstellung der Konfiguration vorliegt, zeigt ein Drama wie „Wallensteins Lager" von Schiller, bei dem Wallenstein nicht ein einziges Mal auftritt, mithin in keiner Konstellationstabelle vorkäme und doch eine zentrale Stellung in der Konfiguration des Dramas innehat.

> Zur Konfiguration können abwesende Figuren gehören, die in keiner Konstellation auftreten.

Arbeitsaufgabe:

(11) Erstellen Sie auch für die Akte 2 bis 5 von „Prinz Homburg" Konstellationstabellen und ziehen Sie aus ihnen Folgerungen für die Relationen der Figuren untereinander. Vergleichen Sie Ihr Resultat mit Ihrem Ergebnis der Arbeitsaufgabe 10.

4.4.3 Konfiguration

Die Gesamtheit aller literarischen Figuren eines gegebenen Textes heißt *Konfiguration*. Innerhalb der Konfiguration stehen die Figuren nach bestimmten Gesetzmäßigkeiten in binären, ternären oder mehrgliedrigen Oppositionen. Jede Konfiguration insgesamt läßt sich also als synchrones System auffassen. (Link 1974, 235)

> Die Konfiguration bezeichnet das Verhältnis aller Figuren eines Dramas untereinander.

Ein Konfigurationsbild kann bei Dramen mit größerem Personal ein nützliches Hilfsmittel für die Erfassung der Bezüge zwischen den Figuren sein. Karl Konrad Polheim (1976, 256) zeichnet folgendes Schema für Hugo von Hofmannsthals „Schwierigen":

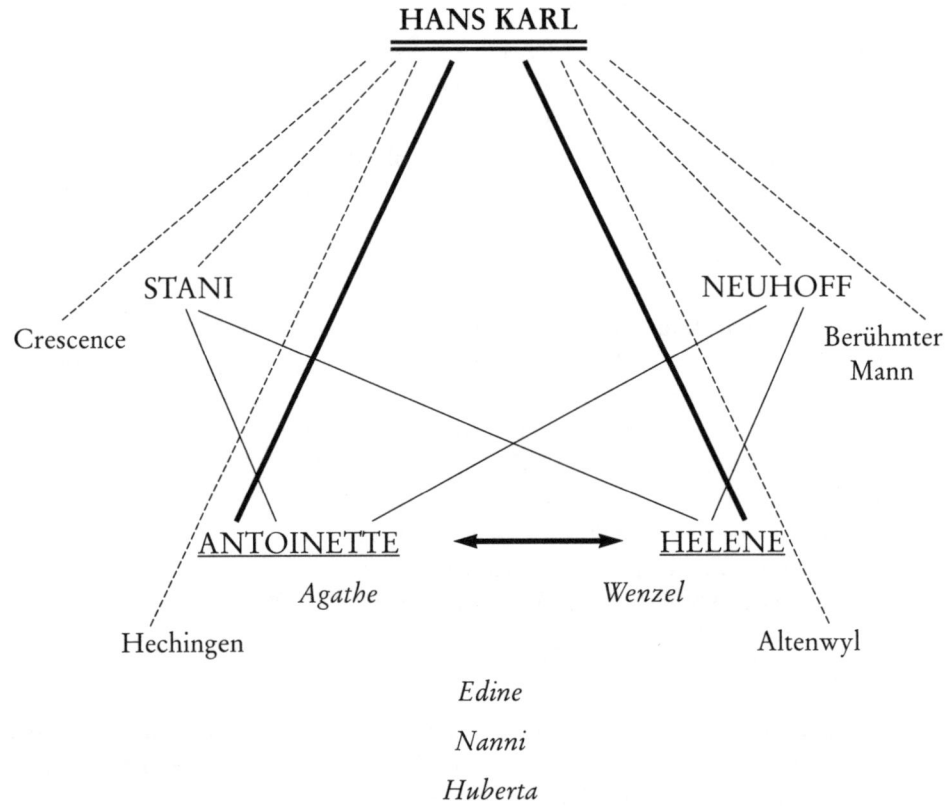

(Polheim 1976, 256)

Arbeitsaufgabe:

(12) Zeichnen Sie ein Konfigurationsbild zu „Prinz Homburg", indem Sie Ihre Ergebnisse aus Aufgabe 11 berücksichtigen. Erläutern Sie das Schema im Hinblick auf die Kontrast- und Korrespondenzrelationen zwischen den Figuren.

4.5 Funktionen dramatischer Sprache

Zwischen den dramatischen Bauformen Figur und Handlung
steht die Sprache. Eine ihrer wichtigsten Funktionen sahen
wir zum einen in der Figurencharakterisierung. Daß sie zum
anderen eng an die Handlung gebunden ist, ist nicht erst eine
Entdeckung der neueren Sprachpragmatik, sondern wurde bereits vor einigen Jahrzehnten von Benno von Wiese erkannt:
„[W]as geschieht, geschieht fast nur durch das Gespräch"
(von Wiese 1952, 29).

Sprache charakterisiert
die Figuren und treibt
die Handlung voran.

Zwei Besonderheiten prägen die Sprache im Drama:
Zum einen ist sie – in weit stärkerem Maße als in anderen
literarischen Gattungen, in Lyrik und Epik – primär adressa-
tenbezogen. Die vorherrschende Sprachform ist der Dialog, so daß wir von einer Simulation alltäglichen Sprach-
handelns im Drama sprechen können. Die Analyse der Alltagssprache aber fällt nicht in die Zuständigkeit der Literaturwissenschaft, sondern der Linguistik, so daß eine Anwendung ihrer Methoden – etwa der praktischen Semantik, wie
wir im folgenden veranschaulichen wollen – in diesem Falle
durch den Untersuchungsgegenstand geboten und gerechtfer-
tigt ist.

Sprache im Drama
simuliert alltägliches
Sprachhandeln durch
Adressatenbezug und
Vorherrschen des
Dialogs.

Dabei darf freilich die zweite Besonderheit dramatischer
Sprache nicht übersehen werden, die in der Kommunikationsstruktur des Dramas begründet ist. Jede Äußerung einer Figur
hat zwei Adressaten – den Dialogpartner und den Zuschauer.
Darüber hinaus hat jede Äußerung auch zwei Aussagesubjek-
te: den Dramenautor – wir sprechen hier besser vom *abstrakten* Autor, um zu verdeutlichen, daß nicht der Autor als reale
Person, sondern die *Autorfunktion* gemeint ist – und die dramatische Figur (wobei als drittes Subjekt noch der Regisseur
hinzukommt).

Kommunikationsstruktur
vgl. S. 129-133

Abstrakter Autor
vgl. S. 103

Im Eingangskapitel dieses Buches wurden bereits die Funktionen der Sprache, wie Roman Jakobson sie unterschieden
hat, behandelt. Indem er nicht mehr, wie in der traditionellen
Linguistik, Sprachinhalte, sondern Sprachfunktionen untersucht, verschiebt er den Schwerpunkt vom *Aussagegehalt* der
Sprache auf ihren *Handlungsgehalt*, was man in der Linguistik als „pragmatische Wende" bezeichnet: Mit jeder Aussage
werden eine oder mehrere Handlungen vollzogen. Die Anwendung von Jakobsons Klassifizierung auf die Sprache im
Drama birgt jedoch die Gefahr, daß einzelne Komponenten in
unzulässiger Weise isoliert werden. Ein Botenbericht etwa –
ein Beispiel für das Vorherrschen der von Jakobson so ge-

Funktionen der Sprache
vgl. S. 22f.

Beispiel

nannten *referentiellen Funktion* – erschöpft sich keineswegs in der Sprachhandlung des Berichtens. Ebenfalls ausgedrückt oder angedeutet werden nämlich in der Mehrzahl der Fälle auch die *Sprechereinstellung* (Für-wahr-Halten und Bewerten der berichteten Sachverhalte; im wesentlichen Jakobsons *emotive Funktion*) sowie häufig der *Bewirkungsversuch (konative Funktion* bei Jakobson), der Wunsch, daß der Adressat des Berichtes in einer bestimmten Weise reagiert. *Phatische* und *metasprachliche* Funktion betreffen die Komponenten *Kontakt und Beziehung*, die nur mit den übrigen Komponenten des Handlungsgehalts zusammen auftreten können und nicht von ihnen abgelöst werden dürfen. Jakobsons *poetische Funktion* ist für Manfred Pfister „im Normalfall nur für das äußere Kommunikationssystem von Relevanz, nicht für die Kommunikation der fiktiven Figuren untereinander" (Pfister 1988, 166), und lasse daher Rückschlüsse auf die *Sympathielenkung* durch den Autor zu. Wir wollen dagegen – gerade im Hinblick auf die poetische Funktion – im folgenden an der doppelten Perspektive von innerem und äußerem Kommunikationssystem des Dramas bei jeder einzelnen Äußerung festhalten. Die Sympathielenkung wollen wir erst im Abschnitt über die Vermittlung noch einmal erwähnen.

Sprechereinstellung

Bewirkungsversuch

Kontakt und Beziehung

Sympathielenkung
vgl. S. 156

Arbeitsaufgabe:

(13) Untersuchen Sie die Sprachfunktionen bzw. die Elemente des Handlungsgehaltes im Dialog Natalie – Homburg in IV,4. Achten Sie besonders auf das Zusammenwirken der verschiedenen Komponenten.

4.6 Gesprächsprinzipien und ihre Verletzung

Peter von Polenz hat die Theorie des Sprachphilosophen H. Paul Grice von den Gesprächsprinzipien in die praktische Semantik eingeführt. „Die Gesprächsprinzipien von Grice gelten für diejenige Art von Kommunikation, deren oberstes Prinzip das Bemühen um *Kooperation* aller Beteiligten ist" (von Polenz 1988, 310). Die wichtigsten Prinzipien nach Grice sind das Quantitätsprinzip, das Qualitätsprinzip, das Relevanzprinzip und das Ausdrucksprinzip. Nun ist zwar der dramatische Dialog häufig gerade nicht kooperativ, sondern vielmehr antagonistisch. Das Kooperationsgebot gilt jedoch

Gesprächsprinzipien gelten für kooperatives Sprachhandeln.

zumindest teilweise in bezug auf den Zuschauer als zweiten Adressaten. Zudem wirken „im Unterschied zu den sprachlichen Konventionen […] die außersprachlichen Kommunikationsprinzipien oft umgekehrt: Nicht ihre korrekte Befolgung ruft Mitzuverstehendes hervor, sondern ihre Verletzung" (ebda.).

Die Verletzung von Gesprächsprinzipien gibt Anlaß zu Folgerungen.

Die Verletzung des *Quantitätsprinzips* erläutert von Polenz wie folgt:

Verletzung des Quantitätsprinzips

In der mündlichen Kommunikationspraxis sind wir gewohnt, unsere stillen FOLGERUNGEN zu ziehen, wenn jemand ‚zuviel redet' oder uns etwas sagt, wovon er wissen müßte, daß es uns längst bekannt ist. Solche Folgerungen wirken sich meist als Einschätzung der Person des Sprechers, seiner Eigenschaften, Einstellungen und Absichten aus, z.B. er sei eitel oder naiv oder er wolle RENOMMIEREN, oder uns EINSCHÜCHTERN, BLOSSTELLEN, SICH ANBIEDERN oder uns von etwas ABLENKEN usw. Wenn jemand weniger als erwartet oder notwendig sagt, ziehen wir ebenfalls FOLGERUNGEN wie z.B. daß er sich von uns DISTANZIEREN oder etwas VERBERGEN will usw. (ebda., 313)

Bei der Anwendung des Quantitätsprinzips auf dramatische Rede ist die möglicherweise unterschiedliche Informationsvergabe zwischen Figuren und Zuschauern – ein Informationsvorsprung bei einem der beiden Adressaten – zu beachten.

Informationsvergabe

Unter dem *Qualitätsprinzip* verstehen wir das bei kooperativem Sprachhandeln geltende Wahrheitsgebot. Hier können wir zweierlei Möglichkeiten der Abweichung unterscheiden: zum einen das unwahre, zum anderen das uneigentliche Reden. Jenes ist, als Täuschungsversuch, darauf angelegt, nicht durchschaut zu werden. Durchschaut der Zuschauer die Täuschung, die Figur hingegen nicht, sprechen wir von *dramatischer Ironie*. Die systematischen Formen uneigentlichen Redens hingegen – die wichtigsten sind die *rhetorische Ironie*, bei der das Gegenteil von dem gemeint wird, „was die benutzten Ausdrücke eigentlich bedeuten" (ebda., 315), sowie die *Hyperbel* – zielen in der Regel darauf, daß der Adressat die Verletzung des Qualitätsprinzips durchschaut und stille Folgerungen daraus zieht. Die Sprachproblematik im modernen Drama gründet häufig darin, daß die Unterscheidungen sowohl von unwahrem und uneigentlichem als auch von eigentlichem und uneigentlichem Reden nicht mehr möglich sind. Diese Problematik zieht sich in ihren Folgen insbesondere durch Heinrich von Kleists Werk. Im ursprünglichen, sogenannten „Variant"-Schluß des „Zerbrochnen Krugs" etwa muß Walter Eve förmlich erpressen, um sie zur Anerkennung

Verletzung des Qualitätsprinzips: unwahres oder uneigentliches Reden

Hyperbel = Übertreibung

Beispiel

der Wahrheit zu bewegen. „Wenn er log, ihr Herrn, konnt ichs
nicht prüfen. / Ich mußte seinem Wort vertraun" (V. 2151f.),
so verteidigt sie zuvor ihren Glauben an Adams Lügen.

**Verletzung des
Relevanzprinzips**

Das *Relevanzprinzip* kann „nur bei solchen Texten für das
Mitverstehen fruchtbar werden, von denen man erwarten
kann, daß der Sprecher/Verfasser sich auch wirklich um plan-
volle, aufs Wesentliche beschränkte Behandlung des Themas
bemüht und auch dazu in der Lage ist" (von Polenz 1988,
318). Um einen solchen Verfasser handelt es sich beim Autor
eines Dramas, nicht immer jedoch bei den sprechenden Figuren. Wenn sich die Fragen „Ist dies hier wesentlich? Was soll
das in diesem Zusammenhang? Was hat dies mit dem Thema
zu tun?" (ebda.) für den Zuschauer im Hinblick auf die innere Kommunikationsstruktur des Dramas stellen, so kann er
daraus schließen, daß im Dialog zusätzliche Informationen
kodiert sind, die für ihn und nicht für die Dramenfiguren bestimmt sind. Ein klassisches und besonders offensichtliches
Beispiel ist das *Beiseitesprechen.*

**Verletzung des
Ausdrucksprinzips**

Tropen vgl. S. 72

Poetische Funktion
vgl. S. 57f.

Polysemie vgl. S. 70f.

Das *Ausdrucksprinzip* schließlich gebietet insbesondere die
Klarheit und Deutlichkeit der Rede. Abweichungen können
in schwerverständlichem *Jargon* oder aber in *Metaphern* und
anderen *Tropen* bestehen. Auch die oft kaum zu übersetzen-
den *Wortspiele (puns)* in Shakespeares Dramen, die meist als
Musterbeispiele für die poetische Sprachfunktion genannt
werden, sind Verletzungen des Ausdrucksprinzips. Durch das
Spiel mit phonetischen Ähnlichkeiten, Homonymien oder
Polysemien auf der Wortebene und Ambiguitäten auf der Satz-
ebene werden auf seiten des Zuschauers zusätzliche Bedeutungen der Figurenrede aktualisiert. Auch hier gilt jedoch –
gegen die oben zitierte Auffassung von Manfred Pfister – die
doppelte Kommunikationsstruktur des Dramas: Auch für die
Kommunikation der Figuren untereinander ist die poetische
Funktion bzw. die Verletzung des Ausdrucksprinzips von Re-

Beispiele

levanz. Als signifikantes Beispiel können wir die Dialoge zwischen Beatrice und Benedick in Shakespeares Komödie „Viel
Lärm um Nichts" anführen. Belege in der deutschen Literatur
sind meist durch Shakespeare beeinflußt. So erwidert etwa Va-
lerio im Dialog mit Leonce in Georg Büchners „Leonce und
Lena" (I,3):

O Himmel, man kömmt leichter zu seiner Erzeugung, als zu seiner
Erziehung. Es ist traurig, in welche Umstände Einen andere Umstände versetzen können! Was für Wochen hab' ich erlebt, seit meine
Mutter in die Wochen kam! Wieviel Gutes hab' ich empfangen, das
ich meiner Empfängniß zu danken hätte?

Diese Thematisierung der Sprache kann in gleicher Weise auch in Tragödien erfolgen. Für Kleists Penthesilea stellt sich der Tatzwang als Sprachzwang dar:

– So war es ein Versehen. Küsse, Bisse,
Das reimt sich, und wer recht von Herzen liebt,
Kann schon das eine für das andre greifen. (V. 2981-83)

Doch auch die Sprachnot als Unfähigkeit zur Kommunikation ist als Verletzung des Ausdrucksprinzips zu deuten. Die Figuren in den frühen Dramen von Franz Xaver Kroetz suchen mangels eigener Sprache Orientierung in Phrasen und Sprichwörtern:

SEPP [...] Da kann man sich net wehrn, wenn man der Schwächere is.
BEPPI Wer wagt, gewinnt!
SEPP *schaut sie an:* Des hast von mir, gell!
BEPPI *nickt.*
SEPP Des is ein Sprichwörtl sonst nix.
BEPPI Wer wagt, gewinnt!
SEPP *lächelt:* Jeder ist seines Glückes Schmied!
Pause.
BEPPI Dem Tüchtigen gehört die Welt.
SEPP Sterne reißts vom Himmel, das kleine Wort: ich will!
Pause.
SEPP Und?
BEPPI Wer wagt, gewinnt!
SEPP Ham mir schon ghabt.
BEPPI Nachad?
SEPP Selbst is der Mann!
BEPPI Genau.
Beide lächeln. („Geisterbahn", II,1)

Arbeitsaufgaben:

(14) Untersuchen Sie dieselben Redeteile wie in Aufgabe 13 im Hinblick auf die Verletzung der Gesprächsprinzipien.

(15) Verbinden Sie Ihre Ergebnisse der Aufgaben 13 und 14 zu einer konsistenten Gesamtanalyse der dramatischen Sprache im untersuchten Dialog.

4.7 Handlung

4.7.1 Problematik des Handlungsbegriffs

(margin: Differenzierung der Handlung nach Pikulik)

Gegen die Definitionsversuche von Manfred Pfister und anderen, die den Handlungsbegriff für intentionales Tun reserviert wissen wollen, wendet Lothar Pikulik ein, es sei „zweckmäßig, den Begriff Handlung so weit zu fassen, daß er jede Art von dramatischer Aktion deckt oder daß er jede Form dessen deckt, was eine dramatische Aktion bewirkt: Situationsveränderung" (Pikulik 1982, 15). An die Stelle der Definition von Handlung selber tritt bei ihm ihre kategoriale Differenzierung in einem hierarchischen Schema, das folgendermaßen visualisierbar ist:

inhaltsbezogen (Ebene der Darstellung)	formbezogen (Ebene des Dargestellten)
1. subjektives Tun (Figuren)	2. Spiel
3. außersubjektive Einwirkung („Schicksal')	4. Organisationsprinzip

(margin: Das analytische Drama besteht aus der Entwicklung des vor dem Dramenbeginn Geschehenen.)

Wenn Pikulik die Handlung als Organisationsprinzip verstehen will, gerät er jedoch in bezug auf *analytische Dramen* mit ihrer ‚verdeckten' Handlung in Schwierigkeiten: „Das analytische Drama liegt [...] offen oder heimlich mit einem Modus der Bühne in Streit, in dem sich das Wesen der Bühne verwirklicht: dem Modus der Unmittelbarkeit" (ebda., 133).

(margin: Beispiele)

Diesen Einwand hat bereits kein Geringerer als Goethe gegen Kleists „Zerbrochnen Krug" erhoben. Er schreibt am 28. August 1807 an Kleists Freund Adam Müller:

Der zerbrochene Krug hat außerordentliche Verdienste und die ganze Darstellung dringt sich mit gewaltsamer Gegenwart auf. Nur Schade daß das Stück auch wieder dem unsichtbaren Theater angehört. Das Talent des Verfassers, so lebendig er auch darzustellen vermag, neigt sich doch mehr gegen das Dialektische hin; wie er es denn selbst in dieser stationären Prozeßform auf das wunderbarste manifestiert hat. Könnte er mit eben dem Naturell und Geschick eine wirklich dramatische Aufgabe lösen, und eine Handlung vor unsern Augen und Sinnen sich entfalten lassen, wie er hier eine vergangene sich nach und nach enthüllen läßt, so würde es für das deutsche Theater ein großes Geschenk sein. (Goethe 1993, 229)

Dramentheoretisch betrachtet steht hinter diesem Einwand die durch die Wortbedeutung nahegelegte Identifizierung von Drama mit Handlung, und zwar Handlung mit Goethe verstanden als Aktion „vor unsern Augen und Sinnen", die immer wieder dort ins Feld geführt wird, wo es gilt, ein Drama, bei dem die ‚verdeckte' Handlung im Unterschied zur Bühnenaktion das Eigentliche darstellt, als ‚undramatisch' abzuqualifizieren. Ein Autor des 20. Jahrhunderts, der sich mit diesem Vorwurf auseinanderzusetzen hatte, war Thomas Mann, der sich bei der impliziten Verteidigung seines Dramas „Fiorenza" im „Versuch über das Theater" gerade auf die Klassiker Schiller, Racine, Corneille und daneben auf Ibsen berief und nicht nur auf die Fragwürdigkeit des Handlungsbegriffs in der Dramentheorie hinwies („Alle Welt übersetzt ‚Drama' mit ‚Handlung': unsere ganze Ästhetik des Dramas beruht auf dieser Übersetzung. Trotzdem ist sie vielleicht ein Irrtum": Mann 1974, 47), sondern diese Problemanzeige zu der Pointe zuspitzte: „Was heute als dramatisch gilt, ist [...] der romaneske Einschlag im Drama, und die beliebtesten Schauspiele sind in Wahrheit nur szenisch komprimierte Romane" (ebda., 49). Damit ordnete er die Handlung im Sinne von Aktion der erzählerischen Gattung zu.

Werfen wir zum Zweck einer ersten Orientierung und zur Verdeutlichung der gattungsbedingten Unterschiede einen Blick zurück auf die Analyse der Handlungsstruktur in narrativen Texten. Die Ebenen des *Geschehens* und der *Geschichte* können wir hier auf sich beruhen lassen und lediglich noch einmal hervorheben, daß die Geschichte im Vergleich zum Geschehen gekennzeichnet ist durch *Reduktion* bzw. *Selektion* und *Konzentration*. Die Momente der szenischen *Präsentation* und der *Sukzession* sind dagegen erst auf der Ebene der Vermittlung, des *Diskurses*, anzusiedeln. Dieser Ebene soll unsere hauptsächliche Aufmerksamkeit gelten. Zuvor stellt sich jedoch die Frage, ob sich beim Drama ein Analogon zu den *Konzepten*, die die Geschichte fundieren, ausmachen läßt. Als solche können wir die im Drama repräsentierten *Interaktionsformen* ansehen, die konzeptuelle Oppositionen enthalten. Anders als in narrativen Texten sind diese Konzepte jedoch weniger zeitenthoben und abstrakt, sondern mit der konkreten Interaktion untrennbar verknüpft. Das Drama besteht wesentlich aus Interaktion; sie setzt die Handlung in Gang und treibt sie voran. Die Ordnung von Geschehensmomenten auf der dramatischen Achse impliziert damit bereits – und dies ist ein entscheidendes Merkmal der Gattung – die Umsetzung von abstrakten Konzepten in konkrete Interaktion.

Geschehen vgl. S. 80-82
Geschichte vgl. S. 82-84

Diskurs vgl. S. 96-127

Konzepte vgl. S. 84-92

Unterschied zu narrativen Texten: Konzepte sind mit konkreter Interaktion verknüpft.

4.7.2 Repräsentation von Interaktionsprogrammen

| Das Drama besteht wesentlich aus Interaktion. |

„Das Drama besteht aus einer Simulation sozialer Kommunikationen" (Schwanitz 1990, 100). Kommunikation aber – denken wir an den Handlungsgehalt der Sprache – ist nichts anderes als Interaktion. Wir hatten nun bereits gesehen, daß die Selbstreferenz – die Thematisierung des Rahmens – in wenn auch unterschiedlichen Graden als charakteristisch für die Gattung Drama gelten kann. Im vorliegenden Fall bedeutet das, daß im Drama nicht nur lebensweltliche Interaktionen, sondern zugleich immer auch deren Grenzen dargestellt werden:

| Im Drama werden vor allem solche Interaktionen simuliert, die bereits im Alltag an theatralische Inszenierungen erinnern. |

Das Drama bezieht seine Wirkung aus der überhöhten und stilisierten Repräsentation von Interaktionsprogrammen und lebensweltlichen Inszenierungen, die bereits theateranalog sind. Indem es das tut, ist das Drama von Anfang an selbstreferentiell. Dabei sind es bestimmte Typen von Interaktionen, die durch ihre Rahmung und innere Strukturierung sich besonders vom Rest der Interaktionen abheben und deshalb mit Vorliebe vom Drama benutzt werden. (ebda., 110)

Dramatische Interaktionsprogramme nach Schwanitz:
1. Riten

Beispiele

Mit Dietrich Schwanitz können wir fünf in der Geschichte des Dramas bevorzugte „Interaktionsprogramme" hervorheben und um entsprechende Beispiele ergänzen: „Zum ersten Typ gehören alle Rituale, Zeremonien und Riten mit erhöhtem symbolischen Repräsentationswert" (ebda.). Zu denken ist hier zunächst an die griechische Tragödie einerseits, an die mittelalterlichen Mysterienspiele andererseits und hernach an alle späteren Anknüpfungsversuche, seien es im einen Fall Kleists „Penthesilea" oder Hölderlins „Tod des Empedokles", im andern Fall Hofmannsthals „Jedermann".

2. Intrigen

Der zweite Typ theaterähnlicher Enklaven in der Lebenswelt umfaßt alle Arten von Simulationen, Intrigen, Täuschungen und Betrügereien. In ihnen ist die Rahmung, die im Fall des Interaktionsprogramms für alle Beteiligten sichtbar ist, für die Betrogenen allein unsichtbar. (ebda., 111)

Beispiele

An Intrigen ist die Dramenliteratur seit jeher reich. Schillers „Räuber" beginnen mit Franz Moors Intrige, und eine bekannte Intrigantin bei Kleist ist Kunigunde von Thurneck in „Käthchen von Heilbronn". Daß Intriganten gleichwohl nicht in jedem Falle Bösewichte sind, belegt etwa das Beispiel Hamlets, dem es „dienlich scheint, / Ein wunderliches Wesen anzulegen", um die Wahrheit über den Tod seines Vaters zu erfahren und Rache zu üben (I,5). Durch diese Simulation werden wiederum Gegenintrigen wie etwa die des Polonius (III,4) ausgelöst. Subtile Formen der Intrige stellen auch Pakt

und Wette in Goethes „Faust" dar. Daß das moderne Drama
ebenfalls nicht auf Intrigen verzichten kann, lehrt uns ein
Blick auf Max Frischs „Biedermann und die Brandstifter"
oder Friedrich Dürrenmatts „Besuch der alten Dame".

Die dritte Kategorie von Dramen-analogen Interaktionsformen vereinigt zwei Untergruppen, die ich „Manieren" und „doppeldeutige
Kommunikation" nennen möchte. Gemeinsam ist ihnen, daß im Gegensatz zur Intrige allen Beteiligten die „Darstellungsqualität" der
Interaktion bewußt ist. In beiden Formen wird nicht nur das Drama,
sondern auch die Interaktion offen selbstreferentiell. (ebda., 112)

3. Manieren/doppeldeuti-
ge Kommunikation

Hier können wir an die Gesellschaftskomödien Hugo von
Hofmannsthals denken oder an Dramen Arthur Schnitzlers wie
„Das weite Land" oder „Der einsame Weg". Ein Meister dop-
peldeutiger Kommunikation ist Shakespeare, wie sich insbesondere bei den Narrenfiguren in mehreren seiner Dramen zeigt.

Beispiele

Als vierte Kategorie von Interaktionstypen, die im Drama
vorwiegend benutzt werden, nennt Schwanitz den Konflikt als
eine Eskalation, die alle Rahmen sprengt und einen neuen bildet, eine Struktur, der sich alles unterordnen muß (vgl. ebda.,
114). Insbesondere Heinrich von Kleist tendiert immer wieder
zu diesem Konzept. Besonders drastische Beispiele sind sein
Erstlingswerk „Die Familie Schroffenstein" sowie „Die Her-
mannsschlacht". Als letzte Interaktionsform schließlich erwähnt Schwanitz das Drama selbst, die völlige Selbstreferenz
des Spiels im Spiel. Von diesem war bereits die Rede.

4. Konflikt

5. Spiel im Spiel
vgl. S. 132

Charakteristisch für die Ebene der narrativen Konzepte –
so war bei der Erzähltextanalyse zu sehen – ist die konzeptuelle Opposition. Im Drama finden sich diese Oppositionen in
den Asymmetrien der Interaktionsformen wieder:

Das ist für das Ritual und das Zeremoniell der Bezug auf Repräsentanz, für die Intrige die Differenz zwischen Vorderbühne und Hin-
terbühne, für die Manieren die Differenz zwischen dem, was paßt,
und dem, was nicht paßt, für die doppeldeutige Kommunikation die
Differenz zwischen offiziell und inoffiziell, für den Konflikt die Differenz zwischen „Partei-Ergreifen" und „Sich-draußen-Halten" und
für das Spiel im Spiel die Differenz zwischen dem äußeren Drama als
Wirklichkeitsfiktion und dem inneren Drama als Fiktion eines Dramas. (Schwanitz 1990, 123)

Asymmetrien der Interak-
tionsformen
siehe auch *konzeptuelle
Oppositionen* vgl. S. 89

Diese Struktur potenziert sich, wenn in einem Drama zwei
verschiedene Subsysteme der Interaktion kritisch miteinander
konfrontiert werden. Dabei werden die Interaktionsgrenzen
besonders im 18. Jahrhundert durch Standesgrenzen abge-
stützt. So geht es im ‚Bürgerlichen Trauerspiel' um die Oppo-

Opposition verschiedener
Interaktionssysteme

sition Adel – ‚Bürgertum‘, d.h. weitgehend Ehre – Moral. In Lessings Dramen können wir verschiedene Formen der Opposition von Interaktionssystemen beobachten. In „Minna von Barnhelm" steht ständische ‚Ehre‘ gegen Individualität, und noch die Einübung von Moral als Disposition zur Tugend in „Nathan der Weise" steht zwar nicht explizit dramenintern, aber implizit und intertextuell gegen die Versuche von Gottsched und anderen, auf dem Theater eine materiale Universalethik mit Satzcharakter zu etablieren.

Intertextualität vgl. S. 27

Problematisierung

In der Moderne verliert die alltägliche Interaktion zunehmend ihre gesellschaftliche Relevanz:

> [D]ie Interaktion repräsentiert nichts mehr als sich selbst. […] Die Schraube der Selbstreferentialität erhält damit eine neue Drehung: Das Drama demonstriert die Unmöglichkeit, Gesellschaft von Interaktion her zu verstehen, gerade am Typ der quasi-natürlichen Interaktion von Intimmilieus, in denen allein Interaktion noch als bedeutend gelten konnte. (Schwanitz 1990, 128)

Gegenbeispiele

Der vorherrschende Interaktionstyp ist für Schwanitz hier wiederum der eigengesetzliche Konflikt, wofür er die Ehedramen von Ibsen, Strindberg und Shaw als Belege anführt (vgl. ebda., 128f.). Doch trifft dieser Befund nicht uneingeschränkt zu, wie nicht nur das Beispiel Brechts zeigt. In den sechziger und siebziger Jahren etwa wurden die unterschiedlichsten Versuche unternommen, die gesellschaftliche Repräsentanz der Interaktion auf dem Theater zurückzugewinnen. Dies gilt für Martin Walsers Hamlet-Drama „Der schwarze Schwan" ebenso wie für Rolf Hochhuths „Stellvertreter" oder Dokumentarstücke wie Heinar Kipphardts „Bruder Eichmann". Besonders signifikant ist die Entwicklung Franz Xaver Kroetz' von seinen frühen Milieustücken wie „Heimarbeit" oder „Stallerhof" zu einem Drama wie „Nicht Fisch nicht Fleisch" (1981), in dem er die Wechselwirkung von Arbeitswelt und Privatleben und damit gerade das Scheitern der Abspaltung der intimen von der sozialen Interaktion darstellt.

Arbeitsaufgaben:

(16) Für welche der fünf von Schwanitz genannten Interaktionsprogramme finden Sie Beispiele in „Prinz Homburg"? Welcher Typ herrscht Ihrer Meinung nach vor?

(17) Erörtern Sie – wahlweise – anhand der Dialoge zwischen dem Prinzen und Natalie oder zwischen dem Prinzen und dem Kurfürsten oder zwischen Natalie und dem Kurfürsten die Frage, ob die Dialogpartner verschiedene Interaktionssysteme vertreten oder ob die Interaktionsprogramme innerhalb desselben Systems ablaufen.

4.7.3 Diskurs: Formen der Vermittlung

Die Diskussion des Handlungsbegriffs hat ergeben, daß nicht Handlung im landläufigen Sinne, sondern deren Vermittlung das Organisationsprinzip des Dramas darstellt. Damit befinden wir uns, wenn wir erneut einen Seitenblick auf die Erzähltextanalyse werfen, auf der Ebene des Diskurses, und zwar des im vorliegenden Band so bezeichneten Diskurses I. Diesen Diskurs wollen wir hier als dramatischen *Vorgang* bezeichnen. Den Diskurs II, die sprachliche Realisierung, haben wir auf Grund seiner herausragenden Funktion für das Drama bereits gesondert behandelt.

> Nicht die Handlung, sondern deren Vermittlung ist das Organisationsprinzip des Dramas. Diese Vermittlung bezeichnen wir als dramatischen Vorgang.

Diskurs I vgl. S. 96-122

Diskurs II vgl. S. 122-127

4.7.3.1 Zeitstruktur und Spannung

Für die Untersuchung der Zeitstruktur hat Peter Pütz das entsprechende Instrumentarium von Eberhard Lämmert von der Erzähltext- auf die Dramenanalyse übertragen. Danach besteht die dramatische Handlung – wir wollen hier besser vom *Vorgang* sprechen, um zu verdeutlichen, daß die Ebene der Vermittlung gemeint ist – „in der *sukzessiven* Vergegenwärtigung von vorweggenommener *Zukunft* und nachgeholter *Vergangenheit*" (Pütz 1977, 11). Diese temporale Struktur drückt sich in der *Spannung* als ihrem wesentlichen Element aus.

> Der dramatische Vorgang besteht aus der sukzessiven Vergegenwärtigung von vorweggenommener Zukunft und nachgeholter Vergangenheit.

Spannung

Wenn das Drama beginnt, kann das Verhältnis der Zeitdimensionen sehr verschieden sein; d.h. es ist entweder *schon* sehr viel geschehen, so daß nur wenig aussteht, oder es ist wenig vergangen und fast *noch* alles offen. Beide Möglichkeiten entscheiden nicht über die Intensität der Spannung, sondern bedienen sich nur verschiedener Mittel: Im ersten Falle muß Vergangenheit nachgeholt und für das Kommende aktualisiert werden; im zweiten wird Zukunft durch alle möglichen Arten von Vorgriffen vorweggenommen. (ebda., 17)

Der erste Fall ist charakteristisch für das analytische Drama, wo es um die Aufdeckung der Vorgeschichte geht. Das berühmteste Beispiel der Dramengeschichte ist „König Ödipus" von Sophokles. Es zeigt, daß die Aktualisierung der Vorgeschichte während des gesamten Dramas möglich ist. Besonders konzentriert erfolgt sie jedoch häufig zu Beginn, wenn im Rahmen der *Exposition* die Ausgangssituation verdeutlicht wird.

Analytisches Drama vgl. S. 150

Exposition

Antizipationen
siehe auch
Vorausdeutungen
vgl. S. 99-101

Beispiele für strukturbestimmende Vorgriffe, dramatische *Antizipationen*, wären etwa die Erfüllungsträume verschiedener Protagonisten in Kleists Dramen. Die Spannung bleibt so lange erhalten, bis der Traum entweder sich erfüllt („Käthchen von Heilbronn") oder endgültig scheitert („Penthesilea"), d.h. bis keine alternative Möglichkeit mehr ins Spiel gebracht werden kann. Damit endet das Drama.

Auflösung der Spannung

Das Sukzessionsprinzip wird durch die in der Plurimedialität des Dramas begründete Möglichkeit simultaner Informationsvergabe durchbrochen. Die Zeitebenen können übereinandergeblendet werden. So sind zum einen Simultanszenen möglich. Zum anderen aber werden sowohl nachgeholte Vergangenheit als auch vorweggenommene Zukunft im szeni-

Szenischer Kontext
vgl. S. 134

schen Kontext vergegenwärtigt und damit in das dramatische Zeitkontinuum integriert. Beim völligen Verzicht auf Rück- und Vorgriffe und damit bei strikter Beibehaltung der chronologischen Sukzession – ein Versuch, der in einigen naturalistischen Dramen unternommen wurde – würde ein absolut

> Geschehen läßt sich nicht ohne Vermittlung auf die Bühne bringen.

spannungsloses Drama geschaffen. Solche Experimente müssen deshalb prinzipiell scheitern, weil die Ebene der Vermittlung sich bei der Präsentation von Geschehen auf der Bühne nicht ausblenden läßt.

Arbeitsaufgaben:

(18) Untersuchen Sie den ersten Akt von „Prinz Homburg" nach Rück- und Vorgriffen und geben Sie jeweils an, worin diese bestehen (z.B. Botenbericht, Prophezeiung etc.).

(19) Untersuchen Sie, wo die Vorgriffe des ersten Aktes jeweils aufgelöst werden.

4.7.3.2 Perspektive

Wenn als Differenzkriterium von Drama und Erzähltext immer wieder davon die Rede ist, daß „die vermittelnde Kommunikationsebene der Erzählinstanz" fehle (Mahler 1992, 71), so wird dabei ein wichtiges Element des dramatischen Vorgangs unterschlagen, nämlich die *Perspektivenstruktur,* die teilweise mit der *Sympathielenkung* durch den abstrakten Autor zusammengefaßt wird und als dramatisches Analogon der

Erzählsituationen
vgl. S. 102-115

Erzählsituationen dienen kann. Manfred Pfister unterscheidet drei Perspektivenstrukturen, nämlich die a-perspektivische, die geschlossene und die offene Perspektivenstruktur. Die *a-perspektivische Struktur*

A-perspektivische
Struktur

> ist eine Extremform des Dramas, in der das Prinzip der Absolutheit des Werks gegenüber Autor und Publikum und damit die Scheidung von innerem und äußerem Kommunikationssystem aufgehoben ist, ein Drama also, in dem der Autor in den Repliken der Figuren unmittelbar seine Intention ausspricht und die Figuren als Sprachrohr auktorialer Intention unmittelbar an das Publikum appellieren. (Pfister 1988, 100)

Da es sich hier um einen konstruierten Grenzfall handelt, fällt es schwer, konkrete Beispiele zu benennen. Historisch ist vor allem an die mittelalterlichen Moralitäten zu denken.

Beispiel

Bei der geschlossenen Perspektivenstruktur weicht die

Geschlossene Perspekti-
venstruktur

> direkte Didaxis […] einem indirekten Vermittlungsmodus, der zur Konstitution der intendierten Rezeptionsperspektive den Rezipienten am Prozeß der Wahrheitsfindung beteiligt und durch das perspektivische Umkreisen des Gegenstands, das ihn in immer neuer Sicht aufscheinen läßt, von ihm ein komplexes, mehrdimensionales und differenziertes Bild entwirft. (ebda., 101)

Hier lassen sich – mehr oder weniger – die meisten ‚klassischen‘ deutschen Dramen mindestens von Lessing bis Schiller rubrizieren. Eine Mischform zwischen a-perspektivischer und geschlossener Perspektivenstruktur liegt beispielsweise bei den Dramen Brechts und bei vielen modernen Lehr- und Tendenzdramen vor, bei denen die Figuren nicht unmittelbar auktoriale Intentionen aussprechen, diese jedoch durch ‚epische‘ Mittel deutlich werden.

Beispiele

Mischformen

Die *offene Perspektivenstruktur* schließlich charakterisiert Pfister wie folgt:

Offene Perspektiven-
struktur

> Entweder durch den Verzicht auf Steuerungssignale oder durch widersprüchliche Signalvergabe bleibt die Relation der Figurenperspektiven zueinander ungeklärt und damit die auktorial intendierte Rezeptionsperspektive unbestimmt oder ambivalent..(ebda., 102)

Wie groß die Verunsicherung der Interpreten häufig ist, wenn sich aus einem Drama keine eindeutige Lehre auf Flaschen ziehen läßt, zeigt schon der Terminus „Absurdes Theater", der für eine Klasse von Dramen vor allem der fünfziger und sechziger Jahre, die dem Typ der offenen Perspektivenstruktur entsprechen, geschaffen wurde. Bekannte Namen aus diesem Genre sind Samuel Beckett, Harold Pinter und Eugène Ionesco. Als deutschsprachiges Beispiel können wir Max Frischs frühes Drama „Graf Öderland" ansehen. Doch schon

Beispiele

Mischformen   bei Kleists Dramen fällt es schwer – und führt daher regelmäßig zu interpretatorischen Kontroversen –, eine „auktorial
intendierte Rezeptionsperspektive" zu bestimmen. Vorsicht
ist dagegen bei Dramen geboten, die den Anschein einer offenen Perspektivenstruktur erwecken wie etwa dokumentarische Dramen, bei denen jedoch durch mehr oder weniger ge-
schicktes Arrangement der historischen Dokumente eine
auktorial intendierte Rezeptionsperspektive eingearbeitet ist.
Besonders eklatante Beispiele dieses Typs sind die Dramen
Rolf Hochhuths.

Arbeitsaufgabe:

*(20) Würden Sie „Prinz Homburg" als Drama mit einer geschlossenen oder einer offenen
Perspektivenstruktur bezeichnen? Führen Sie dazu – indem Sie z.B. Ihre Ergebnisse
der Figurenanalyse oder der Analyse der Dialogführung heranziehen – Argumente
an, die für oder gegen die Annahme einer auktorial intendierten Rezeptionsperspektive sprechen.*

4.7.3.3 Die theatralische Notation

Die theatralische Notation ist das entscheidende Bindeglied
zwischen dem Text des Stückes und seiner Bühnenrealisierung, mittels dessen der Dramatiker – im Rahmen seiner
Möglichkeiten als Stückeschreiber, also nicht als Regisseur seiner eigenen Dramen – Einfluß auf die Regiekonzeption nehmen kann. Im Eingangskapitel des vorliegenden Bandes wur-
Mehrdeutigkeit   de das Produzieren von Mehrdeutigkeiten als typische
vgl. S. 28   literarische Verfahrensweise beschrieben. Durch die theatralische Notation werden nun diese Polysemien eingeschränkt,
bestimmte Möglichkeiten der Bühnenrealisierung gegenüber
anderen bevorzugt. Es handelt sich daher um *Monosemie-*
Monosemierungssignale   *rungssignale,* die den Auslegungsspielraum des Regisseurs
= Einschränkung der   einengen, sofern er sie beachtet (wozu er natürlich nicht ge-
Polysemie   zwungen ist; er kann sie auch ignorieren und durch eine eigene Notation ersetzen).
Nebentext vgl. S. 136   Dabei handelt es sich nicht nur um den *Nebentext,* der vor
allem die *Bühnenanweisungen* umfaßt und bei der Auf-
führung als ‚Text' wegfällt. Schwerer zu umgehen ist für den
Regisseur die *innere Regie* oder *Spiegeltechnik,* für die als
klassisches Beispiel die Eingangsszene von Shakespeares
„Hamlet" gilt. Exakte Zeitangaben werden hier über die Fi-

gurenrede transportiert, und das Krähen des Hahns wird
nicht nur im Nebentext vermeldet, sondern sogleich von den
Figuren kommentiert.

Stücke, die ausschließlich aus theatralischer Notation bestehen, bei denen also vom ‚Text‘ bei der Umsetzung als Drama
nichts übrig bleibt, sind *Pantomimen*. Franz Xaver Kroetz’
„Wunschkonzert“ (1972) soll als einem lehrreichen Grenzfall
ein Seitenblick gelten. Das knapp neuneinhalb Seiten umfas-
sende Szenario soll bei der Bühnenrealisierung „nicht mehr als
eine gute Stunde“ dauern. Die vorstehende Einleitung, die die
gesellschaftlichen Hintergründe skizziert, verdeutlicht, worauf
es dem Dramatiker in erster Linie ankommt: „Das Stück ist
der Vorschlag zur Darstellung eines Sachverhaltes, der mir oft
in Polizeiberichten aufgefallen ist: Selbstmord vollzieht sich in
vielen Fällen unglaublich ordentlich.“ Das Drama wird also –
im Grunde wie in der Frühaufklärung bei Gottsched – verstanden als Illustration eines allgemeinen Satzes (bei Gottsched
noch: einer moralischen Regel). Jede denkbare Realisierung,
die diese Forderung erfüllt, kann sich darauf berufen, der theatralischen Notation letztlich zu entsprechen, also ‚werkgetreu‘
zu sein, auch wenn sie nicht allen Vorschlägen des Szenarios
folgt. Wie sollte auch szenisch umsetzbar sein, daß die Prota-
gonistin von Beruf „Angestellte in einer Papierwarenfabrik“
ist, wo doch das Stück in ihrer Wohnung spielt, und daß ihr
„monatliches Nettoverdienst“ 615,50 DM beträgt?

Eine harte Nuß für jeden Regisseur ist die dem Gesetz des
Pathetischen gehorchende und nicht zufällig an Form und
Dramaturgie der Oper erinnernde, daher häufig scheinbar widersprüchliche theatralische Notation in Schillers Jugenddra-
men. Denn was gilt denn nun von Luises Leiche in „Kabale
und Liebe“? „Wie reizend und schön auch im Leichnam! Der
gerührte Würger ging schonend über diese freundliche Wangen hin“, wie Ferdinand in V,7 feststellt – oder aber (derselbe
Sprecher, eine Szene später, zu seinem Vater): „auf dieses Gesicht ist mit Verzerrungen dein Name geschrieben, und die
Würgengel werden ihn lesen“? Die Jugenddramatik Schillers
ist ein lehrreiches Beispiel für die Bedeutung von *Rhythmus*
und *Tempo* bei der Aufführung. „Die Räuber“, „Fiesko“ und
„Kabale und Liebe“ ‚funktionieren‘, wenn der Zuschauer
überwältigt wird. Die Figuren und Stücke gewinnen mit zu-
nehmender Bewegungsgeschwindigkeit – wenn die Wider-
sprüche, die durch die pathetische Isolierung der Einzelsitua-
tionen entstehen, nicht mehr in den Blick kommen – an
ästhetischer Wertigkeit.

Pantomimen sind
Stücke, die ausschließ-
lich aus theatralischer
Notation bestehen.

Beispiel

Probleme bei der theatra-
lischen Notation

Beispiel

Rhythmus und Tempo

Arbeitsaufgabe:

(21) In „Prinz Homburg" gibt es mehrere Szenen, in denen vorangegangene Auftritte von einer der beteiligten Figuren noch einmal kommentiert werden. Beispiele wären etwa Homburgs Erzählung der in der Eingangsszene dargestellten Ereignisse in I,4 und Hohenzollerns Deutung derselben Ereignisse gegenüber dem Kurfürsten in V,5. Erörtern Sie, ob diese nachträglichen Spiegelungen eine theatralische Notation enthalten, die über das in I,1 selbst Festgelegte hinausgeht. Würden Sie als Regisseurin bzw. Regisseur solche nachträglichen Monosemierungen (wenn es sie denn gibt) bereits in die Darstellung von I,1 einbauen und damit gleichsam auktorial sanktionieren oder aber ganz der Figurenperspektive beispielsweise Hohenzollerns anheimstellen?

4.7.3.4 ‚Episierung' des Dramas

Die im vorstehenden Abschnitt behandelten Prinzipien des dramatischen Vorgangs, der Vermittlung von ‚Handlung', können wir als ‚epische' Mittel bezeichnen, da sie das dramatische Analogon zur Erzählinstanz im epischen Text darstellen. Zwei Mißverständnisse des Terminus müssen wir jedoch bei diesem Begriffsgebrauch ausschließen: Zum einen ist keineswegs nur die oft als „episch" bezeichnete Dramatik Bertolt Brechts gemeint, der durch die Setzung verschiedener „V-Effekte" – die natürlich ihrerseits nichts anderes als Formen der Vermittlung sind – vor allem die mitleidende Einfühlung des Zuschauers in die Charaktere verhindern wollte. Zum anderen finden wir ‚epische' Mittel nicht nur bei einer bestimmten Klasse als ‚episch' zu qualifizierender Dramen, sondern – in jeweils unterschiedlicher Ausprägung – in schlechthin jedem Drama.

Gleichwohl kann es nützlich sein, von diesen grundlegenden Formen der Vermittlung – Zeitstruktur, Perspektive, Notation – noch einmal jene Techniken zu unterscheiden, die, der Illusionsbrechung dienend, häufig als epische Mittel angesprochen werden und die wir im oben eingeführten Sinne besser Mittel der Selbstreferenz, des Bezugs auf den Rahmen, nennen wollen. Als solche aber sind sie gerade nicht ‚episch', sondern eminent dramatisch, d.h. für die mediale Struktur des Dramas charakteristisch und nur hier möglich. Manfred Pfister (1988, 123) bezeichnet sie dennoch als „epische Kommunikationsstrukturen" und liefert dazu folgende ‚Checkliste':

Marginalien:

‚Epische' Mittel

V-Effekt siehe auch
Verfremdung
vgl. S. 24f.

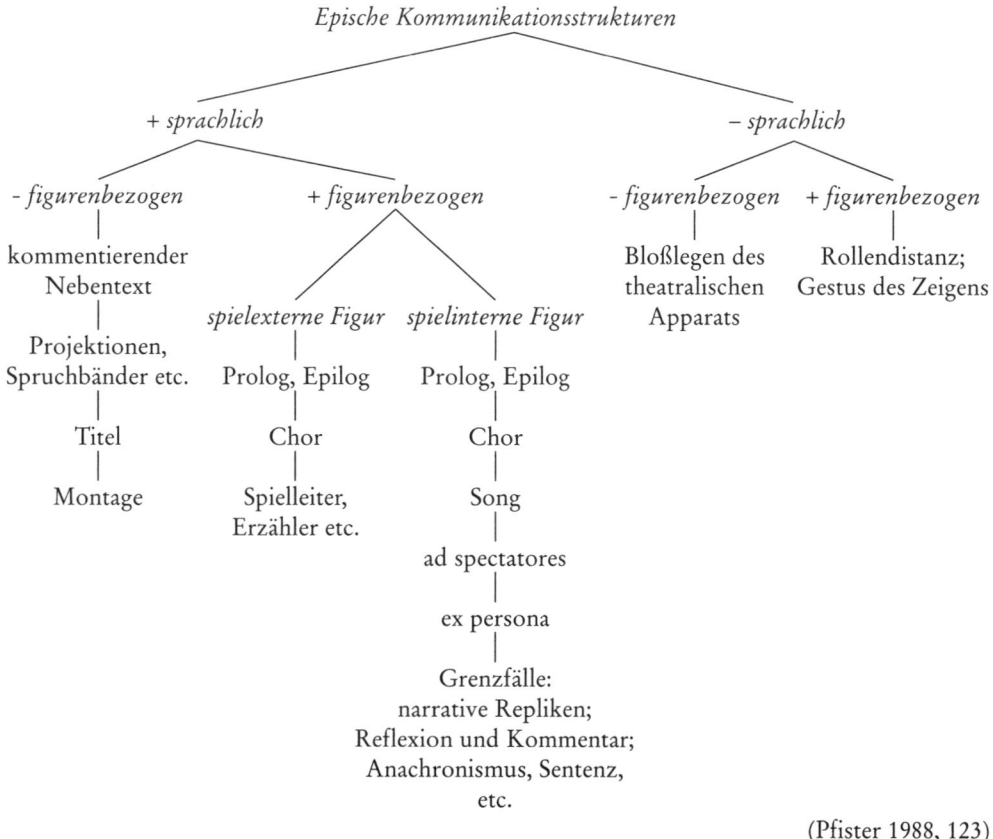

(Pfister 1988, 123)

Arbeitsaufgabe:

(22) *Versuchen Sie, in der Eingangsszene von „Prinz Homburg" Elemente der von Pfister*
so genannten „epischen Kommunikationsstrukturen", Mittel der dramatischen
Selbstreferenz also, zu finden. Vergleichen Sie Ihr Ergebnis zur Kontrolle mit Ihren
Antworten zu den Aufgaben 1 und 3.

4.8 Aufführung und Interpretation

Neuere Literaturtheorien argumentieren immer häufiger in-
terpretationskritisch, was, wie in den nächsten Kapiteln zu sehen ist, auch wissenschaftshistorisch folgerichtig ist. Die Verhältnisse beim Drama können indes vor dem Fehlschluß
bewahren, als gebe es streng interpretationsfreie Analysever-
fahren. Zum einen sind die vorgeführten Analyseschritte beim

Kritik der Interpretation

Die Synthese der Analy-
seschritte führt zur Interpretation eines Dramas.

jeweils untersuchten Drama zu einer Synthese zusammenzu-
führen, in der auf die wechselseitige Stimmigkeit und Konsi-
stenz der Einzelergebnisse zu achten ist. Eine solche Synthese
aber ist nichts anderes als eben Interpretation. Zum anderen
lehrt vor allem ein erneuter Blick auf die Kommunikationsstruktur, daß die Interpretation bereits *per definitionem* im
Drama enthalten ist, und zwar in Form der Aufführung. Diese Struktur potenziert sich, wenn Intertexte vorliegen, Bear-
beitungen oder Adaptionen älterer Texte (seien es ihrerseits
Dramen oder auch Erzähltexte), wie sie besonders auf dem
zeitgenössischen Theater (wieder) beliebt sind. In diese Kategorie fallen so unterschiedliche Dramen wie die Hebbel-Ad-
aption „Maria Magdalena" von Franz Xaver Kroetz, Harald
Muellers „Totenfloß" (eine Variation von Samuel Becketts
„Endspiel") oder auch die Bühnenfassung von Ulrich Plenz-
dorfs „Die neuen Leiden des jungen W.". Viele Beispiele
wären von Heiner Müller zu nennen, etwa „Philoktet" (nach
Sophokles), „Hamletmaschine" oder auch „Quartett" (nach
Laclos' Briefroman „Liaisons dangereuses"). Bertolt Brechts
„Antigone"-Modell, ein letztes Beispiel, rekurriert auf Frie-
drich Hölderlins Übersetzung des sophokleischen Dramas.

Der handgreiflichste interpretatorische Eingriff bei der
Aufführung ist die kaum jemals zu umgehende Kürzung des
Stücketextes. Die mehr als fünftausend Verse von Schillers
„Don Karlos" lückenlos auf die Bühne bringen zu wollen
hieße, das Rezeptionsvermögen des Publikums zu überfor-
dern. Selbst ein Autor wie Shakespeare, der ausschließlich für
die Bühne schrieb, kann heute von Streichungen nicht ver-
schont werden – nicht weil das heutige Publikum weniger
aufnahmefähig wäre, sondern auf Grund der Überlieferungs-
geschichte. Bei der heute üblicherweise zugrunde gelegten
Textgestalt des „Hamlet" etwa liegt möglicherweise ein Konglomerat mehrerer Bühnenfassungen vor, das in dieser Länge
kaum spielbar ist.

Abgesehen von Eingriffen am Text, ist die Rede von der
Aufführung als Interpretation dann besonders geläufig, wenn
die Leistung berühmter Schauspielerinnen oder Schauspieler
gewürdigt wird und es etwa heißt, Laurence Olivier habe den
Hamlet oder Helene Weigel die Mutter Courage interpretiert.
Thomas Bernhard verstand es in mehreren seiner Dramen –
das bekannteste Beispiel ist „Minetti" –, mit dieser Identifikation von Schauspieler und Figur zu spielen – eine besonders
raffinierte Form der Selbstreferenz des Dramas, weil sowohl
der Rahmen thematisiert als auch, gleichzeitig, die Wirklich-

Kommunikationsstruktur
vgl. S. 129f.

Beispiele

Kürzung des Stücke-
textes für die Aufführung

Beispiele

Interpretation der Figur
durch den Schauspieler

Identifikation von Schau-
spieler und Figur

keitsillusion eingesetzt wird. Noch einmal potenziert und auf
die Rollen von Autor und Regisseur ausgedehnt wird diese
Selbstbezüglichkeit in dem Dramolett „Claus Peymann kauft
sich eine Hose und geht mit mir essen" (1986), in dem neben
der Figur des Burgtheater-Intendanten die Ich-Figur Bernhard auftritt.

Aus dem Stellenwert der Aufführung als Interpretation läßt
sich die Forderung nach systematischer Beschreibung der Inszenierungen ableiten, eine Aufgabe, die im einzelnen von der
Theaterwissenschaft zu leisten ist. Auch die Literaturwissen-
schaftlerin und der Literaturwissenschaftler sollten jedoch in
der Lage sein, zu analysieren, in welcher Weise eine Inszenierung den Auslegungsspielraum des Textes nutzt, ob Monosemierungssignale beachtet werden, wie die theatralische Notation medial umgesetzt wird usw.

Wenn wir jedoch einerseits daran festgehalten haben, daß
die Interpretation eine Aufgabe auch des Analytikers bleibt,
und andererseits die Aufführung ebenfalls als Interpretation
bezeichnen, so dürfen wir die Antwort auf die Frage nach den
Unterschieden nicht schuldig bleiben. Aktuell wird diese Frage meist dann, wenn darum gestritten wird, ob eine Aufführung ‚werkgetreu' sei. Darf man beispielsweise Shakespeare
wie im 19. Jahrhundert mit üppiger Ausstattung, histori-
sierenden Kulissen und Massenszenen inszenieren, oder ist
nur noch eine ‚historisch-kritische' Aufführungspraxis statt-
haft – am besten im Nachbau des „Globe Theatre", unter freiem Himmel und bei Tageslicht, die Frauen- und Mädchenrol-
len mit Knaben und jungen Männern besetzt?

Karl Eibl unterscheidet zwei verschiedene Arten der Textrezeption bei poetischen Texten, das adaptive und das rekonstruktive Textverstehen. Der Normalfall ist die nicht
wissenschaftlich interessierte Lektüre, die Textadaption oder
‚belletristische' Interpretation. Auf Grund ihrer Polysemien
eignen sich poetische Texte besonders dazu, in räumlich und
zeitlich wechselnde Kontexte transportiert zu werden.

Was geschieht nun, wenn ein solcher Text von der konkreten Mittei-
lungssituation abgelöst wird? Die „Unbestimmtheitsstellen", die zuvor ganz unproblematisch waren, werden zur Quelle von Polysemie,
die Texte werden mehrdeutig, und solche Mehrdeutigkeit quasi her-
renlos gewordener Texte reizt dazu, sie der eigenen Situation zu adap-
tieren. [...] [P]oetische Texte [...] sind in besonderem Maße von ihrer
Entstehungssituation und der Autorintention ablösbar [...], sie sind
„polyfunktionale" Texte mit einer schon von Haus aus relativ großen
Breite an Rest-Polysemie und ‚Konnotationen'. [...] Wird ein solcher

---

Analyse einer Inszenierung bedeutet die Analyse der Interpretation eines Dramas.

Monosemierungssignale
vgl. S. 158
Theatralische Notation
vgl. S. 158f.
Zwei verschiedene Begriffe von Interpretation

‚Historisch-kritische' Aufführungspraxis

Adaptives und rekonstruktives Textverstehen siehe auch *diskulturale und konkulturale Lektüre* vgl. S. 36
Polysemie vgl. S. 28

Ablösung von Entstehungszeit und Autorintention

Kontext vgl. S. 22f.

Text aus seiner alten Situation in eine neue verpflanzt, dann werden die vom alten situativen ‚Kontext' vorgenommenen Bedeutungsrestriktionen zurückgenommen, das Spektrum *möglicher* Bedeutungen erweitert sich und wird erst durch den neuen situativen ‚Kontext' zu einem neuen, anderen Ensemble *wirklicher* Bedeutung monosemiert. […] *Der neue Text ist zwar mit dem alten äquivok, aber tatsächlich sind es zwei verschiedene ‚Texte'*, denn sie drücken die unterschiedlichen Intentionen unterschiedlicher ‚Sender' aus, anders gesagt: sie sollen unterschiedliche Probleme lösen. (Eibl 1976, 70f.)

Eine Inszenierung ist in der Regel keine rekonstruktive, sondern eine adaptive Interpretation.

Mit dem Modus der Textadaption ist im wesentlichen auch die Weise beschrieben, wie sich der Regisseur interpretatorisch dem Drama nähert – wobei wir nicht ausschließen wollen, daß ihn im Einzelfall auch ein Interesse an der historischen Problemsituation leiten mag, womit sich Überschneidungen zum zweiten Typ der Textrezeption, der historischen Textforschung, ergeben. Zur Rekonstruktion der

Rekonstruktive Interpretation = historische Textforschung

historischen Bedeutung „gehört unabdingbar die Rekonstruktion der Redesituation (als Problemsituation), denn nur sie legt in zureichendem Maße die Bedeutung fest" (ebda., 71).

Wiederherstellen der historischen Referenz des Textes

Die Hauptfehlerquelle bei der annäherungsweisen Wiederherstellung der ursprünglichen historischen Referenz des Textes besteht dabei in voreiligen Monosemierungen. So müssen wir – ein einfaches Beispiel – immer damit rechnen, daß uns scheinbar völlig geläufige Begriffe in Dramen des 18. Jahrhunderts zu deren Entstehungszeit eine ganz oder in wesentlichen Nuancen andere Bedeutung hatten als heute. Hin und wieder entstehen aus solchen semantischen Problemen Forschungskontroversen wie etwa die um die historische Bedeutung des ‚Bürgerlichen' im ‚Bürgerlichen Trauerspiel'.

Verstehen hat konstruktiven Charakter: Auf Grund unbewußter Symptome auf seiten des Senders/Autors kann der Empfänger/Leser mehr verstehen, als der Sender intendiert hat.

Daß das Verstehen von Texten eher konstruktiven als analytischen Charakter hat, wird auch durch sprachpsychologische Untersuchungen bestätigt. Je genauer die historische Problemreferenz – der Handlungskontext des Textes – rekonstruiert wird, desto geringer wird der Unsicherheitsfaktor in bezug auf das Verständnis derjenigen

Satzinhalts-Teile, die man über die Bedeutungen und Mitbedeutungen des Geäußerten hinaus zusätzlich MITMEINT und von denen man erwartet, daß Hörer/Leser sie über das Sprachwissen hinaus MITVERSTEHEN *können*, und zwar durch ANNAHMEN aufgrund ihrer Kenntnis und Einschätzung von Kommunikationsprinzipien, Kontext, Person des Sprechers/Verfassers, Situation und Welt. (von Polenz 1988, 302)

Sprachsymptome = unbewußte Signale

Das ‚Mitzuverstehende' ist dabei mit dem vom Sprecher/Verfasser ‚Gemeinten' und ‚Mitgemeinten' nicht immer kongru-

ent, was vor allem für „die sog. *Sprachsymptome* (Dialekt-
merkmale, soziale Gruppensymptome, Symptome für unbewußte Motive, Einstellungen, Stimmungen usw.)" gilt, „über
die man gar nicht intentional verfügt" (ebda, 303). Auf Grund
der Rekonstruktion der historischen Problemreferenz ist jedoch das *Mitverstehen* bei der historischen Textforschung
vom subjektiven *Assoziieren* bei der Textadaption unterschieden.

Arbeitsaufgabe:

(23) *Die Rezeption des „Prinz Homburg" war nach 1945 zum größten Teil durch die*
Ausblendung des historisch-politischen Kontextes der Entstehungszeit und die Re-
duktion auf eine abstrakte Menschfabel bestimmt. Roy Pascal beispielsweise schlug
vor, eine Inszenierung mit Kottwitz' Ausruf „Ein Traum, was sonst?" (V. 1856)
schließen zu lassen (vgl. Pascal 1964). Wie beurteilen Sie diese Textadaption? Versu-
chen Sie, den politischen Handlungskontext der Entstehungszeit (z.B. anhand von
Kottwitz' Staats- und Patriotismusbegriff) grob zu rekonstruieren. Können Sie sich
eine Adaption des Dramas vorstellen, die den Bereich des Politischen nicht ausblen-
den würde, oder kennen Sie eine entsprechende Aufführung?

4.9 Resümee

Im vorhergehenden Abschnitt haben wir betont, daß die erste
und wichtigste interpretatorische Aufgabe bei der Dramenanalyse darin besteht, die in diesem Kapitel vorgeführten
Analyseschritte nicht mechanisch nacheinander durchzu-
führen, sondern in jeder Phase der Analyse auf die wechselseitige Stimmigkeit der Einzelergebnisse zu achten. Bei einigen Arbeitsaufgaben ist beispielhaft deutlich geworden, wie
solche Rückkopplungen konkret aussehen können, indem Sie
nämlich aufgefordert wurden, Ihre Resultate mit den Antworten zu vorhergehenden Fragen zu vergleichen und abzu-
stimmen. Achten Sie daher stets darauf, daß Ihre Ergebnisse
falsifizierbar bleiben, d.h. im weiteren Verlauf der Analyse auf
einer breiteren Datenbasis revidiert werden können. Scheuen
Sie sich nicht, beispielsweise zuzugeben, daß Sie aus der
sprachlichen Analyse einer Dialogpartie Erkenntnisse über
die Figuren gewonnen haben, die es erforderlich machen, die
zuvor durchgeführte Charakterisierung oder die daraus ermittelte Konfiguration noch einmal zu überdenken.

Mögliche Falsifizierung
auf Grund neuer Daten

Zum Abschluß daher noch eine übergreifende Aufgabe, die
als schriftliche Hausarbeit ausgeführt werden kann:

Arbeitsaufgabe:

*(24) Analysieren Sie die Szene III,5 von „Prinz Homburg" (die sogenannte ,Todes-
furchtszene'), indem Sie zunächst die vorgeführten Untersuchungsschritte – soweit
sie auf eine Einzelszene anwendbar sind – durchführen und danach die Szene in den
Gesamtkontext des Dramas einordnen.*

Weiterführende Literaturhinweise:

Doll, Hans Peter / Erken, Günther: Theater. Eine illustrierte Geschichte des Schauspiels. Stutt-
  gart/Zürich 1985, 11-122 (zu 4.3)
Fischer-Lichte, Erika: Semiotik des Theaters. Eine Einführung. Bd. 1: Das System der theatralischen Zeichen. 3. Auflage. Tübingen 1994, 31-131 (zu 4.2., 4.8); 132-160 (zu 4.2, 4.3); 161-179
  (zu 4.2). Bd. 3: Die Aufführung als Text. 2., durchgesehene Auflage. Tübingen 1988, 10-68
  (zu 4.8); 69-118 (zu 4.8)
Klotz, Volker: Geschlossene und offene Form im Drama. 4., durchgesehene und überarbeitete
  Auflage. München 1969, 45-59 und 120-136 (zu 4.3); 59-66 und 136-148 (zu 4.4); 72-89 und
  156-214 (zu 4.5); 25-38 und 99-112 (zu 4.7); 38-45 und 113-120 (zu 4.7.3.1)
Link, Jürgen: Zur Theorie der Matrizierbarkeit dramatischer Konfigurationen. In: Moderne
  Dramentheorie. Hrsg. von Aloysius van Kesteren und Herta Schmid. Kronberg/Ts. 1975,
  193-219 (zu 4.4.2 und 4.4.3)
Oomen, Ursula: Ironische Äußerungen: Syntax – Semantik – Pragmatik. In: Zeitschrift für
  Germanistische Linguistik 11 (1983), 22-38 (zu 4.6)
Pfister, Manfred: Zur Theorie der Sympathielenkung im Drama. In: Sympathielenkung in den
  Dramen Shakespeares. Studien zur publikumsbezogenen Dramaturgie. Hrsg. von Werner
  Habicht und Ina Schabert. München 1978, 20-34 (zu 4.7.3.2)
Thomsen, Christian W.: Kommunikative Aspekte von Drama und Theater. In: Funk-Kolleg Li-
  teratur, Bd. 1. In Verbindung mit Jörn Stückrath hrsg. von Helmut Brackert und Eberhard
  Lämmert. Frankfurt a.M. 1977, 128-140 (zu 4.1)

5. Interpretation

von Axel Spree

Auch Mitte der neunziger Jahre ist der Glaube ungebrochen, die Hauptaufgabe der Literaturwissenschaft bestehe in der Interpretation literarischer Texte. Offenbar haben drei Jahrzehnte intensiver Methodendiskussion, die wesentlich durch die Abkehr von diesem vermeintlich zentralen literaturwissenschaftlichen Verfahren gekennzeichnet waren, an dieser Vorstellung nichts ändern können. Dabei bilden selbst Einführungen in die Literaturwissenschaft, die sich intensiv mit der Textinterpretation befassen, längst die Ausnahme: Wie nicht zuletzt der vorliegende Band belegt, sind auch im propädeutischen Kontext mittlerweile andere Verfahren und Methoden, wie z.B. die *Textanalyse*, in den Vordergrund getreten. Dessen ungeachtet gilt die Literaturwissenschaft vielen immer noch als ‚Interpretationswissenschaft' par excellence.

Interpretation als wichtigstes Verfahren der Literaturwissenschaft?

Die Ursache für das erstaunliche ‚Durchhaltevermögen' der Interpretation besteht freilich nicht in der allen anderen Methoden überlegenen Leistungsfähigkeit dieses Verfahrens, sondern – dies ist die Ausgangsthese des vorliegenden Kapitels – in der enormen Vagheit und Mehrdeutigkeit des Interpretationsbegriffs. Es ist ja auch unter Literaturwissenschaftlern keineswegs klar, was genau unter diesem Begriff zu verstehen ist, welche methodischen Schritte in einer Textinterpretation zu tun sind, und mittels welcher Kriterien eine Abgrenzung der Interpretation von anderen Verfahren literaturwissenschaftlicher Textarbeit – etwa der Textanalyse – vorgenommen werden kann. Zwar gibt es eine große Zahl von Interpretationstheorien, jedoch widersprechen sich diese nicht selten gerade in den zentralen Punkten (z.B. in bezug auf die Rolle des Autors und seiner Intentionen); auch hat sich bisher keine dieser Theorien gegenüber allen anderen durchzusetzen vermocht. ‚Interpretation' oder (vermeintlich) genauer: ‚literaturwissenschaftliche Textinterpretation' bleibt ein vieldeutiger, unscharfer und umstrittener Begriff.

Vagheit und Mehrdeutigkeit des Interpretationsbegriffs

Dem vorliegenden Kapitel liegt die Annahme zugrunde, daß sich diese Situation nicht durch begriffliche oder verfahrenstechnische Vereindeutigungen bereinigen läßt. Der Versuch, den Interpretationsbegriff auf *eine* Bedeutung bzw. das Interpretationsverfahren auf *eine* Theorie festlegen zu wollen,

Deskriptive Klärung statt normativer Vereindeutigung: Analytische Philosophie der Literaturwissenschaft ist von vornherein zum Scheitern verurteilt. Es ist aber sehr wohl möglich, die diagnostizierte Unübersichtlichkeit und Verworrenheit durch Anfertigen einer übersichtlichen, geordneten Beschreibung zu beheben. Das theoretische Instrument zu solcher ‚Ordnungsstiftung‘ liefert die *Analytische Philosophie der Literaturwissenschaft* (vgl. Strube 1993; Spree 1995, 13-32). Die Aufgabe dieser Wissenschaftsphilosophie besteht nicht in der normativen Vereindeutigung des literaturwissenschaftlichen Sprachgebrauchs, sondern in einer die faktischen Unterschiede registrierenden und respektierenden Beschreibung der verschiedenen Begriffskonzeptionen in ihrer Pluralität und Divergenz. Anders formuliert: Dem analytischen Philosophen geht es weder um das Auffinden noch um das Herstellen begrifflicher Eindeutigkeit und Allgemeingültigkeit, sondern um eine möglichst ‚neutrale‘ Beschreibung des tatsächlichen Sprachgebrauchs. Auf diese Weise entsteht eine Palette unterschiedlicher Verwendungsweisen des Ausdrucks ‚Interpretation‘, die es dem einzelnen Literaturwissenschaftler ermöglicht, seine eigene Konzeption im Vergleich mit der anderer zu verorten.

Beispiel: Gebrauchsweisen des Ausdrucks ‚Interpretation‘

Der Ausdruck ‚Interpretation‘ wird sowohl in der Umgangssprache als auch in den verschiedensten ‚Fachsprachen‘ gebraucht: Der Literaturwissenschaftler interpretiert den literarischen Text, der Richter interpretiert das Gesetz, der Theologe interpretiert die Bibel, der Pianist interpretiert eine Klaviersonate, der Rezitator interpretiert ein Gedicht, der Arzt interpretiert Krankheitssymptome, der empirische Sozialforscher interpretiert eine Statistik, der Geowissenschaftler interpretiert Satellitenbilder usw. Den verschiedenen *Gegenständen* der Interpretation entsprechen verschiedene *Verfahren* oder *Methoden:* Offensichtlich ist die Interpretation eines Gesetzestextes (als Anwendung einer allgemeinen Vorschrift auf einen einzelnen Fall) etwas anderes als z.B. der Nachweis eines Strukturprinzips bei der Interpretation eines Gedichts; die Kenntnisse und Fähigkeiten, die zur Interpretation einer Klaviersonate erforderlich sind, dürften bei der Interpretation von Satellitenbildern kaum von Nutzen sein.

Der Interpretationsbegriff der Literaturwissenschaft

Auch innerhalb der Literaturwissenschaft ist der Interpretationsbegriff keineswegs eindeutig definiert. Zwar besteht – wie bereits angedeutet – immer noch weitgehendes Einvernehmen darüber, daß die „Interpretation literarischer Texte" *die* zentrale Aufgabe der Literaturwissenschaft darstellt. Umstritten ist dagegen, wie diese „Interpretation" konkret auszusehen hat, welche Fragen sie beantworten soll und welche me-

thodischen Schritte zur Beantwortung dieser Fragen durchzu-
führen sind. Es gibt eine Vielzahl literaturwissenschaftlicher
Theorien bzw. Typen der Interpretation, und keines dieser
Modelle kann eine Vorrangstellung vor allen anderen bean-
spruchen. Der Sprachanalytiker Werner Strube faßt diese Situation in einer ‚differentialistischen‘ These zusammen: „So
etwas wie *die* literaturwissenschaftliche Textinterpretation
gibt es nicht." (Strube 1993, 91) Gleichwohl lassen sich zumindest einige Interpretationstypen in systematischer Weise
beschreiben.

> „So etwas wie *die* lite-
> raturwissenschaftliche
> Textinterpretation gibt
> es nicht."
>
> Beispiel

Um diesen wichtigen Sachverhalt deutlicher zu machen,
greife ich auf ein Beispiel zurück, das der Philosoph Nelson
Goodman gebraucht hat (vgl. Goodman/Elgin 1993, 71): So
etwas wie *die* Interpretation (oder *den* Typ der Interpretation)
gibt es nicht – was gibt es dann? Die Antwort lautet: es gibt
viele Interpretationen bzw. Interpretationstypen. Denn zu bestreiten, daß es so etwas wie *die* Interpretation gibt, heißt so
wenig zu bestreiten, daß es *Interpretationen* gibt, wie zu bestreiten, daß es *die* Zahl zwischen 2 und 7 gibt, zu bestreiten
bedeutet, daß es *Zahlen* zwischen 2 und 7 gibt. Die Aufgabe,
die Interpretation zu beschreiben, ist ebenso sinnlos wie die
Aufgabe, *die* Zahl zwischen 2 und 7 zu benennen. Der Vergleich läßt sich noch weiter treiben: Die 8 zum Beispiel ist
keine Zahl zwischen 2 und 7, aber gleichwohl eine *Zahl*.
Ebenso gibt es andere Weisen des Umgangs mit Literatur, die
keine Interpretationen sind, aber gleichwohl Weisen des Umgangs mit Literatur.

In diesem Kapitel sollen verschiedene *Typen der Interpretation* vorgestellt werden – wenn man so will: Zahlen zwischen
2 und 7. Im folgenden Kapitel werden dann *interpretationskritische Literaturtheorien* behandelt, also solche Positionen,
die die Interpretation abschaffen und durch andere Verfahren
des Umgangs mit Literatur ersetzen wollen. Dort wird es
dann – um bei unserem Bild zu bleiben – um Zahlen gehen,
die entweder kleiner als 2 oder größer als 7 sind.

Zunächst jedoch sollen drei Typen der Textinterpretation
anhand eines konkreten Beispiels rekonstruiert und nach systematischen Kriterien dargestellt werden. Diese Darstellung
folgt im wesentlichen dem 5. Kapitel von Strubes Buch „Analytische Philosophie der Literaturwissenschaft", in dem vom
differentialistischen Standpunkt der analytischen Philosophie
vier „Typen der literaturwissenschaftlichen Textinterpretation" (so der Titel des Kapitels) einander gegenübergestellt
werden. Im Unterschied zu Strube beschränken wir uns hier

auf drei Interpretationstypen, nämlich (1) *die strukturbestimmende Textinterpretation*, (2) *die stilbestimmende Textinterpretation* und (3) *die psychologische Textinterpretation*. Für jeden der drei Typen rekonstruiert Strube zunächst ein *Interpretationsbeispiel*, wobei als Interpretationsgegenstand sinnvollerweise der gleiche Text, Goethes „Wandrers Nachtlied", gewählt wurde:

Über allen Gipfeln
ist Ruh'.
In allen Wipfeln
Spürest du
Kaum einen Hauch;
Die Vögelein schweigen im Walde.
Warte nur, balde
Ruhest du auch.

Im Anschluß an die recht ausführlichen *Rekonstruktionen*, die wir zu Demonstrationszwecken vollständig von Strube übernehmen, folgt jeweils die *Analyse* des entsprechenden Interpretationstyps. Diese Analyse wird anhand dreier Gesichtspunkte durchgeführt, nämlich (a) der Frage nach dem Ziel oder dem **speziellen Zweck**, das der jeweilige Textinterpret mit der Anfertigung seiner Interpretation verfolgt, (b) der Frage nach der **Form der Argumentation**, die der Textinterpret zur Erreichung dieses Ziels wählt und (c) der Frage nach der **Literaturtheorie**, die in dieser besonderen Vorgehensweise unterstellt wird.

5.1 Die strukturbestimmende Textinterpretation

5.1.1 Rekonstruktion

In Goethes Gedicht werden Ruhezustände unterschiedlicher Art und Modalität zur Sprache gebracht: die Ruhe über den Gipfeln, die annähernde Bewegungslosigkeit in den Wipfeln, das Stillsein der Vögel und die künftige Ruhe des Menschen. – Diese Ruhezustände bilden (als Elemente, die die gleiche syntaktische Funktion erfüllen) eine paradigmatische Klasse. Im Blick auf diese paradigmatische Klasse fällt auf, daß sich der Text eines bestimmten semantischen Schemas bedient, nämlich des antithetischen Schemas „Ruhe der Na-

tur – Nicht-Ruhe des Menschen." – Diesem Schema gemäß ist der
Mensch nicht-eins mit der Natur oder von ihr verschieden.

In Goethes Gedicht gibt es eine zweite paradigmatische Klasse,
nämlich die Klasse der Elemente, deren Ruhe bzw. Stillewerden zur
Sprache gebracht wird: „Gipfel-Wipfel-Vögelein-Du." Auch im Blick
auf diese zweite paradigmatische Klasse ist ein semantisches Schema
erkennbar, dessen der Text sich bedient, nämlich das Schema der
‚Seinsstufen' (unbelebt-anorganisch, unbelebt-organisch, belebt-tie-
risch, belebt-menschlich). – Diesem Schema gemäß ist der Mensch ein
integraler Teil des Kosmos; er ist, anders gesagt, eins mit der Natur.

Auf die semantische Ebene hin gesehen, bringt Goethes Gedicht
also eine dialektische Anschauung von Mensch und Natur zum Ausdruck: Der Mensch ist nicht-eins und *zugleich* eins mit der Natur;
oder ähnlich: Zwischen Mensch und Natur besteht das Verhältnis der
Einheit in der Verschiedenheit. – Dabei ist wichtig zu sehen, daß im
Verhältnis von Mensch und Natur kein unaufhebbarer (oder tragi-
scher) Widerspruch vorliegt: Das „balde/Ruhest du auch" sagt ja die
Aufhebung des Widerspruchs voraus; der Mensch ruht noch nicht.

Der im Blick auf die semantische Ebene des Goethe-Gedichts ermittelten ‚dialektischen' Struktur entspricht die Syntax dieses Gedichts.

Die Syntax entspricht zum einen dem 1. semantischen Schema –
oder der *Antithese* von Ruhe der Natur und Nicht-Ruhe des Menschen –: (a) Die Ruhezustände der Naturzustände werden in Sach-
verhaltsaussagen prädiziert, die im Indikativ Präsens stehende Verben
enthalten (entsprechend der ‚schon gegebenen' Ruhe in der Natur).
Hingegen wird der Ruhezustand des Menschen vorhergesagt in einem Satz, der mit einem Verb eingeleitet wird, das im Imperativ steht
(„Warte"), und der gerade *keinen* bestehenden Sachverhalt aussagt
(entsprechend der Nicht-Ruhe des Menschen). (b) Die Ruhezustände
der Naturelemente werden gewissermaßen in All-Aussagen prädiziert; so gilt von allen „Vögelein", daß sie schweigen. Hingegen wird
der Ruhezustand des Menschen in einer eher ‚individualisierenden'
Aussage vorhergesagt: Während das „du" der 4. Zeile („spürest du")
ein allgemeines „du" ist (logisch ersetzbar durch „man": „spüret
man"), ist das „du" der letzten Zeile ein an den aus der Allgemeinheit
herausgelösten Einzelnen gerichtetes „du" (die logische Ersetzung
durch ein „man" ist hier nicht vollziehbar).

Die Syntax entspricht zum anderen dem 2. semantischen Schema –
oder der *Einheit* von Mensch und Natur –: (a) Mit dem Imperativ
„Warte" ist keine Aufforderung zum Tun oder Unterlassen einer
Handlung ausgesprochen (was deutlich im Fehlen eines Ausrufezei-
chens indiziert ist). Der Sprechende weiß: Die Ruhe wird sich sozusagen von selbst oder natürlicherweise einstellen. (b) Auch dem „du"
der letzten Zeile haftet ein Moment der Allgemeinheit an: Es ist ein
„du" der Selbstanrede des Sprechenden, das der Leser des Gedichts
allerdings auch als an jeden Leser gerichtet auffaßt, sich selber eingeschlossen.

Syntaktische Ebene

Phonologische Ebene

Phonologie
vgl. S. 40f.

Der im Blick auf die semantische Ebene des Gedichts ermittelten ‚dialektischen' Struktur entspricht wie die Syntax so auch die Phonologie des Gedichts:

In den ersten sechs Versen ist die Klanggestalt der einzelnen Teile (V. 1/2, V. 3-5, V. 6) sozusagen in sich gespannt: Dem spitzen i steht das dumpfe u, dem leichten ei das schwere a (ein sogenanntes offenes a) entgegen. Hingegen beruht die Klanggestalt der letzten beiden Verse auf der Vokalharmonie a-u-au. Auch auf der phonologischen Ebene ist also eine Verschiedenheit feststellbar zwischen den Versen, in denen Ruhezustände der Naturelemente zur Sprache gebracht sind, und den letzten, die Nicht-Ruhe des Menschen implizierenden Versen.

Auf der anderen Seite ist die Verschiedenheit aber auch hier durchaus keine strikte: Die letzten beiden Verse sind – auch phonologisch – mit den ersten sechs Versen verknüpft: (a) Das Wort „auch" ist die Reimung (das ‚Echo') auf das Wort „Hauch"; die künftige Ruhe des Menschen wird auf diese Weise im besonderen auf das annähernde Unbewegtsein der *Wipfel* zurückbezogen. (b) Das Wort „balde" ist als letztes Wort der vorletzten Zeile die Reimung auf „Walde"; hierdurch und wegen der kompositorischen Nähe – „Walde" und „balde" bilden das innere Reimpaar des umarmenden Reims – wird ein enger Kontakt zwischen der künftigen Ruhe des Menschen und dem Schweigen der *Vögel* gestiftet. (c) Die Wendung „ruhest (du)" des letzten Verses nimmt phonologisch – und semantisch – das Prädikat des ersten Satzes („[ist] Ruh"), wenngleich in variierter Form, wieder auf; auf diese Weise wird die künftige oder ‚baldige' Ruhe des Menschen der über den *Gipfeln* bestehenden Ruhe assimiliert.

Zusammenfassende
Deutung

In der Analyse der syntaktischen und der phonologischen Ebene ist also eine Struktur ermittelbar („Verschiedenheit von Mensch und Natur, die keine strikte ist"), die dem strukturellen Schema der semantischen Ebene („Einheit in der Verschiedenheit von Mensch und Natur") entspricht. (Strube 1993, 71f.)

5.1.2 Analyse

Zweck:
Bestimmung des
Strukturprinzips

(a) Die rekonstruierte Interpretation von „Wandrers Nachtlied" stellt ein Beispiel einer strukturbestimmenden Textinterpretation dar. Eine solche strukturbestimmende Interpretation kann freilich auch anders aussehen, denn auch hier gilt: „So etwas wie die einzig mögliche strukturbestimmende Textinterpretation gibt es nicht." (Strube 1993, 109) Der **spezielle Zweck**, den der strukturbestimmende Textinterpret verfolgt, ist allerdings in jedem Fall derselbe: Es geht ihm um die Bestimmung des (oder besser: eines) *Strukturprinzips* des Textes, d.h. um die Bestimmung eines zentralen Schemas, das als strukturelle Grundlage des Textes als eines ‚Ganzen' gedacht werden kann und auf das die einzelnen ‚Teile' des Textes zurückführbar sind. Im gegebenen Beispiel wird das zentrale Schema bestimmt als „Prinzip der dialektischen Anschauung von der Einheit in der Verschiedenheit von Mensch und Natur"; die angesprochenen Teile des Textes sind seine verschiedenen Ebenen, nämlich die semantische, die syntaktische und die phonologische Ebene.

(b) Die spezifische **Form der Argumentation** des strukturbestimmenden Textinterpreten besteht in dem *Nachweis* dieses zentralen Schemas; in diesem Fall also in dem Nachweis, daß das Goethe-Gedicht nach dem „Prinzip der dialektischen Anschauung von der Einheit in der Verschiedenheit von Mensch und Natur" strukturiert ist. Zu diesem Zweck beschreibt der strukturbestimmende Textinterpret zunächst einige semantische Merkmale des Gedichts und unterlegt diesen Merkmalen bestimmte Schemata (nämlich das Schema „Ruhe der Natur – Nicht-Ruhe des Menschen" sowie das ‚Seinsstufenschema'). Aus der ‚Widersprüchlichkeit' der genannten Schemata folgert der Interpret sodann, daß das Gedicht – zunächst auf *semantischer* Ebene – eine dialektische Anschauung von Mensch und Natur zum Ausdruck bringt. In weiteren Schritten weist der Interpret nach, daß dieses Schema auch auf *syntaktischer* und *phonologischer* Ebene wirksam ist.

(c) Die in der strukturbestimmenden Interpretation stillschweigend vorausgesetzte **Literaturtheorie** ist durch folgende Annahmen gekennzeichnet: Das literarische Kunstwerk ist ein *Ganzes*, das sich in mehrere Ebenen (in unserem Beispiel in die semantische, die syntaktische und die phonologische Ebene) untergliedern läßt. Diese verschiedenen Ebenen stehen in einer ‚systematischen' Beziehung zueinander, d.h. die strukturellen Schemata der einzelnen Ebenen sind durch ein und dasselbe Strukturprinzip bestimmt. Darüber hinaus ist das literarische Kunstwerk ein *in sich geschlossenes und autonomes Ganzes:* Es ist in sich geschlossen, insofern es als ein System textinterner Relationen angesehen wird. Und es ist autonom, insofern es in erster Linie auf sich selbst und nicht auf seinen Autor verweist. – Diese Literaturtheorie ist wohlgemerkt eine *Unterstellung*, d.h. der strukturbestimmende Textinterpret betrachtet das literarische Kunstwerk so, als *wäre* es ein in sich geschlossenes und autonomes Ganzes. Um diesen – wichtigen – Sachverhalt deutlicher zu machen, könnte man auch sagen: Der strukturbestimmende Textinterpret *akzentuiert* oder *fokussiert* in seiner Interpretation die immanenten,

Argumentation:
Nachweis des Strukturprinzips

Literaturtheorie:
literarisches Kunstwerk = geschlossenes, strukturiertes und autonomes Ganzes

strukturellen Aspekte des Werkes und *vernachlässigt* z.B. die Frage nach dem Autor und seinen Intentionen oder Stimmungen, die sich aus dem Werk ablesen lassen sollen. Daß auch andere Akzentsetzungen möglich sind, wird die Darstellung weiterer Interpretationstypen zeigen.

5.2 Die stilbestimmende Textinterpretation

5.2.1 Rekonstruktion

Auffällig an Goethes Gedicht sind zunächst die (räumlichen) adverbialen Bestimmungen: In diesen werden Wörter gebraucht (das unbestimmte Numerale „alle", die Kollektivbezeichnung „Wald"), die sowohl hinsichtlich der Anzahl als auch hinsichtlich der Individualität dessen, was sie umfassen, indefinit sind.

Lyrisches Ich
vgl. S. 55f.

Das lyrische Ich nimmt die Landschaft also nicht detailliert und spezifisch wahr, sondern ‚allgemein' und mit der Unbestimmtheit des nicht-fixierenden oder bloß aufnehmenden Blicks.

Aufschlußreich ist in diesem Zusammenhang, daß Wörter bestimmter Wortarten fehlen: es gibt keine Adjektive, die das Wahrgenommene charakterisieren und mithin individualisieren würden. Es gibt keine Eigennamen und keine bestimmten Artikel, mit deren Hilfe das lyrische Ich bestimmte Objekte aus einer Reihe von Dingen herausgreifen würde.

Mit dieser Feststellung ist indirekt die zuvor ausgesprochene Behauptung gestützt, das lyrische Ich sehe die Landschaft mit der Unbestimmtheit des nicht-fixierenden oder bloß aufnehmenden Blicks.

Untersucht man die Prädikate der ersten Gedichthälfte, so zeigt sich: Auf die Naturelemente bezogen wird ein Zustand ausgesagt („ist Ruh") und sozusagen die Negation einer Tätigkeit („schweigen"). Vom angesprochenen „du" wird prädiziert, daß es „in allen Wipfeln kaum einen Hauch spüre", wobei, von der Abschwächung („kaum") ganz abgesehen, mit „spüren" ein duratives Verb gewählt ist, das eine gewissermaßen ungewollte ‚Rezeption' anzeigt und nicht etwa den Erfolg einer Tätigkeit, den das inchoative „erspüren" anzeigen würde.

Das lyrische Ich nimmt die Landschaft also nicht ‚aktiv' oder zielgerichtet wahr, sondern gewissermaßen absichts- und willenlos oder „uninteressiert". Seine ‚Perzeptionsweise' ist weder die des Spähens, Zu-erspüren-Suchens und Horchens oder Lauschens noch die des (erfolgreichen) Erblickens, Erspürens und Hörens, sondern eben die der hinnehmenden Betrachtung.

Untersucht man den Ausdruck „warte" der 2. (durch Vers 7 und 8 gebildeten) Gedichthälfte, so zeigt sich: „Warte" hat zwar die Form des Imperativs, steht aber ohne Ausrufezeichen. Und: „warte" steht, obwohl das Verb „warten" üblicherweise mit Präpositionalergänzung gebraucht wird („warten auf jemanden oder etwas"), ohne Präpositionalobjekt.

Das lyrische Ich ist, auf seine praktische Haltung bezogen, also absichts- und willenlos: Es spricht mit „Warte nur" ja keine Aufforderung aus. Und: Das „Warte nur" meint ein Warten ohne bestimmten ‚Richtungssinn': eine Art nicht-intentionalen Wartens, das in etwa den Sinn hat, die ‚Vorhersage' der baldigen Ruhe zu verstärken und ineins damit die Tröstung, die eben in dieser Vorhersage liegt.

Die Wendung „Ruhest du" läßt mit ihrer Unbestimmtheit des „du" und im Zusammenhang mit dem deklarativen, wenn nicht gar verkündenden Ton an *mehr* als nur die Nachruhe denken, zumal (a) die Ruhe traditionell bzw. im Alltagsbewußtsein ein Bild für den Tod ist („Grabesruhe") und zumal (b) in einer bestimmten literarischen Tradition der Wanderer für den Menschen überhaupt steht („viator"-Motiv) und die Wanderschaft für das Leben („peregrinato"-Motiv). – Die Wendung „Ruhest du" läßt auch an den Tod denken.

Aufschlußreich ist, daß zwischen Ruhe und Tod kein Vergleich formuliert ist (weder in Form des ausdrücklichen „Wie"-Vergleichs noch in Form der Metapher).

Metapher vgl. S. 72f.

Das heißt: Ruhe und Tod werden nicht voneinander gesondert. Vielmehr ist die Nachruhe ein Symbol des Todes; in ihr wird der Tod erfaßt, ohne daß ausdrücklich auf ihn hingewiesen würde. – Das lyrische Ich vollzieht (mit einer Wendung aus Goethes ‚Symboltheorie') eine „lebendig-augenblickliche Offenbarung des Unerforschlichen." Es erschaut einen Tod, der sozusagen von Vergehens- oder gar Verwesungskonnotationen frei ist. Es offenbart den Tod als einen friedlichen und im Einklang mit dem Kosmos befindlichen Zustand.

Der Rhythmus des Gedichts ist zunächst relativ unruhig, was seinen Grund vor allem in unterschiedlicher Zeilenlänge, ‚Unregelmäßigkeit' oder ‚Unbestimmtheit' des Metrums und syntaktischer Inversion hat. Der Rhythmus beruhigt sich gegen Ende des Gedichts: In den Zeilen 6 bis 8 ist die syntaktische Inversion abgeschwächt; das Gedicht gewinnt ein festeres metrisches Maß. Die beiden letzten Verse haben einen einzigen rhythmischen Spannungsbogen, der von „balde" (mit der schwebenden Betonung auf der Endsilbe) über „Ruhest" (mit der stark betonten, weil am Versanfang stehenden ersten Silbe und mit der leicht betonten Endsilbe) und „du" abfällt zu dem „auch", das den ‚Schlußpunkt' bildet.

Rhythmus vgl. S. 62

Die rhythmische Bewegung des Ganzen ist also die einer zunehmenden Ruhe – entsprechend dem Zunehmen der inneren Ruhe des lyrischen Ichs.

Nimmt man alle Stilzüge zusammen und fragt danach, welche Haltung sich in ihnen manifestiert, so zeigt sich: Das lyrische Ich spricht aus der Gelassenheit dessen, der die Dinge der Welt, eingeschlossen ‚die letzten Dinge', in ruhiger Kontemplation betrachtet. (Strube 1993, 75f.)

Zusammenfassende Deutung

5.2.2 Analyse

(a) Die rekonstruierte Interpretation von „Wandrers Nacht-lied" stellt ein Beispiel einer stilbestimmenden Textinterpreta-tion dar. Im Gegensatz zum strukturbestimmenden geht es dem stilbestimmenden Interpreten nicht um die Struktur, son-dern um den eigentümlichen Stil des betreffenden Gedichts.

Zweck:
Bestimmung des
Stilprinzips

Er verfolgt demnach den **Zweck**, das spezifische *Stilprinzip* von „Wandrers Nachtlied" zu bestimmen. Dieses Prinzip fin-det sich in der Haltung des „lyrischen Ichs" bzw. in der „psy-chischen Einstellung", aus der heraus das Gedicht ‚gespro-chen' wird. Das lyrische Ich ist dabei nicht zu verwechseln mit dem realen Autor des Gedichts, in diesem Fall also mit Johann Wolfgang Goethe; die Haltung des lyrischen Ichs (in unserem Beispiel die Haltung der Gelassenheit dessen, der die Dinge der Welt in ruhiger Kontemplation betrachtet) wird *aus dem Gedicht* abgeleitet und nicht z.B. aus Kenntnissen über Goethes emotionale Situation während der Abfassung dieses Textes.

Argumentation:
Aufweis des Stilprinzips

(b) Die spezifische **Form der Argumentation** der stilbe-stimmenden Textinterpretation besteht in dem *Aufweis* dieses Stilprinzips; in diesem Fall also in dem Aufweis einer be-stimmten psychischen Einstellung, nämlich der Haltung der Gelassenheit dessen, der die Dinge der Welt in ruhiger Kon-templation betrachtet. Zu diesem Zweck greift der Stilinter-pret bestimmte *„Stilzüge"* (Wolfgang Kayser) des Textes her-aus, beschreibt diese und legt sie aus in Hinblick auf die Haltung des lyrischen Ichs. Beispielsweise verweist der Stilin-terpret auf bestimmte adverbiale Bestimmungen, in denen die Anzahl und die Individualität dessen, was sie umfassen, unbe-stimmt bleiben; sodann bezieht er diese Unbestimmtheit auf die ‚Perzeptionsweise' des lyrischen Ichs. Schließlich gibt der Stilinterpret eine *Deutung* des ganzen Gedichts, indem er die Auslegungen der verschiedenen Stilzüge in der Aussage zu-sammenfaßt, das Gedicht sei aus der Haltung dessen gespro-chen, der die Welt in ruhiger Kontemplation betrachtet.

Literaturtheorie:
literarisches Kunstwerk
= einheitliches Gefüge
(Organismus); autonom;
charakterisiert durch stili-
stische Einstimmigkeit

(c) Die in der stilbestimmenden Interpretation stillschwei-gend vorausgesetzte **Literaturtheorie** ist durch folgende An-nahmen gekennzeichnet: Das literarische Kunstwerk ist ein *einheitliches Gefüge*, dessen Elemente (nämlich Inhalt, Vers, sprachliche Form und Aufbau) in besonderer, d.h. individuel-ler Weise gestaltet sind. Anders formuliert: Das literarische Kunstwerk ist ein quasi organisches *Gebilde*, das einen *ihm und nur ihm eigentümlichen Stil* aufweist. Dieses Gebilde ist *in sich geschlossen* und *autonom*. Der Stilinterpret fragt demzufolge – wie bereits betont wurde – *nicht* nach der Befindlichkeit des *Autors*, die sich in seinem Gedicht ausdrückt, sondern nach der *psychischen Einstellung*, aus der heraus das Gedicht ‚gesprochen‘ wird. Diese psychische Einstellung ist aber die des lyrischen Ichs und nicht die eines Autors im Sinne einer realen historischen Person. – Schließlich ist das (vollkommene) literarische Kunstwerk durch *stilistische Einstimmigkeit* charakterisiert; d.h. die aufgeführten Stilzüge lassen sich zu *einem* zentralen Stilprinzip synthetisieren.

5.3 Die psychologische Textinterpretation

5.3.1 Rekonstruktion

Es ist unklar, was mit der in der letzten Zeile von „Wanders Nachtlied" stehenden Wendung „Ruhest du" gemeint ist.

Erklärungsbedürftiges
Problem

Goethe dichtet „Wanders Nachtlied" am Abend des 6. September 1780 – von längerer Wanderung (der Wanderung von Ilmenau auf den Kickelhahn) ermüdet und anläßlich der Betrachtung der abendlichen Landschaft des südlichen Thüringer Waldes. („Wandrers Nachtlied" ist der Ausdruck von Goethes ‚momentanem‘ psychischen Zustand: Goethe schreibt das Gedicht an die Bretterwand des Jagdhäuschens auf dem Kickelhahn, und er datiert und signiert es.)
   Wer am Abend, von längerer Wanderung ermüdet und in Betrachtung einer abendlichen Landschaft, von der Ruhe spricht, die er für sich erwarte, dürfte die eigene Nachtruhe oder den Schlaf vor Augen haben.

1. Erklärung:
Ruhe = Schlaf

   Also dürfte in der letzten Zeile von „Wandrers Nachtlied" die Rede sein von der Nachtruhe oder dem Schlaf.

Des weiteren:
   In den Tagen, die dem 6. September 1780 vorhergehen, gibt es eine Verstimmung zwischen Goethe und Großherzog Karl August; und Goethe trifft in diesen Tagen die schöne Marquesa von Branconi, durch die er ziemlich heftig „gerührt" wird.
   Goethe flieht vor den ‚gesellschaftlichen Konflikten‘ und der Verwirrung seiner Gefühle auf den Kickelhahn bei Ilmenau. In einem vom 6. September 1780 datierten Brief schreibt er an Frau v. Stein: „Auf dem Gickelhahn [...] hab ich mich gebettet, um dem Wust des Städgens, den Klagen, den Verlangen, der unverbesserlichen Verworrenheit der Menschen auszuweichen."

2. Erklärung:
Ruhe = innere Ruhe,
Zufriedenheit

Wie der Tenor des Briefes ausweist, ist Goethes Flucht erfolgreich: Goethes Bedürfnis nach Harmonie und Ruhe wird auf dem Kickelhahn befriedigt.

Wer sein Bedürfnis nach Harmonie und Ruhe befriedigt hat, meint, wenn er von ‚Ruhe' spricht, die innere Ruhe oder Zufriedenheit.

Also ist in der letzten Zeile von „Wandrers Nachtlied" von der inneren Ruhe oder Zufriedenheit die Rede.

Diese Auslegung wird auf andere Weise gestützt, nämlich durch eine Äußerung Goethes über die Wirkung, die dieses Gedicht ausübt, und durch die Plazierung des Gedichts in der Ausgabe letzter Hand: Goethe spricht 1814 davon, „Wandrers Nachtlied" bewirke „in diesen unruhigen Zeiten" das Glück seiner selber und seiner Hörer. Und: Goethe stellt das Gedicht (unter dem Titel „Ein Gleiches") – als eine Art Gegenstück – hinter „Wandrers Nachtlied" aus dem Jahre 1776; dieses Gedicht endet mit den Versen „Süßer Friede [!], Komm, ach komm in meine Brust!".

Schließlich:

3. Erklärung:
Ruhe = Todesruhe

Goethe weiß sich sozusagen von Anfang an durch den Tod bedroht: Zu Beginn von „Dichtung und Wahrheit" heißt es: „...durch Ungeschicklichkeit der Hebamme kam ich für tot auf die Welt, und nur durch vielfache Bemühungen brachte man es dahin, daß ich das Licht erblickte." – Goethe ängstigt sich vor dem Tod, was (a) dem „hypochondrischen Zug" entspricht, den er „von Hause mitgebracht" hat, was (b) indiziert ist in seiner Scheu, an Beerdigungen teilzunehmen (er nimmt z.B. nicht teil an der Beerdigung seiner Mutter, seiner Frau, seines Freundes Schiller), und was (c) indiziert ist in seiner Scheu, über Dinge wie den Tod zu reden: Falk notiert am Begräbnistag Wielands über ein Gespräch, das er mit Goethe geführt hat: „Unsere Unterhaltung [nahm] diesmal eine Richtung ins Übersinnliche [...], was Goethe in der Regel, wo nicht verschmäht, doch lieber von sich ablehnt."

Eine der Weisen, die mit dem Tod gesetzte (‚latente') Angst oder Frustration zu kompensieren, ist die wunschgemäße Entstellung des Todes (etwa in Traum, Tagtraum und Dichtung), z.B. die Entstellung des Todes zu Ruhe und Schlaf.

Die wunschgemäße Entstellung ‚latenter Gedanken' wird vom Unbewußten gemäß bestimmten Mechanismen vollzogen, vor allem gemäß den Mechanismen Verschiebung und Verdichtung.

Also kann – oder vielmehr: wird – in „Wandrers Nachtlied" (auch) der Tod gemeint sein. Zum einen wird Goethe ja vom Tode geängstigt; zum anderen läßt das Gedicht die Wirksamkeit von Verschiebung und Verdichtung erkennen: „schweigen" steht metonymisch (oder pars pro toto) für Schlaf, d.h. die Bedeutung verschiebt sich vom einen zum anderen Wort; „ruhen" steht metaphorisch für Tot-Sein und ist insofern das Produkt einer Verdichtung; in der Ausdrucksweise Freuds: In „ruhen" sind mehrere Gedanken oder Vorstellungen komprimiert, nämlich die Vorstellung von Nachtruhe oder

Schlaf, die Vorstellung von innerer Ruhe oder Konfliktfreiheit sowie auch und vor allem eine wunschgemäße Vorstellung vom Tod.

Dafür, daß mit „Ruhe" die ‚Todesruhe' oder das Tot-Sein gemeint ist – oder zumindest: daß man die letzte Zeile des Goethe-Gedichts so lesen könne – spricht die Art und Weise, wie der alte Goethe auf das erneute Lesen der Verse reagiert. Mahr, der den alten Goethe 1831 zum Kickelhahn begleitet, berichtet: „Goethe überlas diese wenigen Verse, und Tränen flossen über seine Wangen. Ganz langsam zog er sein schneeweißes Taschentuch aus seinem dunkelbraunen Tuchrock, trocknete sich die Tränen und sprach in sanftem, wehmütigem Ton: Ja, warte nur, balde ruhest du auch! schwieg eine halbe Minute [...]"

Die wunschgemäße Vorstellung vom Tod – oder auch die wunschgemäße Entstellung bzw. Verhüllung des Todes – findet man im übrigen mehrfach bei Goethe, am prägnantesten wohl in der Vorstellung von der „Fortdauer unserer Seele nach dem Tode." (Strube 1993, 80-82)

5.3.2 Analyse

(a) Die rekonstruierte Interpretation von „Wandrers Nachtlied" stellt ein Beispiel einer psychologischen Textinterpretation dar. Ging es dem strukturbestimmnden Textinterpreten um die Bestimmung des Strukturprinzips und dem Stilinterpreten um die Bestimmung des Stilprinzips des Gedichts, so besteht der **spezifische Zweck** einer psychologischen Textinterpretation darin, das Gedicht (oder einzelne Aspekte des Gedichts) aus dem *besonderen psychischen Zustand* zu erklären, in dem sich sein *Autor* beim Verfassen dieses Textes befand. Anders als bei den zuvor rekonstruierten Interpretationstypen rekurriert der psychologisch verfahrende Interpret auf die *reale Person des Autors oder Dichters* und nicht nur auf das Gedicht als eines autonomen Ganzen. Wichtig ist jedoch, daß es auch dem psychologischen Interpreten in erster Linie um das Gedicht geht: Er versucht, das *Gedicht* durch den Rekurs auf den Menschen, der es geschaffen hat, besser zu verstehen; es geht ihm *nicht* darum, auf dem Weg über das Gedicht den *Menschen*, der es geschaffen hat, besser kennenzulernen.

Zweck:
Erklärung des besonderen psychischen Zustands eines Autors

(b) Die spezifische **Form der Argumentation** der psychologischen Textinterpretation ist die einer *psychologisch-genetischen Texterklärung*: Der Interpret deutet den Text unter Zuhilfenahme einer psychologischen Erklärung seiner Entstehung (oder eben „Genese"). Ausgangspunkt dieser Erklärung ist die Benennung eines ‚Problems', das der Erklärung bedarf: Was ist mit der in der letzten Zeile des Gedichts angesprochenen „Ruhe" gemeint? Im Verlauf der Interpretation

Argumentation:
psychologisch-genetische Texterklärung

gibt der psychologisch geschulte Textinterpret drei Antworten auf diese Frage: „Ruhe" bedeutet zum einen „Nachtruhe", zum anderen „innere Ruhe", zum dritten schließlich „Todesruhe". Die Argumentationsstruktur ist jeweils die gleiche: Der Interpret bezieht sich erstens auf Goethes besonderen psychischen Zustand, in dem er „Wandrers Nachtlied" verfaßte, sowie zweitens auf allgemeine psychologische Regeln oder Lehrsätze, seien sie nun solche der „common-sense"-Psychologie oder solche der Freudschen Psychoanalyse. Schließlich folgert der Interpret, daß dem Wort „Ruhe" diese oder jene Bedeutung (Nachtruhe, innere Ruhe, Todesruhe) zukomme.

(c) Die in der psychologischen Interpretation stillschweigend vorausgesetzte **Literaturtheorie** ist durch folgende Annahmen gekennzeichnet: Das literarische Kunstwerk ist eine *Schöpfung seines Autors* und an dessen psychischen Zustand gebunden. Insofern gilt dem psychologischen Textinterpreten das literarische Kunstwerk – im Unterschied zu den beiden ersten Positionen – als *nicht autonom*. Als Schöpfung ist es einerseits Ausdruck der *Autorintention*, also eine bewußte Äußerung seines Autors. Andererseits ist das literarische Kunstwerk Ausdruck des Unbewußten seines Autors, oder anders formuliert: Es ist Ausdruck eines Menschen, der eine bestimmte *Disposition* besitzt, also Ängste, Bedürfnisse und ähnliches mehr hat.

Marginalie: Literaturtheorie: literarisches Kunstwerk = Schöpfung seines Autors, insofern nicht autonom

5.4 Zusammenfassung und Konsequenzen

Marginalie: Übersichtsschema: Typen der Textinterpretation

Die Ergebnisse der drei Analysen sind im folgenden Übersichtsschema zusammengefaßt:

	strukturbestimmende Textinterpretation	stilbestimmende Textinterpretation	psychologische Textinterpretation
(a) Zweck	Bestimmung des Strukturprinzips	Bestimmung des Stilprinzips	Erklärung (eines Aspektes) des Textes aus dem besonderen psychischen Zustand des Autors
(b) Argumentation	„Nachweis" des Strukturprinzips	„Aufweis" des Stilprinzips	„Deutung" oder psychologisch-genetische Texterklärung
(c) implizite Literaturtheorie	literarisches Kunstwerk = geschlossenes, strukturiertes Ganzes; autonom	literarisches Kunstwerk = einheitliches Gefüge (Organismus); autonom; charakterisiert durch stilistische Einstimmigkeit	literarisches Kunstwerk = Schöpfung seines Autors, insofern nicht autonom

Abschließend soll auf einige *Konsequenzen* aus dieser differentialistischen Sicht der literaturwissenschaftlichen Textinterpretation hingewiesen werden. Wie die vorangegangenen Rekonstruktionen und Analysen gezeigt haben, ist die Rede von *der* literaturwissenschaftlichen Textinterpretation strenggenommen nicht richtig: Zwar gibt es Merkmale, die allen drei Interpretationstypen gemeinsam sind; beispielsweise geht es allen Textinterpreten um den *Text* (und nicht um seine Kontexte, also z.B. um die politischen oder sozialen Verhältnisse, in denen der Text entstand); auch geht es bei allen drei Interpretationen um den *Text als ganzen* (und nicht nur um die Erklärung einzelner, ‚dunkler‘ Stellen). Auf der anderen Seite aber sind die drei Interpretationstypen doch auch sehr verschieden, zumindest was das jeweils angestrebte Ziel, die Form der Argumentation und die zugrundeliegende Literaturtheorie angeht.

Die Unterschiede zwischen den verschiedenen Typen der Interpretation resultieren aus den verschiedenen *Interessen*, mit denen die Interpreten an den Text herangehen: Der eine ist eben an der Struktur des Textes interessiert, der andere an seinem Stil, der dritte schließlich an dem besonderen psychischen Zustand, aus dem heraus der Text verfaßt wurde. Es gibt in der literaturwissenschaftlichen Praxis noch weitere Interessen und somit auch weitere Typen der Textinterpretation. Beispielsweise besteht ein mögliches Interpretationsinteresse in dem Wunsch, die *Gattung* des betreffenden Textes zu ermitteln; der entsprechende Interpretationstyp läßt sich folglich als „gattungsbestimmende Textinterpretation" bezeichnen (Strube 1993, 92f.). – Strube betont, daß es nicht etwa der Text ist, der diese Interessen determiniert:

Interpretationsinteressen

Strukturbestimmende, stilbestimmende, psychologische Interpretation usf. sind […] Weisen des Umgangs mit Literatur bzw. Verhaltensformen, die aufgrund bestimmter Interessen geschaffen und nicht sozusagen vom Text abgezogen oder auch vom Text diktiert worden sind. Kein Text nötigt den Literaturwissenschaftler, ihn nur strukturbestimmend zu interpretieren oder aber nur psychologisch; der Text kann das Interesse bzw. die Zwecksetzung des Literaturwissenschaftlers ja nicht determinieren. (Strube 1993, 94)

Nicht der Text, sondern der Interpret legt den Zweck der Interpretation fest.

Wenn aber den verschiedenen Interpretationstypen unterschiedliche Interessen zugrundeliegen und wenn nach Maßgabe dieser Interessen jeweils andere Aspekte des Textes hervorgehoben ‚werden, dann stellt sich die Frage nach der Richtigkeit oder ‚Objektivität‘ von Textinterpretationen neu. Auch die Frage, ob und wann Interpretationen „richtig" genannt werden dürfen (oder auch die konkretere Frage, ob eine gegebene Interpretation „richtig" sei) läßt sich dann nicht mehr in einem *absoluten* Sinn stellen bzw. beantworten, sondern nur noch *relativ* zu dem jeweils zugrundegelegten Interesse des Interpreten. Es gibt also nicht so etwas wie die einzig richtige (oder wie Strube sagt: die einzig „geglückte") Interpretation eines gegebenen Textes.

Arbeitsaufgaben:

(1) Die drei von Strube übernommenen Interpretationen von „Wandrers Nachtlied" stellen idealtypische Rekonstruktionen dar, die zwar auf der Grundlage ‚wirklicher' Interpretationen erstellt wurden, jedoch so, d.h. in dieser reinen Form in der Praxis der Literaturwissenschaft nur selten vorkommen. Dort hat man es in aller Regel mit Mischformen zu tun, in denen verschiedene, bei Strube streng getrennte Merkmale nachweisbar sind, und deren Argumentation – gemessen an den oben beschriebenen strengen Maßstäben – durchaus auch einmal widersprüchlich sein kann (etwa wenn ein Text innerhalb ein und derselben Interpretation mal als autonom und mal als bewußte oder unbewußte Schöpfung seines Autors gelesen wird). Trotzdem lassen sich viele der von Strube beschriebenen Merkmale an solchen Interpretationen wiedererkennen. Dies soll an einem konkreten Beispiel geübt werden, nämlich an einigen kurzen Passagen aus Curt von Faber du Faurs Interpretation des Dramas „Bergwerk zu Falun" von Hugo von Hofmannsthal. Es kommt dabei nicht auf den genauen Zusammenhang, ja nicht einmal auf die Kenntnis des interpretierten Textes an.

Das „Bergwerk zu Falun" steht am Ende des Frühwerks, als ein Rückblick, ein Abschied und eine Auseinandersetzung. Wie Werther konnte Elis [der Protagonist des Dramas, A.S.] zu seinem Dichter sprechen „Sei ein Mann und folge mir nicht nach". Es ist noch entstanden in der Weise der Frühwerke, rasch, sicher; ganze Akte, vor allem der unvergleichliche erste, in einem Zuge. Aber dann hielt der Dichter mit der Veröffentlichung zurück. Aktweise, an den verschiedensten Stellen kam das Stück an das Licht. [...] Hofmannsthal schrieb das Stück am Ende seiner Jugendperiode, der Periode der reinen Intuition, des ahnenden Schauens und Aussagens. Er sah damals die Dinge von innen, aus dem Abstieg heraus, gewissermaßen vom Innern des Berges her, aus einem Zustand der Verzauberung. Es kam die Zeit, diesen Zustand zu verlassen. Die glückliche Fähigkeit der Jugend, unbeschädigt aus dem Berg auftauchen zu können und ihn jederzeit wieder offen zu finden, begann sich zu verlieren. Er stand am Scheideweg, und die Tragödie dieses Am-Scheidewege-Stehens hat er geformt im Bergwerk zu Falun. Es ist in hohem Grade autobiographisch, in dem Sinne wie Goethes Werke Bruchstücke einer großen Konfession sind. Er ist nicht den Weg gegangen, dessen Gefahr sich vor seinen Augen enthüllt hatte, aber er weiß, daß auch dieser Weg kein Höllenweg ist. Elis steht im Finstern, aber er strahlt im eigenen Licht. Das Reich der Königin ist nur in den Außenbezirken dämmrig, aus dem Innern dringt blendender Glanz, als die Tür dazu aufspringt. Die Erde hat zwar eine dunkle Kruste, aber im Innern ist sie ein strahlender Stern. (Faber du Faur 1951, 5 und 14)

Analysieren Sie diese Ausschnitte im Hinblick auf die Form der Argumentation und die dabei vorausgesetzte Literaturtheorie. Versuchen Sie auch zu benennen, wie der Interpret gerade nicht argumentiert bzw. welche Literaturtheorie hier nicht unterstellt wird. Versuchen Sie, Rückschlüsse auf den möglichen Zweck dieser Interpretation zu ziehen und vergleichen Sie diesen mit den Zwecksetzungen der oben rekonstruierten und analysierten Interpretationstypen.

(2) Wenn es so etwas wie die literaturwissenschaftliche Textinterpretation nicht gibt, und wenn die jeweilige Art der Interpretation nicht durch den Text, sondern durch das Interesse des Interpreten festgelegt wird, kann es dann überhaupt ‚objektive‘ Kriterien der Richtigkeit von Interpretationen geben, oder sind sie völlig willkürlich?

(3) Wie könnten solche Objektivitätskriterien aussehen, und wie könnten sie begründet werden?

Weiterführende Literaturhinweise:

Strube, Werner: Über Kriterien der Beurteilung von Textinterpretationen. In: Vom Umgang mit Literatur und Literaturgeschichte. Positionen und Perspektiven nach der „Theoriedebatte". Hrsg. von Lutz Danneberg und Friedrich Vollhardt. Stuttgart 1992, 185-207

Weimar, Klaus: Text, Interpretation, Methode. Hermeneutische Klärungen. In: Wie international ist die Literaturwissenschaft? Methoden- und Theoriediskussion in den Literaturwissenschaften: Kulturelle Besonderheiten und interkultureller Austausch am Beispiel des Interpretationsproblems (1950-1990). Hrsg. von Lutz Danneberg und Friedrich Vollhardt. Stuttgart/Weimar 1995, 110-122

6. Kritik der Interpretation

von Axel Spree

Im Jahr 1964 publizierte die amerikanische Essayistin Susan Sontag einen Aufsatz mit dem provokanten Titel „Gegen Interpretation". Dieser Text – eine furiose Attacke auf die Interpretation von Kunstwerken aller Art – gilt heute als Ausgangspunkt eines Theorieschubs, in dessen Verlauf immer wieder die Abschaffung des zentralen literaturwissenschaftlichen Verfahrens der Textinterpretation gefordert wurde. In dieser mittlerweile über dreißigjährigen Methodendiskussion wurden der Interpretation die unterschiedlichsten Mängel angekreidet: mal galt sie als *zu wissenschaftlich*, als „Rache des Intellekts an der Kunst" (Sontag 1980, 15); mal als *nicht wissenschaftlich genug*, als subjektivistisch und irrationalistisch; manche kritisierten die Interpretation aus politischen Gründen als repressiven Ausdruck des bürgerlichen Bildungsideals; andere stellten aus erkenntnistheoretischen Gründen die Durchführbarkeit ‚richtiger' Interpretationen generell in Frage und behaupteten, es gebe überhaupt nur falsche Interpretationen.

Im folgenden werden drei mögliche Begründungen einer Interpretationskritik anhand von Beispielen aus der Literaturtheorie vorgestellt. Die Darstellung orientiert sich an dem differentialistischen Programm, das auch für die Untersuchung des Interpretationsbegriffs im 5. Kapitel leitend war. Demnach gilt auch für die Behandlung der Interpretationskritik der Grundsatz, daß es so etwas wie *die* literaturwissenschaftliche Textinterpretation nicht gibt. Folglich muß auch hier jeweils gefragt werden, welcher *Interpretationsbegriff* der Argumentation zugrunde liegt, welche *Art* oder welcher *Typ von Interpretation* kritisiert wird. An diesem Oberbegriff sind dann die jeweiligen Argumente ‚gegen Interpretation' sowie die jeweils als Alternative zur Interpretation angebotenen Verfahren zu messen.

Da es sich bei den behandelten drei Positionen um mehr oder weniger komplexe literaturtheoretische Ansätze handelt und die Isolierung des Interpretationsproblems deshalb eine zwar legitime, aber möglicherweise verzerrende Verkürzung darstellt, haben wir uns bemüht, am Ende der drei Darstellungen das grundsätzliche Anliegen des jeweiligen Ansatzes zumindest kurz anzudeuten.

Infragestellung der Interpretation mit unterschiedlichen Argumenten

So etwas wie *die* Kritik der literaturwissenschaftlichen Textinterpretation gibt es nicht.

6.1 Ästhetisch fundierte Interpretationskritik

Der Laie hat für gewöhnlich, sofern er ein Liebhaber von Gedichten ist, einen lebhaften Widerwillen gegen das, was man das Zerpflücken von Gedichten nennt, ein Heranführen kalter Logik, Herausreißen von Wörtern und Bildern aus diesen zarten blütenhaften Gebilden. (Brecht 1967, 392)

Keineswegs nur Laien hegen diesen von Bertolt Brecht beschriebenen Widerwillen: Auch Literaturwissenschaftler kennen das unbehagliche Gefühl, in der Interpretation das wirklich Wichtige im Umgang mit literarischen Texten, das *Erlebnis* der Lektüre nämlich, gerade *nicht* in den Griff zu bekommen. Wenn, so wurde gefragt, der in der Interpretation ermittelte Sinn des Gedichts der ‚*eigentliche*‘ Sinn ist, warum hat der Dichter es dann nicht von vornherein so gesagt? Und wenn er dies *nicht* getan hat, gibt es dann nicht gute Gründe dafür, *warum* er dies nicht tat? Kann man überhaupt noch guten Gewissens interpretieren, wenn man *nicht* der Meinung ist, literarische Texte seien eine Art Versteckspiel oder Rätsel, das mit der Ermittlung der *einen richtigen* Bedeutung gelöst und also erledigt ist?

Solche Selbstzweifel der Interpreten lassen sich noch vergleichsweise leicht kontern: mit dem Hinweis nämlich, daß gerade die ganz großen literarischen Kunstwerke immer über die Absichten des Autors hinausgingen, daß sie also – und genau dies mache ihre Qualität aus – ‚Interpretationswürdiges‘ enthielten, von dem der Autor selbst gar nicht habe wissen können. Diese Antwort setzt jedoch voraus, daß das, was in der ästhetischen Erfahrung (in der Lektüre also) erlebt wird, sich überhaupt in Worte fassen läßt. Doch auch diese Annahme wurde in Frage gestellt:

Die Bedeutung ist das Erlebnis einer Aussage – *das ganze Erlebnis* – und nicht nur irgend etwas, das darüber gesagt werden könnte, einschließlich dessen, was ich selbst sage. Daraus folgt dann, daß es unmöglich ist, die gleiche Sache auf zwei (oder mehr) verschiedene Weisen auszudrücken, obwohl wir zu der Annahme neigen, daß dies ständig geschieht. Wir tun dies, indem wir für unser spontanes Spracherlebnis eine Interpretation oder Abstraktion einsetzen, in der es zwangsläufig kompromittiert wird. (Fish 1975, 205)

Ästhetische Fundierung der Interpretationskritik Dieser Gedanke bildet den Ausgangspunkt einer Form von Interpretationskritik, die man als „*ästhetisch fundiert*“ bezeichnen kann: Die *ästhetische Erfahrung*, das „*Erlebnis*“, läßt sich dieser Auffassung zufolge in Worten nicht wiederholen oder konservieren; und wenn dies doch versucht wird, so wird dem Erlebnis damit der spezifische Reiz genommen, die Interpretation wirkt – wie oft gesagt wird – „zerstörerisch".

Als Locus classicus einer ästhetisch fundierten Interpretationskritik gilt Susan Sontags bereits erwähnter Aufsatz „Gegen Interpretation". Sontag geht in diesem Text davon aus, daß die Fähigkeit des modernen Menschen zu sinnlicher Erfahrung aufgrund einer allgemeinen Reizüberflutung verkümmert sei. Zu dieser „massiven Betäubung der Sinne" (Sontag 1980, 352) tragen die massenhaft reproduzierten Kunstwerke ebenso bei wie die zahllosen optischen, akustischen und auch olfaktorischen Reize, die auf den Bewohner moderner Städte einströmen:

Reizüberflutung und Erfahrungsfähigkeit

> Man denke allein daran, daß jedem von uns heute ein Vielfaches an Kunstwerken zugänglich ist, dazu die zahllosen widersprüchlichen Geschmacks- und Geruchsempfindungen und die optischen Eindrücke der Stadtschaft, die unsere Sinne bombardieren. Unsere Kultur beruht auf dem Übermaß, der Überproduktion; das Ergebnis ist ein stetig fortschreitender Rückgang der Schärfe unserer sinnlichen Erfahrung. Sämtliche Bedingungen des modernen Lebens – sein materieller Überfluß, seine Überladenheit – bewirken eine Abstumpfung unserer sensorischen Fähigkeiten. (ebda., 22)

In der Interpretation sieht Sontag den Versuch, das, was im Kunstwerk bereits enthalten oder gesagt ist, mit anderen Worten zu wiederholen. Insofern als sie in gewissem Sinn eine „Verdopplung" des Kunstwerks darstellt, trägt die Interpretation zu der prekären Vermehrung der Reize und damit zu der diagnostizierten Erlebnisunfähigkeit bei.

Wie aber sieht diese Interpretation nach Sontags Auffassung überhaupt aus? Welcher Interpretationsbegriff liegt ihrer Argumentation als ‚Feindbild' zugrunde? In „Gegen Interpretation" definiert sie:

Definition: Interpretation

> Natürlich spreche ich nicht von Interpretation in jenem weitesten Sinne, in dem Nietzsche das Wort gebrauchte, wenn er (zu Recht) sagt, es gäbe keine Fakten, es gäbe nur Interpretationen. Unter Interpretation verstehe ich hier vielmehr einen Bewußtseinsakt, der einen bestimmten Kodex, bestimmte ‚Regeln' der Interpretation veranschaulicht. Auf die Kunst bezogen bedeutet Interpretation das Herausgreifen einer Reihe von Elementen (das X, das Y, das Z und so weiter) aus dem Werkganzen. Die Arbeit der Interpretation ist im Grunde eine Übersetzungsarbeit. Der Interpret sagt: Schaut her, seht ihr nicht, daß X in Wirklichkeit A ist – oder bedeutet? Daß Y in Wirklichkeit B ist? Daß Z in Wirklichkeit C ist? (ebda., 13)

Interpretation als erkennt-
nistheoretischer und als
technischer Begriff

An dieser Definition sind zwei Dinge beachtenswert: *Zum einen* unterscheidet Sontag explizit zwei grundsätzlich verschiedene Interpretationsbegriffe, nämlich einen *,erkenntnistheoretischen'* Begriff auf der einen Seite, wonach „Interpretation" ein unausweichliches Merkmal jeder Wahrnehmung und Erkenntnis bezeichnet, und einen *,technischen'* Begriff auf der anderen Seite, wonach „Interpretation" eine bewußte und regelgeleitete Handlung, z.B. die literaturwissenschaftliche Textinterpretation, bezeichnet (vgl. Spree 1995, 44ff). Diese Unterscheidung ist wichtig, kommt

Interpretation als
Übersetzung

sie doch dem weitverbreiteten Einwand gegen die Interpretationskritik entgegen, daß der Verzicht auf „Interpretation" unmöglich sei, weil wir als Menschen gar nicht anders könnten, als zu interpretieren. Auch Sontag würde dies – an Nietzsche anschließend – nicht bestreiten. Die Interpretation literarischer Texte jedoch sollte – als willentliche Handlung, die unterlassen und auch revidiert werden kann – nicht mit diesem Konzept einer unwillkürlichen Modifikation jeder Wahrnehmung verwechselt werden. – *Zum anderen* greift Sontag in dem zitierten Absatz auf die bereits in der Antike geläufige Gleichsetzung von „Interpretation" und „Übersetzung" zurück: Der Interpret greift bestimmte Merkmale des Textes heraus und ,übersetzt' sie, d.h. er gibt ihnen eine andere, nach seiner Ansicht die ,eigentliche' Bedeutung.

Was aber ist der *Gegenstand* dieser Übersetzung? Sicherlich nicht die Struktur oder der Stil des interpretierten Textes, denn von der Struktur oder dem Stil ließe sich lediglich aussagen, daß er eine bestimmte Auslegung nahelege oder unterstütze, nicht aber, daß er ,eigentlich etwas anderes' bedeute.

Form – Inhalt

Interpretation, gegen
die Sontag polemisiert,
vernachlässigt die Form
des Kunstwerks.

Solche Aussagen lassen sich nur von *inhaltlichen* Merkmalen eines Textes machen. Tatsächlich glaubt Sontag in der Interpretation eine einseitige Beschränkung auf den Inhalt der Texte unter Vernachlässigung ihrer formalen Qualitäten zu erkennen:

Diese Überbetonung des Inhaltsbegriffs bringt das ständige, nie erlahmende Streben nach Interpretation mit sich. Und umgekehrt festigt die Gewohnheit, sich dem Kunstwerk in interpretierender Absicht zu nähern, die Vorstellung, daß es tatsächlich so etwas wie den Inhalt eines Kunstwerks gibt. (Sontag 1980, 13)

Die Interpretation isoliert also – nach Sontags Vorstellung – den ,Inhalt' des Textes von seiner ,Form'. Nur der Inhalt kann ja Gegenstand einer Übersetzung im angegebenen Sinn werden.

Das ‚Streben nach Interpretation‘ findet sich freilich nicht nur in der akademischen Literaturwissenschaft. Viel mehr als an den institutionalisierten Formen der Interpretation ist Sontag an der keineswegs nur unter Literaturwissenschaftlern verbreiteten Neigung interessiert, nach dem ‚tieferen Sinn‘ oder der ‚Botschaft‘ der Texte zu fragen. Die Gleichgültigkeit gegenüber den professionellen Interpreten und der Wunsch, den ‚privaten Leser‘ von dem verderblichen „Verlangen nach Verständnis" (Nietzsche) zu befreien, kann geradezu als ein Charakteristikum ästhetisch fundierter Interpretationskritik angesehen werden. So schreibt Hans Magnus Enzensberger in einem Aufsatz mit dem Titel „Ein bescheidener Vorschlag zum Schutz der Jugend vor den Erzeugnissen der Poesie":

Interpretation als professionelle und private Tätigkeit

> Was die Germanisten betrifft, so hat sie schließlich niemand zu dem schweren Dienst gepreßt, den sie jahraus, jahrein der Gesellschaft leisten; es handelt sich dabei um eine Angelegenheit, die ‚consenting adults‘ unter sich abmachen: unter dieser Voraussetzung erklärt bekanntlich das angelsächsische Recht die meisten Perversionen für zulässig. (Enzensberger 1976, 54)

Dagegen gilt es, die zur „Zwangsarbeit" der Interpretation verurteilten Schüler wieder in die Lage zu versetzen, das „Anarchische" der Lektüre literarischer Texte zu erleben (ebda., 53).

„Interpretation" – und damit kommen wir wieder zur Rekonstruktion von Sontags Interpretationsbegriffs – bezeichnet hier also eine bestimmte *Haltung* oder *Neigung* gegenüber literarischen Texten. Diese Neigung ist gekennzeichnet 1. durch ihre *Ersetzbarkeit* (man kann auch anders mit Texten umgehen als interpretierend), 2. durch ihre *Verbreitung* (die Interpretationsneigung findet sich nicht nur in der Literaturwissenschaft, sondern ebenso in der feuilletonistischen Literaturkritik, im schulischen Literaturunterricht und auch beim ‚privaten Umgang‘ mit literarischen Texten) sowie 3. durch bestimmte ‚*Regeln*‘ (nämlich zum einen die Reduzierung des Kunstwerks auf seinen ‚Inhalt‘ unter Vernachlässigung der ‚Form‘ sowie zum anderen der Versuch, bestimmten Elementen durch ‚Übersetzung‘ ihre eigentliche Bedeutung zu geben).

Merkmale der von Sontag kritisierten Interpretation

„Ästhetisch fundiert" kann Sontags Interpretationskritik genannt werden, weil sie auf einer bestimmten ästhetischen Position aufbaut, genauer gesagt: auf einer bestimmten Konzeption von ästhetischer Erfahrung, die ein Gegengewicht zu der diagnostizierten Wahrnehmungs- und Empfindungsunfähigkeit bilden soll. Im Erlebnis der Kunst erkennt Sontag

Sontags ästhetische Position

ein mögliches Therapeutikum für diese Krankheit – im *Erlebnis* der Kunst wohlgemerkt, nicht in ihrer Interpretation. Zeichnet sich doch die Interpretation ihrer Meinung nach gerade durch eine Geringschätzung, ja Verachtung der sinnlich wahrnehmbaren Oberfläche der Kunstwerke aus; stattdessen setzt die Interpretation einen der sinnlichen Wahrnehmung unzugänglichen „Untertext" voraus, den es freizulegen gilt. Deshalb verschlimmert der interpretative Umgang mit Kunstwerken das Problem der mangelnden Wahrnehmungsfähigkeit, anstatt zu seiner Lösung beizutragen:

> Wie die Abgase der Autos und der Schwerindustrie, die die Luft der Städte verunreinigen, vergiftet heute der Strom der Kunstinterpretationen unser Empfindungsvermögen. In einer Kultur, deren bereits klassisches Dilemma die Hypertrophie des Intellekts auf Kosten der Energie und der sensuellen Begabung ist, ist Interpretation die Rache des Intellekts an der Kunst. (Sontag 1980, 15)

Ästhetische Erfahrung als Therapeutikum

Die ästhetische Erfahrung, die als Stimulans für die ‚betäubten Sinne' tauglich ist, ist für Sontag demnach vorrangig eine sinnliche und emotionale Erfahrung, weniger eine intellektuelle. Es ist allerdings darauf hinzuweisen, daß die einseitige Betonung des sensuellen Elements der Kunsterfahrung in großem Maße auf die Notwendigkeit zurückzuführen ist, eine möglichst klar konturierte und bisweilen überzeichnete Gegenposition zu einer vermeintlich bloß rationalen Zugriffsweise, der Interpretation nämlich, zu entwerfen. Sontag wendet sich aber *sowohl* gegen eine rein intellektuelle *als auch* gegen eine bloß emotionale Haltung gegenüber dem Kunstwerk. Die Gegenposition zur ‚kalten', weil bloß rationalen Interpretation ist deshalb nicht etwa in einem ‚dumpfen', nämlich unartikulierten Anstaunen des Kunstwerks zu suchen. Vielmehr ist Sontags ästhetische Position durch die Vorstellung einer Gleichzeitigkeit von intellektuellen, sinnlichen und emotionalen Momenten im ästhetischen Erleben gekennzeichnet. Die Interpretation jedoch – dies ist der Kernpunkt ihrer Kritik – vernachlässigt die Sinnlichkeit, beschränkt sich allein auf den Inhalt, reformuliert diesen und drängt sich so an die Stelle des Kunstwerks. Eine ästhetische Erfahrung in Sontags Verständnis wird auf diese Weise gerade nicht ermöglicht, sondern verhindert:

> In den modernsten Fällen läuft die Interpretation auf die philisterhafte Weigerung hinaus, die Finger von der Kunst zu lassen. Wirkliche Kunst hat die Eigenschaft, uns nervös zu machen. Indem man das Kunstwerk auf seinen Inhalt reduziert und diesen dann interpretiert,

zähmt man es. Die Interpretation macht die Kunst manipulierbar, bequem. (ebda., 16)

Sontag geht noch einen Schritt weiter: Sie stellt nicht nur die *Legitimität*, sondern auch die *Möglichkeit* der Herstellung von Interpretationen in Frage. Die Bestimmung der Interpretation als ‚Übersetzung des Inhalts‘, also eines ablösbaren Segments des Kunstwerks, unterstellt eine Kompetenz zur Segmentierung des Gegenstands in interpretationswürdige und zu vernachlässigende Aspekte. Diese Kompetenz ist Sontag zufolge nicht mehr vorhanden:

Die Interpretation setzt ein sinnliches Erlebnis des Kunstwerks als selbstverständlich voraus und basiert darauf. Aber dieses sinnliche Erlebnis läßt sich heute nicht mehr ohne weiteres voraussetzen. (ebda., 22)

Vor aller Interpretation hätte also die ästhetische Erfahrung im angegebenen Sinn zu stehen. Diese Erfahrung kann jedoch – aufgrund der oben beschriebenen ‚Krankheit‘ – nicht mehr vollzogen werden. Die Interpretation ist deshalb eigentlich unmöglich, zumindest aber schädlich.

Wie hätte ein reflektierter Umgang mit Kunst und Literatur auszusehen, der der soeben rekonstruierten Kritik Rechnung trägt? Zunächst ist zu konstatieren, daß ein solcher Umgang überhaupt für möglich gehalten wird; daß man sich also überhaupt über Kunst äußern kann und soll. Wir haben gesehen, daß die von Sontag propagierte Form der ästhetischen Erfahrung keineswegs in einem gefühlsseligen und sprachlosen Bewundern der Kunstwerke besteht. Analog dazu gilt auch für die Kunst- bzw. Literaturkritik, daß ein Verzicht auf Interpretation nicht notwendigerweise mit einem völligen Verstummen gleichzusetzen ist. Im Gegenteil:

Eine Alternative zur Interpretation

[...] ich sage nicht, daß Kunstwerke schlechterdings unbeschreibbar, daß sie nicht zu erläutern sind. Sie können durchaus erläutert werden. Die Frage ist nur: wie? Wie müßte die Kritik aussehen, die dem Kunstwerk diente, statt sich an seinen Platz zu drängen? (ebda., 20)

Die von Sontag projektierte Alternative läßt sich leicht aus den aufgeführten Mängeln der Interpretation ableiten: Diese Alternative sollte sich auf die ‚Form‘ konzentrieren, nicht auf den ‚Inhalt‘; sie sollte die bloße Wahrnehmung des Kunstwerks ermöglichen, um so ein ästhetisches Erlebnis herbeizuführen; und sie sollte dementsprechend die Aufmerksamkeit auf die Oberfläche der Werke lenken und nicht auf eine verborgene, unsichtbare Tiefendimension. Sontag nennt diese Alternative „*Beschreibung*". Ihre Aufgabe ist es, die „Transparenz" des Gegenstands erfahrbar zu machen, d.h. die „Leuchtkraft des Gegenstands selbst", die „Dinge in ihrem Sosein." (ebda., 21) Würde man der Kunst auf *diese* Weise (und eben nicht interpretierend) begegnen, dann könnte sie nach Sontags Vorstellungen einerseits ihre irritierenden Potentiale zurückgewinnen und andererseits zu einer „Programmierung der Sinneswahrnehmungen" (ebda., 352) beitragen, die durchaus auch Auswirkungen auf den Bereich der alltäglichen Erfahrung hätte. Das Erlebnis der Kunst würde so zu einem Therapeutikum für die anästhesierten Sinne des (post-)modernen Massenmenschen:

> Das Ziel aller Kommentierung der Kunst sollte heute darin liegen, die Kunst – und analog dazu unsere eigene Erfahrung – für uns wirklicher zu machen statt weniger wirklich. Die Funktion der Kritik sollte darin bestehen aufzuzeigen, wie die Phänomene beschaffen sind, ja selbst, daß sie existieren, aber nicht darin, sie zu deuten. (ebda., 22)

Im Gegensatz zur kalten, rationalen Aneignung durch die Interpretation strebt Sontag eine Form des Umgangs mit Kunst und Literatur an, die das Anarchische und Erotische wieder zu seinem Recht kommen läßt: „Statt einer Hermeneutik brauchen wir eine Erotik der Kunst." (ebda., 22)

Es wurde viel darüber diskutiert, ob die von Sontag als Alternative zur Interpretation angebotene Beschreibung sich in dieser reinen Form überhaupt durchführen läßt. Auch der Blick auf Sontags eigene, umfangreiche essayistische Praxis nach „Gegen Interpretation" bestätigte viele Kritiker in der Annahme, daß ein im strengen Sinn ‚interpretationsfreier' Umgang mit Kunstwerken und literarischen Texten nicht möglich sei. Sieht man jedoch von solchen eher ‚akademischen' Erörterungen ab, so stellt Sontags Projekt einerseits einen überzeugenden Versuch einer Abkehr von allzu schematisierten Formen der Lektüre dar, dessen Einfluß auf nachfolgende Theoretiker andererseits nicht zu unterschätzen ist. Für die Stichhaltigkeit dieses Ansatzes mögen Sontags mittlerweile wohl bekannteste Essays „Krankheit als Metapher" (1977) und „Aids und seine Metaphern" (1988) als Beispiele dienen, in denen sie nach eigener Aussage versucht, „die donquixotehafte, polemische Strategie des ‚Gegen Interpretation' auf die wirkliche Welt selbst" (Sontag 1988, 16) anzuwenden. Vor allem der Essay „Krankheit als Metapher" bildet eine bis heute unüberholte Analyse der semantischen Mechanismen, die zu einer Stigmatisierung der Krankheit Krebs und der von ihr Betroffenen führen. Theoretischer Hintergrund dieser Analyse sind die oben referierten, vielgeschmähten Thesen „gegen Interpretation".

Daß Sontags Thesen auch im Bereich der Literaturtheorie Wirkungen hatten, ließe sich an manchen Beispielen – von Wolfgang Iser über Siegfried J. Schmidt bis hin zu Jochen Hörisch – belegen. Um jedoch das bislang eher dunkel geblie- *Erotik der Kunst* bene Schlagwort einer „Erotik der Kunst" etwas anschaulicher zu machen, soll am Ende dieses Abschnitts über ästhetisch fundierte Interpretationskritik ein längeres Zitat aus Roland Barthes' knapp zehn Jahre nach „Gegen Interpretation" erschienenem Essay „Die Lust am Text" stehen:

Man denke sich einen Menschen [...], der alle Klassenbarrieren, alle Ausschließlichkeiten bei sich niederreißt, nicht aus Synkretismus, sondern nur um jenes alte Gespenst abzuschütteln: *den logischen Widerspruch*; einen Menschen, der alle Sprachen miteinander vermengt, mögen sie auch als unvereinbar gelten; der stumm erträgt, daß man ihn des Illogismus, der Treulosigkeit zeiht; der sich nicht beirren läßt von der sokratischen Ironie (den anderen zur äußersten Schande treiben: sich zu widersprechen) und vom Gesetzesterror (wie viele strafrechtliche Beweise fußen auf einer Psychologie der Einheit!). Ein solcher Mensch wäre der Abschaum unserer Gesellschaft: Gericht, Schule, Irrenhaus und Konversation würden ihn zum Außenseiter machen: wer erträgt schon ohne Scham, sich zu widersprechen? Nun, dieser Antiheld existiert: es ist der Leser eines Textes in dem Moment, wo er Lust empfindet. Der alte biblische Mythos kehrt sich um, die Verwirrung der Sprachen ist keine Strafe mehr, das Subjekt gelangt zur Wollust durch die Kohabitation der Sprachen, *die nebeneinander arbeiten*: der Text der Lust, das ist das glückliche Babel. (Barthes 1974, 8)

Arbeitsaufgabe:

(1) Susan Sontags Kritik an der Interpretation setzt eine bestimmte Konzeption ästhetischer Erfahrung voraus. Demnach besteht eine angemessene ästhetische Reaktion auf Kunstwerke und literarische Texte in einer kontemplativen Haltung, in der zwar sowohl die rationalen als auch die emotionalen Komponenten reflektiert werden, in der aber jede Frage nach der ‚tieferen' Bedeutung einzelner Elemente des Werkes verboten ist. Andere Autoren definieren die ästhetische Erfahrung anders. Beispielsweise basiert für Pierre Bourdieu ein angemessener ästhetischer Umgang mit Kunstwerken gerade auf der Fähigkeit, das Werk auf der Grundlage geeigneter Kodes regelrecht zu dechiffrieren oder zu entschlüsseln. (vgl. Bourdieu 1970, 159ff.) Hier ist also jenes

Verhalten, das für Sontag das ästhetische Erlebnis verhindert, gerade Voraussetzung für einen adäquaten Umgang mit der Kunst. – Diskutieren Sie vor diesem Hintergrund die Stichhaltigkeit der Interpretationskritik Susan Sontags und stellen Sie dar, wie ihre Argumentation auf der Grundlage einer differentialistischen Sicht solcher Konzepte wie „ästhetische Erfahrung" oder „ästhetisches Erlebnis" relativiert werden muß.

6.2 Wissenschaftstheoretisch fundierte Interpretationskritik

Will man sinnvollerweise verlangen und erwarten, daß im Wissenschaftssystem Aktanten vernünftig, solidarisch und kooperativ handeln, dann setzt das voraus, daß die dort zu entwickelnden Problemlösungsstrategien (= Theorien) bedarfsorientiert sind, eine explizite Struktur aufweisen, lehr- und lernbar sind, und daß ihre Problemlösungen auf ihren empirischen Gehalt hin überprüft werden können. (Hauptmeier/Schmidt 1985, 24)

Bereits der Ton dieses Zitats aus Helmut Hauptmeiers und Siegfried J. Schmidts „Einführung in die Empirische Literaturwissenschaft" zeigt, daß wir es hier mit einer völlig anderen Form der literaturtheoretischen Reflexion zu tun haben als im Fall Susan Sontags. Deren Arbeiten waren im Feld der Essayistik angesiedelt und entbehrten demzufolge nicht der Übertreibung und Polemik. Außerdem lag die Analyse der akademischen Literaturwissenschaft nicht in Sontags Interesse, ja nicht einmal die Analyse der Literatur. (Sie war eher an solchen Kunstformen wie Film oder Malerei interessiert, die nicht – wie die Literatur – durch die „schwere Bürde des Inhalts" belastet sind.) Dagegen stellt die Empirische Literaturwissenschaft einen – auch im Vergleich mit anderen literaturtheoretischen Positionen – extrem hohen Anspruch an die Wissenschaftlichkeit ihrer theoretischen Fundierung und praktischen Vorgehensweise: Für deren Vertreter ist Literaturwissenschaft letztlich eine Form der empirischen Sozialwissenschaft und dementsprechend stark von sogenannten quantitativen Methoden (wie statistischen Erhebungen oder Computersimulationen) bestimmt. Zwar besteht eine Gemeinsamkeit zwischen den beiden Ansätzen in der radikalen Ablehnung der Interpretation. Die Begründung dieser Ablehnung ist jedoch eine völlig andere: Wo Sontag den zerstöreri-

> Empirische Literaturwissenschaft definiert sich als Form der empirischen Sozialwissenschaft.

schen Zugriff ‚philisterhafter' Wissenschaftler beklagt, die dem Kunstwerk mittels rationaler Reformulierung die sinnliche Spitze nehmen, verurteilen Empirische Literaturwissenschaftler die Interpretation als subjektivistisches und irrationalistisches Privatvergnügen der Germanisten, das keinerlei Anspruch auf wissenschaftliche Genauigkeit und Gültigkeit erheben darf. Anders gesagt: Wo für Sontag *zu viel* Wissenschaft im Spiel ist, beklagen die Empirischen Literaturwissenschaftler einen *Mangel* an Wissenschaftlichkeit.

Die wissenschafts- und erkenntnistheoretischen Prämissen der Empirischen Literaturwissenschaft sind zu komplex, als daß sie im Rahmen der vorliegenden Einführung vollständig dargestellt werden könnten. Es muß deshalb genügen, sich einige wichtige Grundsätze klarzumachen. Dies kann am Leitfaden des obenstehenden Zitats geschehen.

Bemerkenswert ist zunächst der systemtheoretische Blick auf die Literaturwissenschaft und ihren Gegenstand, die Literatur. Die traditionelle Sichtweise, wonach Literaturwissenschaftler es vor allem mit literarischen Texten zu tun haben, wird ersetzt durch die Konzeption eines *Literatursystems* auf der einen Seite und eines – dieses System beobachtenden – *Wissenschaftssystems* auf der anderen. Für das Literatursystem werden bestimmte *Teilnahmehandlungen* definiert, nämlich *Produktion, Vermittlung, Rezeption* und *Verarbeitung*. Damit verschiebt sich die traditionelle Perspektive: Die Empirische Literaturwissenschaft orientiert sich nicht mehr an literarischen Texten, sondern an „Aktant-Text-Kontext-Syndromen", d.h. an den verschiedenen Handlungen, die von „Aktanten" (Autoren, Verlegern, Lesern, Rezensenten, Interpreten u.a.) im Umgang mit Texten vollzogen werden. Diese Handlungen werden vom Wissenschaftssystem beobachtet und beschrieben; anders formuliert: im Wissenschaftssystem werden *Analysehandlungen* des Literatursystems vollzogen. Die Unterscheidung zwischen „Teilnahme" und „Analyse" erlaubt es, nicht-wissenschaftliche von wissenschaftlichen Handlungen im Umgang mit dem Literatursystem zu unterscheiden: Nur Analysehandlungen gelten als „wissenschaftlich" im Sinne der Empirischen Literaturwissenschaft. Die Interpretation dagegen gilt hier als eine Form der Verarbeitung, stellt also eine nicht-wissenschaftliche Handlung dar. Das bedeutet, daß die literaturwissenschaftliche Textinterpretation sich nach diesem Modell auf der gleichen Ebene befindet wie z.B. die Literaturkritik des literarischen Feuilletons.

Literatur als System

Interpretation als nicht-wissenschaftliche Handlung

Kriterien für Theorien in der Empirischen Literaturwissenschaft

Für das *Wissenschaftssystem* gelten zwar ebenfalls bestimmte *nicht*-wissenschaftliche Normen oder Zielsetzungen, auf die die Handelnden verpflichtet werden sollen (genannt werden *Vernunft*, *Solidarität* und *Kooperation*). Diese sind jedoch als normative Setzungen zu verstehen, als Offenlegung der Voraussetzungen wissenschaftlichen Arbeitens, die sich einer Letztbegründung entziehen. Die *Theorien* (oder „Problemlösungsstrategien") die in Orientierung an diesen Normen entwickelt werden, müssen dann aber eine Reihe von strengen Kriterien erfüllen: Sie müssen erstens *bedarfsorientiert* sein, d.h. sie dürfen nicht allein der Befriedigung individueller Vorlieben oder Interessen einzelner Wissenschaftler dienen, sondern müssen auf einen von verschiedenen Forschern in intersubjektivem Austausch formulierten Bedarf reagieren. Die Interpretation (bzw. ihre verschiedenen theoretischen Modelle in der traditionellen Literaturwissenschaft) erfüllt dieses Kriterium aus Empirischer Sicht nicht. Zweitens müssen diese Theorien *explizit* sein; das bedeutet, daß möglichst alle Voraussetzungen (wie z.B. Erkenntnis- oder Wissenschaftsbegriff) offenzulegen und die theoretischen und methodischen Vorgaben so deutlich wie möglich zu machen sind. Auch dieses Kriterium wird von der Interpretation nicht erfüllt – zumindest nicht von jener Art von Interpretation, die sich als „Kunst" versteht und als deren Ausgangspunkt das „allersubjektivste Gefühl" (Staiger 1963, 12) angegeben wird. Aus dem nämlichen Grund ist die Interpretation auch nicht *lehr- und lernbar*, was das dritte Kriterium für Theorien in einer Empirischen Literaturwissenschaft verlangt.

Interpretation ist weder bedarfsorientiert noch explizit methodisch noch lehr- und lernbar!

Dieser knappe Überblick könnte den Eindruck erwecken, die Empirische Literaturwissenschaft orientiere sich ausschließlich an den vermeintlich ‚harten' Wissenschaften, also an den Naturwissenschaften bzw. den empirischen Sozialwissenschaften. Tatsächlich hat es auch solche eher naiven Versuche zu einer empirischen Literaturwissenschaft (vor allem in den siebziger Jahren) gegeben. Die hier in Rede stehende Empirische Literaturwissenschaft (aus Gründen der Abgrenzung mit großem „E" geschrieben) hat sich jedoch von solchen unbefangenen Übernahmen längst verabschiedet, was sich nicht zuletzt an der Aufnahme konstruktivistischer Modelle in das Theoriegebäude zeigt. Hier ist insbesondere auf den sogenannten *Radikalen Konstruktivismus* zu verweisen, der im Verlauf der achtziger Jahre zunehmend wichtiger für die Empirische Literaturwissenschaft wurde. Es handelt sich dabei um einen mittlerweile recht prominenten erkenntnistheoreti-

schen Ansatz, dessen Ursprünge zwar ebenfalls im Bereich
der Naturwissenschaften (hier der Kognitionsbiologie und
Neurokybernetik) liegen, in dessen Zentrum jedoch gerade
die Abkehr von jeder Art von realistischer Erkenntnistheorie
und also die Infragestellung jeder ‚objektiven' Erkenntnis
steht. Auch die Darstellung des Radikalen Konstruktivismus
würde den Rahmen dieser Einführung sprengen. Wir werden
deshalb versuchen, die für das Interpretationsproblem relevanten Prämissen, Thesen und Konsequenzen an einem Beispiel zu veranschaulichen.

Nehmen wir das Beispiel aus dem vorigen Kapitel. An-   Beispiel
genommen, jemand fragt nach einer Interpretation von
„Wandrers Nachtlied": Was genau würde da eigentlich
interpretiert? Oder anders gefragt: Was ist das eigentlich,
„Wandrers Nachtlied"? Diese Frage klingt recht philosophisch, und das ist sie wohl auch; zumindest wird sie in der
Literaturwissenschaft eher selten gestellt. Man könnte auch
sagen: Die Literaturwissenschaft verfährt in aller Regel so, als
sei diese Frage unproblematisch bzw. bereits beantwortet. Für
die philosophische Disziplin Ästhetik jedoch stellt diese Frage
durchaus ein Problem dar; es hört dort auf den Namen *Problem des ontologischen Status' des Kunstwerks*. Es ist also eine
Frage, die auf das ‚Sein' des Kunstwerks abzielt – auf das Sein
des *Werkes* wohlgemerkt, nicht auf das Sein des *Textes*. Denn
soviel ist klar: Nicht der Text (d.h. hier: die Druckerschwärze
auf dem Papier) ist Gegenstand der Interpretation. Für einen
Drucker etwa, der – z.B. für eine Goethe-Ausgabe oder eine
Gedicht-Anthologie – „Wandrers Nachtlied" setzen muß,
stellt die Frage nach dem ontologischen Status kein Problem
dar; ihn interessiert nur der Text, d.h. die korrekte Anordnung von Buchstaben, Satzzeichen und Zwischenräumen.

Der *Text* (im definierten Sinn: man kann den Textbegriff
selbstverständlich auch anders auffassen, wie sich im nächsten
Abschnitt zeigen wird) scheidet als Gegenstand der Interpretation also aus. Muß man demnach ausweichen auf die ideali-
sierte Vorstellung eines *Werkes*, das man zwar nicht sehen
oder anfassen kann, das aber gleichwohl als eine Art von pla-
tonischer Idee über den unzähligen Texten schwebt? Solche
ontologisierten (bisweilen „emphatisch" genannten) Werkkonzeptionen sind für viele Theoretiker seit langem dubios;
weil diese ‚Werke' wahrhaft ‚über' dem Physischen schweben,
wurden sie nicht erst durch Empirische Literaturwissenschaft
und Radikalen Konstruktivismus als „metaphysisch" diskre-
ditiert.

> Nicht der Text, sondern
> nur das Werk ist inter-
> pretierbar.

Die Empirische Antwort auf dieses Problem ist radikal konstruktivistisch. Demnach können sich Aussagen über die Bedeutung literarischer Texte immer nur auf diejenigen beziehen, die mit dem betreffenden Text umgehen, ihn also lesen. Anders formuliert: Texte *besitzen* ihre Bedeutung nicht, sondern die Leser der Texte *konstruieren* diese Bedeutung. In der Sprache der Empirischen Literaturwissenschaft klingt das so:

Textbedeutungen werden erst durch Leser generiert.

Kommunikation [kann] nicht als Austausch von Informationen, sondern als parallele Konstruktion von Informationen im kognitiven Bereich von Individuen angesehen werden [...], die durch strukturelle Kopplung bereits einen konsensuellen Bereich ausgebildet haben. Aus diesen Annahmen folgt zum einen, daß Bedeutung eine kontextuelle Relation ist, die theoretisch als mehrstelliger Begriff konzipiert werden muß (relativ zu Kommunikationsteilnehmern, Kommunikationssituationen und Zeitpunkten); daraus folgt zum anderen, daß Kommunikationsmittel nicht Bedeutung besitzen, sondern daß Kommunikationsteilnehmer konsensuell vereinbarten Kommunikationsmitteln in ihrem kognitiven Bereich Bedeutung zuordnen. Folglich muß man strikt unterscheiden zwischen dem Kommunikationsmittel – etwa einem sprachlichen Text – und den kognitiven Konstrukten, die ein System diesem Kommunikationsmittel zuordnet. (Schmidt 1987, 64f.)

Aus dieser etwas umständlichen Formulierung läßt sich folgende Antwort auf unsere Ausgangsfrage, was genau in einer Interpretation von „Wandrers Nachtlied" interpretiert wird, ableiten: Der Gegenstand einer Interpretation (oder allgemeiner: der Gegenstand von Aussagen über literarische Texte) ist weder das materielle Substrat (das bedruckte Papier) noch ein idealisiertes, aber „ontologisch real gesetztes" Werk (ebda., 67). Der Gegenstand einer Interpretation ist vielmehr das *kognitive Konstrukt*, das ein Leser ‚aus Anlaß' eines Kommunikationsmittels anfertigt (oder traditionell gesprochen: die ‚Bedeutung', die ein Text *für einen Leser* hat). Dieses Konstrukt heißt *„Kommunikat"*. Um nochmals einen Eindruck vom sprachlichen Duktus der Empirischen Literaturwissenschaft zu vermitteln, sei die Definition von „Kommunikat" im Wortlaut zitiert:

Gegenstand der Interpretation aus radikalkonstruktivistischer Sicht

Definition: Kommunikat

KK ist ein Kommunikat für einen Kommunikationsteilnehmer K in einer Kommunikationssituation KSit genau dann, wenn K mit einer Kommunikatbasis KB, die ihm in KSit wahrnehmbar und dekodierbar präsentiert wird, kognitive Handlungen durchführen kann, die emotional besetzt sind und denen K in KSit lebenspraktische Relevanz zuordnet. (Hauptmeier/Schmidt 1985, 69)

Fassen wir zusammen: Das ‚Werk‘ in einem für die Interpretation relevanten Sinn existiert lediglich als kognitives Konstrukt („Kommunikat"), das ein Leser einem bestimmten „Kommunikationsmittel" (in der Regel einem Text) im Prozeß der Lektüre zuweist. Die Konstruktion eines Kommunikats ist einerseits *subjektabhängig*, nämlich „emotional besetzt", und andererseits *kontextvariabel*, nämlich auf die jeweilige Situation oder „Lebenspraxis" des Lesers bezogen. Ein einfaches Beispiel: Ein und derselbe Leser wird „Wandrers Nachtlied" verschiedene Kommunikate zuordnen, je nachdem, ob er es in der lärmigen Fußgängerzone einer Großstadt liest oder aber in einer der Entstehung vergleichbaren Situation auf einem Berg, in der Abenddämmerung, mit Blick auf ruhige Gipfel und Wälder. Das gleiche gilt übrigens auch für den Autor: Auch er hat ‚Zugang‘ zu seinem Text nur über ein solches subjektabhängiges und kontextvariables Kommunikat und ist nicht etwa ‚im Besitz‘ der Bedeutung – eine Tatsache, die jeder bestätigen kann, der eigene Texte nach langer Zeit wiederliest und versucht, die eigenen ehemaligen Gedanken nachzuvollziehen. – Die Kommunikatbildung ist aber auf der anderen Seite keineswegs „subjektiv" im Sinne von willkürlich: Es gibt durchaus *Konventionen*, denen zufolge bestimmte Lesarten konventionell, andere dagegen unkonventionell genannt werden müssen. Diese Konventionen werden durch Sozialisation und lange Einübung ‚gelernt‘ und sind dementsprechend nur schwer als solche zu erkennen. Sie dürfen jedoch keinesfalls mit absoluten Kriterien der Richtigkeit oder gar Wahrheit bestimmter Lesarten verwechselt werden.

Diesen Prämissen zufolge ist die Annahme einer konstanten, d.h. objektiven und kontextinvarianten Bedeutung literarischer Texte ebenso ausgeschlossen wie die – ebenfalls weit verbreitete – Ansicht, letztlich entscheide der Autor über den Sinn seines Textes. Selbst wenn man zugestehen würde, daß es in der Interpretation darauf ankäme, die vom Autor ‚gemeinte‘ oder intendierte Bedeutung zu ermitteln, so wäre eine solche Interpretation praktisch nicht durchführbar, da auch diese ‚Autor-Bedeutung‘ keineswegs eine Konstante darstellt, sondern ständigen Modifikationen unterliegt. Der Empirischen (bzw. konstruktivistischen) Auffassung zufolge gibt es weder so etwas wie *die* Bedeutung eines Textes noch so etwas wie *die* Intention seines Autors. Diese Thesen sind aber wohlgemerkt nicht mit den differentialistischen Thesen Strubes aus dem vorigen Kapitel zu verwechseln: Während

Kommunikat statt Werk

Beispiel

Leserkommunikat und
Autorkommunikat

Literarische Texte haben keine konstanten Bedeutungen.

Die Bedeutung eines Textes gibt es ebensowenig wie *die* Intention des Autors.

für Strube ein Text immerhin noch verschiedene, aber gleichermaßen geglückte Interpretationen zuließ, lehnen Empirische Literaturwissenschaftler jegliche Konzeption ‚ontologisierter' Textbedeutungen und damit auch den Anspruch, zumindest geglückte Interpretationen anfertigen zu können, insgesamt ab. Die Interpretation mag ein mehr oder weniger vergnügliches Unterfangen im Rahmen der „Teilnahme" am Literatursystem sein – den hohen wissenschaftstheoretischen Ansprüchen der Empirischen Literaturwissenschaft wird sie in keinem Fall gerecht. Und schlimmer noch: Der Zwang, in der Interpretation *die eine, ‚eigentliche'* Bedeutung zu ermitteln, verhindert – auch in den Augen Empirischer Literaturwissenschaftler – einen angemessenen ‚privaten' Umgang mit der Literatur, der sich vor allem auf die Polyvalenzen und ästhetischen Wirkungsmöglichkeiten literarischer Texte einlassen sollte.

Aus Gründen der Darstellungsökonomie sind wir bisher so verfahren, als gäbe es so etwas wie *die* Interpretation bzw. den einen, eindeutigen und allgemeingültigen Interpretationsbegriff. Wie wir wissen, ist dies jedoch nicht der Fall. Es fragt sich also, gegen welche „Interpretation" die Kritik der Empirischen Literaturwissenschaftler gerichtet ist. Oder anders gefragt: Welche *Merkmale* weist die von ihnen abgelehnte

Merkmale der kritisierten Interpretation

„Interpretation" auf? Da sind zunächst einige negative Charakterisierungen: Die Interpretation ist theoretisch nicht genügend explizit; sie basiert auf solch ‚trüben' Kategorien wie „Einfühlung" oder „allersubjektivsten Gefühlen"; und sie ist deshalb viel mehr eine „Kunst" als eine „Wissenschaft", deren Ausübung letztlich nicht vermittelbar ist. (In der Tat heißt es bei Wolfgang Kayser, einem der führenden Vertreter der stilkritischen Interpretationsweise: „Das Nicht-Lehrbare liegt zutiefst in dem Ergriffenwerden, das die Interpretation auslöst und bestimmt. Dazu sind nicht alle berufen" [Kayser 1958, 56].)

Darüber hinaus werden zwei weitere Merkmale benannt: Die Interpretation besteht in der *Ermittlung der Autorintention* sowie in der *Ermittlung der richtigen Bedeutung* eines Textes. Diese Bestimmung stellt – angesichts der Vielzahl von Interpretationstypen, von denen wir im letzten Kapitel drei kennengelernt haben – eine unzulässige Verkürzung dar: Keineswegs in allen Formen der Interpretation spielt die Ermittlung der Autorintention eine Rolle, in manchen ist sie sogar explizit verboten. (Beispielsweise stellt der im englischen Sprachraum einflußreichste literaturtheoretische An-

Der Interpretationsbegriff, gegen den sich Empirische Literaturwissenschaft richtet, ist verkürzt.

satz, der „New Criticism", die Frage nach der Intention des
Autors unter das Verdikt eines „intentionalen Fehlschlus-
ses".) Und selbst die Aufgabe der Ermittlung der einen, richtigen Bedeutung findet sich in neueren literaturtheoretischen
Reflexionen nur äußerst selten: Auch traditionelle Literaturwissenschaftler haben sich in der überwiegenden Mehrzahl
längst von dem Gedanken verabschiedet, die Bedeutung eines literarischen Textes sei ein für allemal festlegbar. Allerdings – in diesem Punkt ist den Empirischen Literaturwissenschaftlern recht zu geben – findet eine konsequente
Einbeziehung der pragmatischen und kontextuellen Faktoren
in die Tätigkeit des Interpretierens nicht statt: Die Frage,
welcher Leser, mit welchen Voraussetzungen und Interessen,
in welcher Situation eine Interpretation anfertigt, spielt in aller Regel eine untergeordnete Rolle. (Das Beispiel der Rezeptionsästhetik, die sich nach vielversprechenden Anfängen
sehr schnell der Untersuchung von *im Text* „impliziten Lesern" zuwandte, macht dies deutlich.) Es hat den Anschein,
daß die traditionellen ebenso wie die Empirischen Literaturwissenschaftler zwar erkannt haben, daß es viele richtige
oder geglückte Interpretationen eines Textes geben kann, daß
die Erklärung dieses Phänomens in den beiden Lagern jedoch eine grundsätzlich andere ist: Während traditionelle Literaturwissenschaftler an der Vorstellung festhalten, die verschiedenen Interpretationen seien irgendwie ‚im Text'
angelegt, ziehen Empirische Wissenschaftler aus der Pluralität der Interpretationen eine radikalere Konsequenz und
versuchen, den Text lediglich als Kommunikationsmittel in
einem komplexen Aktant-Text-Kontext-Syndrom aufzufas-
sen.

Rezeptionsästhetik
vgl. S. 117f.

Die Frage, inwieweit dieser ehrgeizige Anspruch eingelöst
werden kann, und insbesondere die in der Auseinandersetzung mit interpretationskritischen Ansätzen notorische Frage nach der Verzichtbarkeit von Interpretation soll hier nicht
erörtert werden. Stattdessen erscheint es sinnvoll, abschließend zumindest einen knappen Überblick über mögliche Arbeitsfelder und Verfahren der Empirischen Literaturwissenschaft zu geben.

Zunächst sollte man sich ins Gedächtnis rufen, daß die
Empirische Literaturwissenschaft nicht nur – wie Susan Sontag – das *Verfahren* der Interpretation in Frage stellt, sondern
auch die *Institution* „Interpretation", wie sie an den Universitäten etabliert wurde, d.h. die Praxis der individuellen (statt
kollektiven) Beschäftigung mit „ontologisch real gesetzten"

Nicht nur das Verfah-
ren, sondern auch die
Institution der Interpre-
tation ist fragwürdig.

literarischen Texten. Die primären Anwendungsbereiche der Empirischen Literaturwissenschaft liegen demzufolge jenseits dieser traditionellen universitären Praxis. Sie weichen deshalb in einem radikaleren Sinn von der Interpretation ab, als die von Sontag angebotene Alternative „Beschreibung", die zumindest die spezifische Situation des individuellen Umgangs mit Literatur beibehält.

Zweitens sollte man sich nochmals die (zugegeben recht holzschnittartige) Gegenüberstellung von traditioneller Literaturwissenschaft als *Wissenschaft vom Text* einerseits und Empirischer Literaturwissenschaft als *Analyse des Literatursystems* andererseits vergegenwärtigen; hieraus resultiert eine entsprechende Verteilung der jeweils adäquaten Verfahren: Die Zentralstellung des Textes in der traditionellen Literaturwissenschaft erfordert *textzentrierte Verfahren*, als deren wichtigste die Textinterpretation gilt. Die systemtheoretische Erweiterung zur Empirischen Literaturwissenschaft dagegen verlangt den Einsatz solcher Methoden, die die Untersuchung historischer, gesellschaftlicher und kognitiver Kontexte und Prozesse, kurz: die Untersuchung des *Funktionierens des Literatursystems* ermöglichen. Zwar gibt es auch in der Empirischen Literaturwissenschaft einige (dem Anspruch nach nicht-interpretative) Verfahren der Textarbeit; wichtiger als diese „Arbeit am Text" ist jedoch die sogenannte „Arbeit im Feld":

> Bei fast allen Fragestellungen in bezug auf *gegenwärtige* Literatur-Systeme wird ein empirischer Literaturwissenschaftler seinen Schreibtisch verlassen müssen und mit seinen Fragebögen, Tests, Tonbändern und Video-Kameras das Verhalten von Teilnehmern am Literatur-System vor Ort (in der Schule, bei Autorenlesungen, Preisverleihungen, im Kindergarten, bei Literaturlesern zu Hause, usw.) oder im Untersuchungsraum der Hochschule festhalten müssen. (Hauptmeier/Schmidt 1985, 144)

Die bei der Feldarbeit angewandten Methoden stammen vor allem aus der empirischen Sozialforschung, aber auch z.B. aus der Psychologie und Psycholinguistik. Als solche Methoden werden u.a. genannt: *Beobachtung*, *Befragung* oder *Interview*, *Experiment*, *Gruppendiskussion* und *Soziometrie*, *Sekundärauswertung* und *Computersimulation*.

Eine weitergehende Beschreibung und Erörterung dieser Verfahren kann hier nicht geleistet werden. Abschließend bleibt festzuhalten, daß die Ablehnung der traditionellen Literaturwissenschaft im allgemeinen und der Interpretation

Wissenschaft vom Text vs. Analyse des Literatursystems

Arbeit im Feld

im besonderen nicht allein mit ‚trockenen‘ wissenschafts-
und erkenntnistheoretischen Erwägungen begründet wird,
sondern sich primär einer grundsätzlich anderen Orientierung der Empirischen Literaturwissenschaft verdankt, die
vor allem durch das Streben nach einer stärkeren praktischen
und also gesellschaftlichen Relevanz gekennzeichnet ist. Die
herkömmliche Interpretationspraxis ist ja in den Augen Empirischer Literaturwissenschaftler nicht nur erkenntnistheoretisch fragwürdig und – im Sinne eines angemessenen privaten Umgangs mit Literatur – ästhetisch fatal; wichtiger – und
gewichtiger – ist der Vorwurf, daß ein Nutzen der mit   **Gesellschaftliche Rele-**
großem Aufwand an Zeit und Energie hergestellten Inter-   **vanz der Interpretation?**
pretationen über den vergleichsweise engen Expertenkreis
der Germanisten hinaus keineswegs sichergestellt ist. Anders
formuliert: Die durchaus schwerwiegende Frage, ob für die
letztlich mit Steuergeldern finanzierte Tätigkeit der professionellen Interpreten überhaupt ein gesellschaftlicher Bedarf
besteht, wird von traditionellen Literaturwissenschaftlern
nicht gestellt. Es ist sicherlich nicht allein das Festhalten an
einem nur unzureichend modifizierten Verfahren der Interpretation, das die Germanistik in ihre sattsam bekannte,
schon notorische Legitimationskrise gestürzt hat. Zumindest
eine Ursache für diese Krise dürfte aber sehr wohl in der
auch der Interpretation zugrundeliegenden Fixierung auf das
‚Werk an sich‘ bestehen, also in dem konsequenten Ausblenden jeglicher sozialer Faktoren der Literaturproduktion und
–rezeption. So werden beispielsweise Entwicklungen, die
darauf hindeuten, daß sich die Produktion und Rezeption   **Neue Herausforderungen**
von Literatur nicht nur von den klassischen Autoren, son-   **an die Germanistik**
dern auch von dem lange vorherrschenden Medium Buch
wegbewegt, von der traditionellen Germanistik nicht aufgegriffen, sondern allenfalls mißtrauisch beäugt. Die Beharr-
lichkeit, mit der ein Großteil der Germanisten einerseits die
Computerbegeisterung vor allem junger Menschen als Her-
aufdämmern eines neuen Analphabetentums und Nieder-
gangs der Lesekultur verdammt und sich andererseits wei-
gert, zu den Problemen der „Neuen Medien“ von einem
literaturwissenschaftlichen Standpunkt aus Stellung zu nehmen, stellt ein aktuelles Beispiel für diese Einschätzung dar.
Die Empirische Literaturwissenschaft, für die die Forderung
nach Applikabilität, also nach Anwendbarkeit ihrer Ergebnisse zentrales Element ihrer theoretischen Fundierung ist,
ist zumindest auf diese neuen Herausforderungen besser
vorbereitet.

Arbeitsaufgabe:

(2) Ein großes Problem der Empirischen Literaturwissenschaft bildet die Umsetzung ihrer theoretischen Überlegungen und Ergebnisse für den Bereich des schulischen und universitären Literaturunterrichts. Stellen Sie – gegebenfalls unter Zuhilfenahme der entsprechenden Literatur, z.B. der oben zitierten „Einführung in die Empirische Literaturwissenschaft" – dar, wie eine solche Operationalisierung aussehen könnte und wie sich diese Form des Literaturunterrichts von der bisherigen ‚Interpretationsfixierung' unterscheiden würde. Diskutieren Sie den möglichen praktischen Nutzen dieser Umstellung insbesondere im Hinblick auf die Fähigkeit der Schüler bzw. Studenten, mit verschiedenen „Medienangeboten" umzugehen, und vergleichen Sie dies mit dem erwarteten Nutzen eines interpretationsfixierten Unterrichts.

6.3 Erkenntnistheoretisch fundierte Interpretationskritik

Siegfried J. Schmidt, der führende Vertreter der Empirischen Literaturwissenschaft, zeigt in vielen Texten Sympathie für die interpretationskritische Haltung Susan Sontags. Nach seinem Verständnis laufen auch die Bemühungen um eine Abschaffung der Interpretation im Rahmen der Empirischen Literaturwissenschaft darauf hinaus, zumindest dem ‚privaten Leser' (wenn auch nicht dem Wissenschaftler) Gelegenheit zu einem ‚anarchischen' oder ‚erotischen' Umgang mit der Literatur zu geben. Insofern kann Schmidt trotz seines grundsätzlich anderen Ansatzes zumindest mit einigen der Thesen und Forderungen Sontags übereinstimmen. Dagegen ist seine Haltung gegenüber dem Poststrukturalismus bzw. Dekonstruktivismus, der dritten der hier behandelten interpretationskritischen Positionen, eine grundsätzlich ablehnende. Diese nämlich stimmten seiner Meinung nach nur „ein neues Credo im Chor der alten Hermeneutik und Dialektik" an und blieben somit „theoretisch alteuropäisch und wenig avanciert" (Schmidt 1984, 311). Mehr noch: Die den Poststrukturalisten unterstellte Aufgabe jedes Geltungs- oder Wahrheitsanspruchs macht diesen Ansatz aus Empirischer Sicht noch fragwürdiger als den gemeinsamen Feind, die Hermeneutik bzw. die interpretierende Literaturwissenschaft. Während Sontags Position in gewissem Sinn eine *Unterbietung* der Hermeneutik darstellte (insofern nämlich, als sie die Interpretation freiwillig suspendieren wollte zugunsten einer nur an der sinnlich wahrnehmbaren Oberfläche operierenden Beschreibung), stellt der Poststrukturalismus eine *Überbie-*

(Marginalien:)

Poststrukturalismus / Dekonstruktivismus

Unterbietung und Überbietung der Hermeneutik

tung der Hermeneutik dar (insofern als die in der Hermeneutik durchaus noch geltenden Regeln und Konventionen, mit deren Hilfe richtige von falschen Interpretationen unterschieden werden sollen, radikal in Frage gestellt werden). Poststrukturalistische Thesen wie die, daß es letztlich nur falsche Interpretationen gebe, daß die Literaturwissenschaft also keinerlei Anspruch auf intersubjektive Geltung erheben dürfe und daß sie demzufolge eher der Dichtung anzunähern sei als den exakten Naturwissenschaften, können von Vertretern der Empirischen Literaturwissenschaft, aber auch von weniger ambitionierten, traditionellen Wissenschaftlern nicht akzeptiert werden.

Vielleicht ist gerade diese Frontstellung gegen jede Form traditioneller Literaturwissenschaft dafür verantwortlich, daß der Poststrukturalismus zur wichtigsten und einflußreichsten literaturtheoretischen Neuerung der letzten zwanzig Jahre geworden ist. Es ist allerdings gar nicht leicht zu sagen, welche Autoren bzw. Positionen überhaupt zu diesem theoretischen Umfeld gezählt werden müssen. Wir werden uns deshalb in diesem Abschnitt nicht auf eine Diskussion um die historische Entwicklung des Poststrukturalismus oder um Zugehörigkeiten und Gruppenbildungen einlassen und statt dessen diese spezifische Form der Interpretationskritik von einem ‚systematischen' Standpunkt aus darstellen. Dies kann am Leitfaden dreier zentraler literaturwissenschaftlicher Begriffe geschehen, nämlich (a) „Autor", (b) „Werk" und (c) „Interpretation".

(a) Zu den spektakulärsten Provokationen des Poststrukturalismus gehört eine These, die unter dem Schlagwort „Der Tod des Autors" berühmt geworden ist. Vor allem zwei Texte sind in diesem Zusammenhang einschlägig: Roland Barthes' „La mort de l'auteur" aus dem Jahr 1968 und Michel Foucaults „Qu'est-ce qu'un auteur?" von 1969. Besonders Barthes' recht enthusiastische Ausführungen sind für eine Reihe von Mißverständnissen verantwortlich, die die Auseinandersetzung mit dieser These verzerrten. Die folgende Darstellung stützt sich deshalb vor allem auf den Aufsatz von Foucault.

Als Einstieg geeignet ist Foucaults Vorschlag eines „Jahres ohne Namen", den er in einem anonym gegebenen Interview mit Christian Delacampagne gemacht hat. Auf die Frage nach dem Grund für seinen Wunsch, anonym zu bleiben, antwortet er:

Aus Sehnsucht nach der Zeit, in der – da ich völlig unbekannt war – das, was ich sagte, einige Chance hatte, Gehör zu finden. Die Berührungsstelle mit dem möglichen Leser war nicht vorgezeichnet.

Autor

Die Wirkungen des Buchs tauchten an unerwarteten Ohren auf, und es zeichneten sich Formen ab, an die ich nicht gedacht hatte. Mit dem Autorennamen macht man es sich einfach. Ich schlage ein Spiel vor: das des „Jahres ohne Namen". Ein Jahr lang würde man Bücher ohne Autorennamen veröffentlichen. Die Kritiker hätten mit einer rein anonymen Produktion klarzukommen. Aber vielleicht – wie mir gerade einfällt – hätten sie nichts zu sagen: alle Autoren würden das nächste Jahr abwarten, um ihre Bücher zu publizieren. (Foucault 1990, 5f.)

Abgesehen von der süffisanten Dekuvrierung der Autoreneitelkeit ist an dieser Aufforderung, mit dem Tod des Autors ernst zu machen, vor allem eines interessant: die vielleicht trivial erscheinende Feststellung nämlich, daß mit der These vom Verschwinden oder gar Tod des Autors nicht die historisch realen Dichter oder Schriftsteller gemeint sind. Diese vermeintliche Banalität impliziert eine wichtige Unterscheidung, nämlich die zwischen dem *realen schreibenden Individuum* auf der einen Seite und der *Konzeption des Autors,* wie sie in der Literaturwissenschaft vorzufinden ist, auf der anderen. Bezieht man die These vom Tod des Autors auf die realen Schriftsteller, so ist sie schlicht falsch. Bezieht man sie aber auf eine Autor-Konzeption, so ergeben sich eine Reihe von interessanten Konsequenzen für den Umgang mit Texten.

> Autor als Individuum und als Konzeption

Die erste Konsequenz ist, daß literaturwissenschaftliche Aussagen über die Intentionen eines Autors bei dieser Sichtweise nicht auf eine reale Person referieren, sondern auf eine von der Literaturwissenschaft vorgenommene Projektion oder „Konstruktion". (Foucault 1969, 20) Diese *Autor-Konstruktion* fungiert als *Ordnungsfunktion* des Textes:

> *Konsequenzen der These vom „Tod des Autors"* vgl. S. 36-38

Ein Autorname ist nicht einfach ein Element in einem Diskurs (der Subjekt oder Ergänzung sein kann, die von einem Pronomen ersetzt werden kann, usw.); er hat bezogen auf den Diskurs eine bestimmte Rolle: er besitzt klassifikatorische Funktion; mit einem solchen Namen kann man eine gewisse Zahl von Texten gruppieren, sie abgrenzen, einige ausschließen, sie anderen gegenüberstellen. Außerdem bewirkt er eine Inbezugsetzung der Texte zueinander. (ebda., 16f.)

Die Rede vom Autor stellt also eine *Zuschreibung* dar, die es ermöglicht, bestimmte Merkmale des Textes auf den Autor zu beziehen, weil dies den zu einem bestimmten Zeitpunkt herrschenden diskursiven Regeln entspricht. Die literaturwissenschaftliche Bezugnahme auf ein reales schreibendes Individuum soll demzufolge ersetzt werden durch die Untersuchung der Autorfunktion, die sich in den Texten – auf unterschiedli-

> Die Autorfunktion ist im Unterschied zur Autorperson im Text manifest.

che Weise – manifestiert. Die Existenz realer schreibender Individuen wird nicht geleugnet:

> Es wäre sicherlich absurd, die Existenz des schreibenden und erfindenden Individuums zu leugnen. Aber ich denke, daß – zumindest seit einer bestimmten Epoche – das Individuum, das sich daran macht, einen Text zu schreiben, aus dem vielleicht ein Werk wird, die Funktion des Autors in Anspruch nimmt. Was es schreibt und was es nicht schreibt, was es entwirft, und sei es nur eine flüchtige Skizze, was es an banalen Äußerungen fallen läßt – dieses ganze differenzierte Spiel ist von der Autor-Funktion vorgeschrieben, die es von seiner Epoche übernimmt oder die es seinerseits modifiziert. (Foucault 1974, 21)

Die These vom Tod des Autors ist demnach vorläufig folgendermaßen zu explizieren: Die Literaturwissenschaft faßte das Autorproblem bisher als *externe Relation* eines Textes zu seinem (realen) Erzeuger; statt dessen will Foucault nun die Frage des Autors als *interne Funktion* des Textes behandeln. In diesem Sinn läßt sich die ‚Abschaffung‘ des Autors als *De-Ontologisierung* bzw. *Funktionalisierung* bezeichnen: Für die Literaturwissenschaft ‚stirbt‘ der Autor als historisch reale Person und wird – um im Bild zu bleiben – ‚wiedergeboren‘ als ordnungsstiftende Funktion des Diskurses.

Eine zweite Konsequenz dieser Umstellung besteht in der Einsicht in die *historische und diskurstypische Variabilität der Autorfunktion*. Die Rückführung von Texten auf einen Autor stellt nach Foucault keine ‚anthropologische Grundbedingung‘ für den Umgang mit ihnen dar, sondern eine Konstruktion, die bei einigen Texten aufgrund bestimmter Erfordernisse dieses Umgangs vollzogen werden muß, bei anderen aber nicht. Konstruktionen sind jedoch – im Gegensatz zu anthropologischen Grundbedingungen – Veränderungen unterworfen: „Man konstruiert einen ‚philosophischen Autor‘ nicht wie einen ‚Dichter‘; man konstruierte den Autor eines Romanwerkes im 18. Jahrhundert nicht wie einen heutzutage." (Foucault 1969, 20) Foucault illustriert diese These am Beispiel der Autorfunktion in literarischen respektive wissenschaftlichen Texten. Demnach spielte die Frage nach dem Autor bei den literarischen Texten bis etwa zum siebzehnten Jahrhundert keine Rolle:

> Es gab eine Zeit, in der die Texte, die wir heute „literarisch" nennen (Berichte, Erzählungen, Epen, Tragödien, Komödien) aufgenommen, verbreitet und gewertet wurden, ohne daß sich die Autorfrage stellte; ihre Anonymität machte keine Schwierigkeit, ihr echtes oder vermutetes Alter war für sie Garantie genug. Im Gegensatz dazu wurden Texte, die wir heute wissenschaftlich nennen, über die Kosmologie

Das Autorproblem als externe Relation und interne Funktion

Diskurs vgl. S. 37

Variabilität der Autorfunktion

und den Himmel, die Medizin und die Krankheiten, die Naturwissenschaften oder die Geographie im Mittelalter nur akzeptiert und hatten nur dann Wahrheitswert, wenn sie durch den Namen des Autors gekennzeichnet waren. [...] Zu einer Umkehrung kam es im 17. oder im 18. Jahrhundert; man begann wissenschaftliche Texte um ihrer selbst willen zu akzeptieren, in der Anonymität einer feststehenden oder immer neu beweisbaren Wahrheit; ihre Zugehörigkeit zu einem systematischen Ganzen sicherte sie ab, nicht der Rückverweis auf die Person, die sie geschaffen hatte. [...] Aber „literarische" Diskurse können nur noch rezipiert werden, wenn sie mit der Funktion Autor versehen sind: jeden Poesie- oder Fiktionstext befragt man danach, woher er kommt, wer ihn geschrieben hat, zu welchem Zeitpunkt, unter welchen Umständen oder nach welchem Entwurf. [...] Und wenn infolge eines Mißgeschicks oder des ausdrücklichen Autorwillens uns der Text anonym erreicht, spielt man sofort das Spiel der Autorsuche. Literarische Anonymität ist uns unerträglich; wir akzeptieren sie nur als Rätsel. Die Funktion Autor hat heutzutage ihren vollen Spielraum in den literarischen Werken. (ebda., 18f.)

Auch das eingangs zitierte, anonym gegebene Interview ist Beleg für Foucaults letzte Bemerkung: Es fällt offenbar sehr schwer, sich von einer so ehrwürdigen und mächtigen Konvention wie der Zurechnung von Texten auf Autoren zu verabschieden. ‚Historische Variabilität' heißt aber auch, daß der gegenwärtige Status quo nicht notwendig von Dauer sein muß. Die These vom Verschwinden des Autors läßt sich also verschärfen durch den Hinweis auf mögliche zukünftige Änderungen im Umgang mit der Autorfunktion. In der von Foucault am Schluß seines Vortrags „Was ist ein Autor?" entworfenen Vision einer künftigen Literaturwissenschaft spielt die Untersuchung der Autorfunktion keine Rolle mehr:

Man kann sich eine Kultur vorstellen, in der Diskurse verbreitet oder rezipiert würden, ohne daß die Funktion Autor jemals erscheinen würde. [...] Folgende so lange wiedergekäute Fragen würde man nicht mehr hören: „Wer hat eigentlich gesprochen? Ist das auch er und kein anderer? Mit welcher Authentizität oder welcher Originalität? Und was hat er vom Tiefsten seiner selbst in seiner Rede ausgedrückt?" Dafür würde man andere hören: „Welche Existenzbedingungen hat dieser Diskurs? Von woher kommt er? Wie kann er sich verbreiten, wer kann ihn sich aneignen? Wie sind die Stellen für mögliche Stoffe verteilt?" Und hinter all diesen Fragen würde man kaum mehr als das gleichgültige Geräusch hören: „Wen kümmert's, wer spricht?" (ebda., 31)

Werk   (b) Im 5. Kapitel haben wir verschiedene Konzeptionen des literarischen Kunstwerks kennengelernt. In der strukturbestimmenden und besonders in der stilbestimmenden Interpretation wurde der ganzheitliche, geschlossene, ja organische

Charakter literarischer Werke betont. Im Abschnitt über wissenschaftstheoretisch fundierte Interpretationskritik hatten wir dann darauf hingewiesen, daß solche ‚emphatischen' Vorstellungen seit langem suspekt geworden sind. Während die Empirische Literaturwissenschaft aus diesen Bedenken die Konsequenz zieht, die Untersuchung radikal auf den jeweiligen Leser (oder Aktanten) und seine Kontexte umzustellen und somit letztlich den Anspruch erhebt, ein adäquateres Bild literarischen Handelns zu liefern, geht die Reaktion der Poststrukturalisten noch einen Schritt weiter. Sie weisen die Vorstellung, es könne zu irgendeinem Zeitpunkt auf der Seite des Produzenten oder des Rezipienten ein Bewußtsein geben, das sich der Bedeutung einer Aussage oder eines Textes voll bewußt ist, als „Metaphysik der Präsenz" (Derrida 1974, passim) zurück. Statt dessen gestehen sie, aus grundsätzlichen sprach- und erkenntnistheoretischen Erwägungen, der Sprache an sich ein Eigenleben zu, das von keinem der mit ihr Umgehenden beherrschbar ist. Mit anderen, nämlich Klaus Theweleits Worten: Nicht die Gedanken sind frei, wohl aber die Wörter. (vgl. Theweleit 1988, 1)

> Nicht die Gedanken sind frei, wohl aber die Wörter.

In der Theorie der Literaturwissenschaft führt diese Sichtweise zum Verzicht auf jegliche Form emphatischer Werkkonzeptionen. An deren Stelle tritt im Poststrukturalismus ein umfassendes Konzept des „Textes", das jedoch auch von traditionellen Textbegriffen deutlich abweicht. Zur Kontrastierung verweisen wir nochmals auf den bereits im letzten Abschnitt angesprochenen *syntaktischen Textbegriff*, wonach ein Text allein durch die korrekte Anordnung von Buchstaben, Satzzeichen und Zwischenräumen definiert ist. In diesem Sinn ist der Text endlich, also geschlossen: die Hinzufügung weitere Worte oder Zeichen würde seine Identität in Frage stellen. Im Gegensatz hierzu definiert Roland Barthes den poststrukturalistischen Textbegriff wie folgt:

Text- statt Werkbegriff

Syntaktischer Textbegriff
vgl. S. 197

Text heißt *Gewebe;* aber während man dieses Gewebe bisher immer als ein Produkt, einen fertigen Schleier aufgefaßt hat, hinter dem sich, mehr oder weniger verborgen, der Sinn (die Wahrheit) aufhält, betonen wir jetzt bei dem Gewebe die generative Vorstellung, daß der Text durch ein ständiges Flechten entsteht und sich selbst bearbeitet; in diesem Gewebe – dieser Textur – verloren, löst sich das Subjekt auf wie eine Spinne, die selbst in die konstruktiven Sekretionen ihres Netzes aufginge. (Barthes 1974, 94)

Man hat im Zusammenhang mit dieser Konzeption von einer *Öffnung des Textbegriffs* gesprochen: Das ‚Gewebe' (um

Öffnung des Textbegriffs

Barthes' Ausdrucksweise zu übernehmen) ist demnach nicht von einem Subjekt ‚gewebt‘ worden und also fertig und geschlossen, es ‚webt‘ sich im Gegenteil selbst, und zwar unbeeindruckt von den Intentionen des Autors. Eine wichtige Konsequenz dieser Öffnung besteht in der ‚Vernetzung‘ der verschiedenen Texte untereinander: Jedes Wort – dies ist ein zentraler sprachtheoretischer Grundsatz des Poststrukturalismus – trägt aufgrund der differentiellen Funktionsweise sprachlicher Bedeutungskonstitution die ‚Spuren‘ anderer Wörter in sich, und also verweist auch jeder Text auf andere Wörter bzw. andere Texte und wird dadurch notwendigerweise ‚intertextuell‘. Mit „Intertextualität“ sind hier jedoch nicht die ‚Einflüsse‘ anderer Texte gemeint, die in einem Text – womöglich unter Hinweis auf die Kenntnisse des Autors – nachgewiesen werden können. Vielmehr ist Intertextualität im Sinne des von Barthes beschriebenen „Inter-Textes“ zu verstehen: als „Unmöglichkeit, außerhalb des unendlichen Textes zu leben“. (ebda., 53f.) Intertextualität bezeichnet demnach zwar eine Relation zwischen verschiedenen ‚Texten‘, deren Identität und deren Grenzen auf *syntaktischem* Weg festgelegt wurden; in *semantischer* Hinsicht impliziert der Intertextualitätsbegriff jedoch gerade die Offenheit jedes Textes. Bei dieser Sichtweise ist es – das Beispiel stammt von Barthes – durchaus möglich, daß die Lektüre der (auf syntaktischem Weg identifizierbaren) Texte Marcel Prousts für einen Leser die Lektüre von Texten beeinflußt, die historisch *vor* denen von Proust entstanden sind.

Intertextualität
vgl. S. 22

Im Blick auf traditionelle Konzeptionen von Text und Werk führt die poststrukturalistische Sicht – wie bereits beim Begriff des Autors – zu einer *De-Ontologisierung:* Der traditionelle Werkbegriff beruht dieser Auffassung zufolge nicht auf einer passiven Feststellung tatsächlicher, ‚objektiver‘ Gegebenheiten, sondern auf einer aktiven Zuschreibung derjenigen, die mit dem betreffenden Text umgehen. Die konstitutiven Qualitäten des literarischen Werks – Einheit, Geschlossenheit, Kohärenz – werden als Konstruktionen des Lesers, als interpretative Notwendigkeiten entlarvt, die dem Text um des Erfolgs der Interpretation willen erst unterstellt werden. Die Interpretation wird deshalb als unzulässige ‚Totalisierung‘ verdammt. Beachtenswert ist, daß es sich hier nicht – wie beispielsweise bei Strube im letzten Kapitel – um die Benennung unterschiedlicher Interessen handelt, mit denen Leser oder Interpreten an Texte herangehen können. Eine solche ‚liberale‘ (oder differentialistische) Sicht der Dinge ist

Die Einheit des literarischen Werks ist eine Konstruktion des Rezipienten.

dem Poststrukturalismus fremd. Vielmehr ist jede Unterstellung eines ganzheitlichen und geschlossenen Werkbegriffs in
einem *absoluten* Sinn fragwürdig: Es sind letztlich fundamen-
tale erkenntnistheoretische Gründe, die zu der Auffassung
führen, daß die Interpretation – gleichgültig unter welchen historischen, sozialen oder sonstigen kontextuellen Bedingungen – unmöglich und also abzuschaffen ist. Hier zeigt sich ein
wesentlicher Unterschied zu der historisch relativierten Interpretationskritik Susan Sontags, die doch zumindest zuge-
stand, daß es zu anderen Zeiten und unter anderen Bedingungen durchaus revolutionär und schöpferisch gewesen sein
mag, Kunstwerke zu interpretieren (vgl. Sontag 1980, 21).

(c) Eine weitere berühmt gewordene These des Poststrukturalismus ist die Behauptung, daß es keine *richtigen*, sondern
ausschließlich *falsche* Interpretationen gebe: „Es gibt keine Interpretationen, sondern nur Fehlinterpretationen" (Bloom
1995, 83). Auch diese These wurde verständlicherweise heftig
diskutiert, ohne daß ihre Voraussetzungen und ihre Begründung immer hinreichend nachvollzogen worden wären. Verständlich ist in jedem Fall die Heftigkeit, mit der traditionelle
Literaturwissenschaftler auf diese Behauptung reagierten,
denn wer läßt sich schon gerne unterstellen, daß seiner vermeintlich wissenschaftlichen Tätigkeit jeder Geltungs- oder
Wahrheitsanspruch abgeht. Und auch diese Kontroverse wirft
– nebenbei gesagt – ein Licht auf den zentralen Stellenwert,
den die Interpretation für die traditionelle Literaturwissenschaft immer noch besitzt.

Was aber ist mit der ,Fehlinterpretations-These' eigentlich
gemeint? Zunächst etwas vergleichsweise Harmloses: Zum einen wird behauptet, daß in jedem Textverstehen Transforma-
tionen und Modifikationen der Bedeutung eine Rolle spielten,
die auch für das Mißverstehen charakteristisch seien. Dies zei-
ge sich z.B. an der Tatsache, daß ein Text von verschiedenen
Lesern nie ,in gleicher Weise' verstanden werde (und auch
nicht von ein und demselben Leser zu verschiedenen Zeiten),
daß aber die Differenzen der Sinnkonstitutionen dann für unwesentlich gehalten würden, wenn alle Lektüren zumindest
grob das Ideal des richtigen Verstehens erfüllten. Das zweite
Argument ist ein historisches: Die Geschichte der Lektüren
erweise, daß jede Interpretation der nachträglichen Korrektur
durch spätere Interpreten ausgesetzt sei und so potentiell zur
Fehlinterpretation werden könne. Ähnlich wie bei dem Ge-
gensatzpaar *normale Sprache/literarische Sprache* geht es auch

Interpretation

Nur falsche Interpre-
tationen

Textverstehen ist ab-
hängig von historischen
Variablen.

Jede Interpretation
korrigiert die vorher-
gehende.

hier um eine simple zweiseitige Unterscheidung (*richtige Interpretation/falsche Interpretation*), und auch hier akzentuieren Poststrukturalisten den vermeintlichen ‚Unglücksfall‘ als Konstitutionsbedingung des ‚Normalen‘.

Gegenargumente

Die Argumentationsstrategie *gegen* die Fehlinterpretations-These ähnelt nun pikanterweise dem poststrukturalistischen Argument, daß die beiden Seiten einer Unterscheidung immer in einem wechselseitigen Konstitutionsverhältnis stünden. Es wurde nämlich eingewandt, daß der Begriff der Fehlinterpretation den der richtigen Interpretation voraussetze: Um beurteilen zu können, ob eine Interpretation *falsch* sei, müsse man wissen, wie eine *richtige* Interpretation aussehen würde. Deshalb sei die Behauptung, es gebe *nur* Fehlinterpretationen, nicht kohärent. Sie ist es in der Tat nicht, solange man stillschweigend voraussetzt, daß bei dieser Auseinandersetzung in beiden Lagern dieselben Begriffe verwendet werden. Dies ist jedoch offensichtlich nicht der Fall. Erinnern wir uns nochmals an Strubes differentialistische These: So etwas wie *die* Interpretation (oder *den* Interpretationsbegriff) gibt es

Gleiche Wörter, aber verschiedene Begriffe

nicht. Das gleiche gilt für viele andere ‚schwierige‘ Begriffe der Literaturwissenschaft: für „Werk“ etwa oder „Text“, und eben auch für „Fehlinterpretation“ oder „falsche Interpretation“. Setzt man voraus, daß Fehlinterpretation als Gegenbegriff zu Interpretation in einem traditionellen Verständnis gemeint ist, dann erscheint die These, daß es nur falsche Interpretationen gebe, in der Tat eher kurios. Diese These beruht jedoch gerade auf der Annahme, daß (richtige) Interpretationen in einem traditionellen Sinn eben gar nicht durchführbar sind. Mit anderen Worten: Poststrukturalisten würden den traditionellen Interpretationsbegriff als erkenntnistheoretisch naiv oder metaphysisch bezeichnen, und das heißt eben auch: Ihr Interpretationsbegriff ist ein anderer. Die poststrukturalistische Argumentation entzieht sich demnach der traditionellen Begrifflichkeit, auch wenn hier nach wie vor die gleichen Wörter verwendet werden. Der Begriff der Fehlinterpretation meint deshalb weniger einen Gegenbegriff zur Interpretation als vielmehr eine Art des Umgangs mit Literatur, der nach poststrukturalistischer Auffassung der einzig mögliche ist. Andere Theoretiker des Poststrukturalismus bzw. des literaturwissenschaftlichen Dekonstruktivismus, wie z.B. Paul de Man,

Lektüre statt Interpretation

sprechen deshalb auch gar nicht mehr von „Interpretationen“, sondern von „Lektüren“ („readings“), wenn sie ihre spezifische Art literaturwissenschaftlicher Tätigkeit bezeichnen wollen.

Dies alles mag für einen unvorbereiteten Leser in dieser –
durch den Rahmen dieser Einführung vorgegebenen – Kürze
verwirrend oder auch einfach nur abstrus erscheinen. Es soll
deshalb abschließend darum gehen, einen Eindruck zu vermitteln von der gänzlich anderen Art literaturwissenschaftlicher Textarbeit, die aus den referierten poststrukturalistischen
Theorien und Thesen resultieren kann. Ausgangspunkt hierzu ist ein Zitat von Jacques Deleuze und Felix Guattari:

> Findet die Stellen in einem Buch, mit denen ihr etwas anfangen
> könnt. Wir lesen und schreiben nicht mehr in der herkömmlichen
> Weise. Es gibt keinen Tod des Buches, sondern eine neue Art zu le-
> sen. In einem Buch gibt's nichts zu verstehen, aber viel, dessen man
> sich bedienen kann. Nichts zu interpretieren und zu bedeuten, aber
> viel, womit man experimentieren kann. (Deleuze/Guattari 1977, 40f.)

*Experimentieren statt
Interpretieren*

Für traditionelle Literaturwissenschaftler mag es befremdlich
sein, zum „Experimentieren" mit literarischen Texten aufgefordert zu werden. Erinnern wir uns aber daran, daß die strikte Unterscheidung zwischen ‚schöner' Literatur einerseits und
wissenschaftlicher Analyse dieser Literatur andererseits aus
poststrukturalistischer Sicht letztlich nicht aufrechterhalten
werden kann. Und die Formen der Bezugnahme, die sich in
traditionell ‚literarisch' genannten Texten (beispielsweise die
Bezüge auf Homers „Odyssee" in James Joyces „Ulysses")
finden, könnten durchaus als eine Form des Experiments bezeichnet werden. Freilich verlangen die Poststrukturalisten
nicht, daß alle Wissenschaftler nun Dichter werden sollten.
Allerdings – so glauben sie – ließe sich aus solchen für die
Wissenschaft unkonventionellen ‚Umgangsformen' einiges
lernen, vor allem ein spielerischerer Zugriff, der nicht von
vornherein zur Erfassung zentraler Punkte und zur Interpretation des ganzen Textes als eines geschlossenen und organi-
schen Gefüges gezwungen ist. Genau darin aber – so werden
traditionelle Literaturwissenschaftler einwenden – besteht die
Wissenschaftlichkeit der Interpretation; würden diese Standards aufgegeben, hätte die Literaturwissenschaft keine Be-
rechtigung als Wissenschaft mehr. Dagegen ist zu sagen, daß
auch diese Standards alles andere als unumstritten sind; dies
hat nicht zuletzt das Beispiel der Empirischen Literaturwissenschaft gezeigt. Wenn die Poststrukturalisten ihr Handeln
nun an anderen Standards orientieren, so verstoßen sie damit
zumindest nicht gegen unhinterfragbare Wahrheiten, sondern
allenfalls gegen lange eingeschliffene und also ehrwürdige
Konventionen. Daß sie diese neuen Standards allerdings ver-

absolutieren und jede traditionelle Form der Textarbeit unter das Verdikt der Metaphysik stellen, kann – zumal von einem differentialistischen Standpunkt, wie wir ihn in diesem Beitrag vertreten haben – nicht hingenommen werden.

Arbeitsaufgaben:

(3) Als Beispiel für eine dekonstruktivistische Lektüre sei David Martyns Analyse von Goethes „Wandrers Nachtlied" zitiert:

In der umfangreichen Literatur zu dem Gedicht lassen sich zwei verschiedene Interpretationsansätze beobachten. Auf der einen Seite wird das Gedicht als eine Beschreibung gelesen. So bemerkt man, daß es die Ruhe der Natur, die kontrastierende Unruhe des Menschen oder – Ruhe und Unruhe zugleich – „die Spannung von Naturruhe und menschlicher Ruhe darstellt" [Wulf Segebrecht]. Das Gedicht wird so als ein Text *über* die Ruhe bzw. die Unruhe gelesen. [...] Andere Analysen betonen ausdrücklich, daß die Funktion der Sprache des Gedichtes gerade nicht in der Beschreibung liegt. Mit dem Hinweis auf die langen, dunklen Vokale der ersten Zeilen („Ruh", „Du") und auf das leise, das letzte Aushauchen des Windes in den Bäumen imitierende Zischen der Kehllaute in „Hauch" und „auch" wird bemerkt, daß der Text keine Beschreibung der Ruhe, sondern die Ruhe selbst sei: „hier beschreibt der Vers nicht die Stille des Abends, er ist diese Stille selbst *geworden*" [Elizabeth M. Wilkinson]. [...] Häufiger noch als diese zwei Bemerkungen zu dem Gedicht findet man Versuche, beide Beobachtungen zu vereinen. Die Ruhe werde, dieser Lesart zufolge, von dem Gedicht sowohl beschrieben als auch bewirkt; der Vers vollziehe gerade das, was er bezeichne. Bewunderswert an dem Gedicht sei gerade diese „enge Verbindung zwischen Klang und Sinn" [Ingrid Winter]. [...]
Eine solche Bewunderung der Einheit von Sinn und Klang übersieht aber eine einfache Tatsache: Der buchstäbliche ‚Sinn' dieses Gedichtes – die Stille und das Schweigen – ist das genaue Gegenteil von ‚Klang'. So ruhig und still die Laute des Gedichts sein mögen, es bleibt eine Distanz zwischen dem Gedicht als Sprache und der in ihm beschriebenen Stille. Mag der Dichter seine wortmalerischen Künste bemühen wie er will: Die Vögelein schweigen, er aber nicht. [...]
Bezeichnend aber für das Gedicht ist weniger diese Kluft zwischen Sprache und Natur als die bemerkenswerte Tatsache, daß sie von den Lesern des Gedichts auf symptomatische Weise übersehen oder verdrängt wird. „So erweist sich", schreibt Walter Urbanek über das Gedicht, „daß der Abendfrieden über der Landschaft im Grunde eine Spiegelung der empfindenden, sehnenden Seele des Dichters ist, daß die Natur für den Dichter *spricht*". Warum sollte man von einem Gedicht sagen, daß die Natur in ihm spricht, wenn im Gedicht explizit gesagt wird, daß sie schweigt? Der Grund für diese Diskrepanz liegt weniger beim Interpreten als bei dem Gedicht selbst. Der Text ist gerade dazu konzipiert, die Illusion zu erwecken, daß die Distanz zwischen seiner lyrischen Sprache und der in ihr beschriebenen Natur aufgehoben wird – obwohl er diese Distanz ausdrücklich in seiner Beschreibung einer stummen Natur betont. Das, was der Text sagt (die Natur schweigt), widerspricht dem Gefühl, das er bewirkt (die Natur spricht). [...]
In Goethes Gedicht geht es also nicht um die Natur, auch nicht um die Differenz zwischen Natur und Sprache, sondern um die irrtümliche Neigung, diese Differenz zu verkennen. Diese Neigung aber wird von dem Gedicht selbst hervorgerufen. Die Sprache von Goethes Text ist selbst schon Metasprache: Sie kommentiert die irrtümliche Verwechslung von Natur und Sprache, die sie selbst bewirkt. Insofern ist Goethes Gedicht [...] ein selbstreferentieller

Text. Diese Selbstreferentialität hat dann auch zur Folge, daß die Abgrenzung eines metasprachlichen Diskurses ‚über‘ diesen Text problematisch wird. [...] Wenn der Diskurs ‚über‘ das Gedicht von einer ‚stillen Sprache‘ [Elizabeth M. Wilkinson] oder einem ‚hörbaren Schweigen‘ [Emil Staiger] spricht, dann wiederholt er – und zwar nicht nur konzeptuell, sondern auch auf seiner rhetorischen Oberfläche – gerade den Widerspruch, um den es im Gedicht geht. Er wiederholt die Verwechslung von Natur und Sprache, von Schweigen und Sprechen, die der Primärtext bewirkt und bereits als Irrtum aufdeckt. Er spricht nicht ‚über‘ das Gedicht, sondern er führt nur das aus, wovon im Gedicht die Rede ist. Anstatt das Gedicht zu kommentieren, wird er selbst im Gedicht kommentiert. (Martyn 1992, 673-675)

Stellen Sie Martyns Vorgehensweise am Leitfaden der folgenden Fragen dar:

a) Wie erklären Sie sich, daß Martyn zunächst nicht vom Gedicht, sondern von seinen verschiedenen Interpretationen ausgeht?

b) Wie begründet Martyn die Widersprüchlichkeit der verschiedenen Deutungen und wie bewertet er sie? (Denken Sie hier vor allem an die oben referierte These vom notwendigen Scheitern jeder Interpretation.)

c) Wie lassen sich vor dem Hintergrund der letzten Bemerkungen Martyns die oben beschriebenen Konzepte der „Intertextualität“ und der „Einebnung des Unterschiedes zwischen Literatur und Literaturwissenschaft“ konkretisieren?

Weiterführende Literaturhinweise:

Hörisch, Jochen: Die Wut des Verstehens. Zur Kritik der Hermeneutik. Frankfurt a.M. 1988 (zu 6.1)

Nieraad, Jürgen: Du sollst nicht deuten. Neo-Avantgarde, Dekonstruktivismus und Interpretation im Rückblick. In: Poetica 21 (1988), 131-155 (zu 6.1 und 6.3)

Scheffer, Bernd: Interpretation und Essay. In: ders: Interpretation und Lebensroman. Zu einer konstruktivistischen Literaturtheorie. Frankfurt a.M. 1992, 281-342 (zu 6.2)

7. Literatur

7.1 Quellen

Anonymus: Königin Grille [Auszug] (S. 102). Aus: ders.: Neue Feen=Märchen zur angenehmen Unterhaltung. Bd. 3. Reutlingen 1810, 275

Bichsel, Peter: Die Beamten [Auszug] (S. 93). Aus: Eigentlich möchte Frau Blum den Milchmann kennen lernen. Olten 1964

Bobrowski, Johannes: Mäusefest (S. 90-92). Aus: ders.: Mäusefest und andere Erzählungen. Berlin 1966, 7-11

Brecht, Bertolt: Das Erste Sonett (S. 45). Aus: ders.: Die Gedichte von Bertolt Brecht in einem Band. 7. Auflage. Frankfurt a.M. 1981, 536

ders.: Einheitsfrontlied [Auszug] (S. 16). Aus: ders.: Die Gedichte von Bertolt Brecht in einem Band. 7. Auflage. Frankfurt a.M. 1981, 653

ders.: Epitaph für M. (S. 69). Aus: ders.: Die Gedichte von Bertolt Brecht in einem Band. 7. Auflage. Frankfurt a.M. 1981, 942

Brentano, Clemens: Aus den Romanzen vom Rosenkranz (S. 60). Aus: Deutsche Gedichte. Von den Anfängen bis zur Gegenwart. Auswahl für Schulen. Begründet von Theodor Echtermeyer. Hrsg. von Benno von Wiese/Katharina Paefgen, 360

Büchner, Georg: Leonce und Lena. Ein Lustspiel [Auszug] (S. 148). Aus: ders.: Sämtliche Werke und Briefe. Historisch-kritische Ausgabe. Hrsg. von Werner R. Lehmann. Bd. 1: Dichtungen und Übersetzungen. 3. Auflage. München 1979, 113

Döblin, Alfred: Berlin Alexanderplatz. Roman [Auszug] (S. 114). München 1990, 8

Dorst, Tankred: Toller [Auszug] (S. 137f.). Frankfurt a.M. 1968, 6

Dürrenmatt, Friedrich: Die Physiker. Eine Komödie in zwei Akten. Neufassung 1980 [Auszug] (S. 135f.). Zürich 1980 (= Werkausgabe in dreißig Bänden, Bd. 7), 11, 14

Eco, Umberto: Der Name der Rose [Auszüge] (S. 24f. und 27). München 1982, 318f.

von Eichendorf, Joseph: Mondnacht (S. 60). Aus: Deutsche Gedichte. Von den Anfängen bis zur Gegenwart. Auswahl für Schulen. Begründet von Theodor Echtermeyer. Hrsg. von Benno von Wiese/Katharina Paefgen, 379

Goethe, Johann Wolfgang: Heidenröslein (S. 76). Aus: Deutsche Gedichte. Von den Anfängen bis zur Gegenwart. Auswahl für Schulen. Begründet von Theodor Echtermeyer. Hrsg. von Benno von Wiese/Katharina Paefgen, 183

ders.: Suleika [Auszug] (S. 60). Aus: Deutsche Gedichte. Von den Anfängen bis zur Gegenwart. Auswahl für Schulen. Begründet von Theodor Echtermeyer. Hrsg. von Benno von Wiese/Katharina Paefgen, 229

ders.: Wandrers Nachtlied (S. 170). Aus: Deutsche Gedichte. Von den Anfängen bis zur Gegenwart. Auswahl für Schulen. Begründet von Theodor Echtermeyer. Hrsg. von Benno von Wiese/Katharina Paefgen, 198

Brüder Grimm: Der süße Brei (S. 82). Aus: dies.: Kinder- und Hausmärchen. Bd. 1. Hrsg. von Friedrich von der Leyen. Düsseldorf/Köln 1962, 99f.

von Günderode, Caroline: Die eine Klage [Auszug] (S. 63). Aus: Deutsche Gedichte. Von den Anfängen bis zur Gegenwart. Auswahl für Schulen. Begründet von Theodor Echtermeyer. Hrsg.
von Benno von Wiese/Katharina Paefgen, 364

Hacks, Peter: Der Bär auf dem Försterball (S. 121f.). Aus: Dichter erzählen Kindern. Hrsg. von
Gertrud Middelhauve. Köln 1966, 19-22
Hebel, Johann Peter: Der Kommandant und die badischen Jäger in Hersfeld (S. 120). Aus: ders.:
Erzählungen des Rheinischen Hausfreundes/Vermischte Schriften. Frankfurt a.M. 1968 (= ders.:
Werke. Hrsg. von Eberhard Meckel. Eingeleitet von Robert Minder, Bd. 1), 92-94
ders.: Unglück der Stadt Leiden [Auszug] (S. 101). Aus: ders.: Erzählungen des Rheinischen Haus-
freundes/Vermischte Schriften. Frankfurt a.M. 1968 (= ders.: Werke. Hrsg. von Eberhard
Meckel. Eingeleitet von Robert Minder, Bd. 1), 103
ders.: Unverhofftes Wiedersehen (S. 124f.). Aus: Das Bergwerk von Falun. Varianten eines literarischen Stoffes. Hrsg. von Thomas Eicher. Münster 1996, 13-15
Heine, Heinrich: Deutschland. Ein Wintermärchen [Auszug] (S. 115). Aus: ders.: Atta Troll. Ein
Sommernachtstraum/Deutschland. Ein Wintermärchen. Bearbeitet von Winfried Woesler. Hamburg 1985 (= ders.: Historisch-kritische Gesamtausgabe der Werke. In Verbindung mit dem
Heinrich-Heine-Institut hrsg. von Manfred Windfuhr, Bd. 4), 91
Hesse, Hermann: Narziß und Goldmund [Auszug] (S. 51 und 56). 14. Auflage. Frankfurt a.M.
1982, 7 und 305f.)
Hölderlin, Friedrich: Andenken [Auszug] (S. 61). Aus: Deutsche Gedichte. Von den Anfängen bis
zur Gegenwart. Auswahl für Schulen. Begründet von Theodor Echtermeyer. Hrsg. von Benno
von Wiese/Katharina Paefgen, 330
ders.: Hälfte des Lebens (S. 70). Aus: Deutsche Gedichte. Von den Anfängen bis zur Gegenwart.
Auswahl für Schulen. Begründet von Theodor Echtermeyer. Hrsg. von Benno von Wiese/Ka-
tharina Paefgen, 328
ders.: Hyperion oder der Eremit in Griechenland [Auszug] (S. 23). Stuttgart 1986, 171
ders.: Menschenbeifall (S. 55). Aus: Deutsche Gedichte. Von den Anfängen bis zur Gegenwart.
Auswahl für Schulen. Begründet von Theodor Echtermeyer. Hrsg. von Benno von Wiese/Ka-
tharina Paefgen, 316
Holthaus, Helmut: Geschichte (S. 48f.). Aus: ders.: Neue Geschichten aus Zachurien. Frankfurt
a. M. 1961, 36

Jandl, Ernst: ebbe/flut (S. 41). Aus: ders.: der künstliche Baum, Neuwied/Berlin 1970, 34
ders.: lichtung (S. 42). Aus: Deutsche Gedichte. Von den Anfängen bis zur Gegenwart. Auswahl
für Schulen. Begründet von Theodor Echtermeyer. Hrsg. von Benno von Wiese/Katharina Paefgen, 714
ders.: ottos mops (S. 41). Aus: Deutsche Gedichte. Von den Anfängen bis zur Gegenwart. Auswahl
für Schulen. Begründet von Theodor Echtermeyer. Hrsg. von Benno von Wiese/Katharina
Paefgen, 711f.

von Kleist, Heinrich: Der zerbrochne Krug. Ein Lustspiel [Auszug] (S. 148). Aus: ders.: Sämtliche
Werke und Briefe. Bd. 1. Aufgrund der Erstdrucke und Handschriften hrsg. von Helmut
Sembdner. Dritte, vermehrte und revidierte Auflage. München 1964, 846
ders.: Michael Kohlhaas [Auszug] (S. 114). Aus: ders.: Sämtliche Werke und Briefe. Bd. 2. Aufgrund der Erstdrucke und Handschriften hrsg. von Helmut Sembdner. Dritte, vermehrte und revidierte Auflage. München 1964, 9

ders.: Penthesilea. Ein Trauerspiel [Auszug] (S. 149). Aus: ders.: Sämtliche Werke und Briefe. Bd. 1. Aufgrund der Erstdrucke und Handschriften hrsg. von Helmut Sembdner. Dritte, vermehrte und revidierte Auflage. München 1964, 425

Kroetz, Franz Xaver: Geisterbahn. Stück in drei Akten [Auszug] (S. 149). Aus: ders.: Stallerhof. Geisterbahn. Lieber Fritz. Wunschkonzert. Vier Stücke. 4. Auflage. Frankfurt a.M. 1979, 44

ders.: Wunschkonzert. Ein Theaterstück [Auszug] (S. 159). Ebda., 101, 99, 100

Krüss, James: Das Feuer [Auszug] (S. 65f.). Aus: ders.: Der wohltemperierte Leierkasten. 12 mal 12 Gedichte für Kinder, Eltern und andere Leute. Gütersloh 1961, 74

Lasker-Schüler, Else: Weltschmerz (S. 62). Aus: Deutsche Gedichte. Von den Anfängen bis zur Gegenwart. Auswahl für Schulen. Begründet von Theodor Echtermeyer. Hrsg. von Benno von Wiese/Katharina Paefgen, 580

Meyer, Conrad Ferdinand: Der Römische Brunnen (S. 15f. und 54). Aus: Deutsche Gedichte. Von den Anfängen bis zur Gegenwart. Auswahl für Schulen. Begründet von Theodor Echtermeyer. Hrsg. von Benno von Wiese/Katharina Paefgen, 491

ders.: Zwei Segel [Auszug] (S. 63). Aus: Deutsche Gedichte. Von den Anfängen bis zur Gegenwart. Auswahl für Schulen. Begründet von Theodor Echtermeyer. Hrsg. von Benno von Wiese/Katharina Paefgen, 414

Mörike, Eduard: Um Mitternacht [Auszug] (S. 66). Aus: Deutsche Gedichte. Von den Anfängen bis zur Gegenwart. Auswahl für Schulen. Begründet von Theodor Echtermeyer. Hrsg. von Benno von Wiese/Katharina Paefgen, 401

ders.: Verborgenheit (S. 68). Aus: Deutsche Gedichte. Von den Anfängen bis zur Gegenwart. Auswahl für Schulen. Begründet von Theodor Echtermeyer. Hrsg. von Benno von Wiese/Katharina Paefgen, 404

Musil, Robert: Sarkophagdeckel (S. 96). Aus: ders.: Nachlaß zu Lebzeiten. Reinbek bei Hamburg 1990, 27.

Rückert, Friedrich: Die goldne Hochzeit (S. 125-127). Aus: Das Bergwerk von Falun. Varianten eines literarischen Stoffes. Hrsg. von Thomas Eicher. Münster 1996, 43f.

Rühmkorf, Peter: Haltbar bis Ende 1999 [Auszug] (S. 29). Aus: ders.: Haltbar bis Ende 1999. Reinbek bei Hamburg 1987, 62

Schiller, Friedrich: Der Pilgrim [Auszug] (S. 64). Aus: Deutsche Gedichte. Von den Anfängen bis zur Gegenwart. Auswahl für Schulen. Begründet von Theodor Echtermeyer. Hrsg. von Benno von Wiese/Katharina Paefgen, 309

ders.: Kabale und Liebe. Ein bürgerliches Trauerspiel in fünf Aufzügen [Auszug] (S.134 und 159). Aus: ders.: Werke in drei Bänden. Unter Mitwirkung von Gerhard Fricke hrsg. von Herbert G. Göpfert. München/Wien 1966. Bd. 1, 275, 341, 342

ders.: Lied von der Glocke [Auszug] (S. 47). Aus: Deutsche Gedichte. Von den Anfängen bis zur Gegenwart. Auswahl für Schulen. Begründet von Theodor Echtermeyer. Hrsg. von Benno von Wiese/Katharina Paefgen, 299

Schmidt, Arno: Seelandschaft mit Pocahontas [Auszug] (S. 42f.). Zürich 1987, 399

Schnitzler, Arthur: Der Weg ins Freie. Roman. [Auszug] (S. 101). Frankfurt a.M. 1984 (= ders.: Gesammelte Werke in Einzelausgaben. Das erzählerische Werk. Bd. 4), 330

ders.: Frau Berta Garlan [Auszug] (S. 102). Aus: ders: Leutnant Gustl und andere Erzählungen. Frankfurt a.M. 1985 (= ders.: Gesammelte Werke in Einzelausgaben. Das erzählerische Werk. Bd. 2), 73 ders.: Leutnant Gustl [Auszug] (S. 115). Aus: ders: Leutnant Gustl und andere Erzählungen. Frankfurt a.M. 1985 (= ders.: Gesammelte Werke in Einzelausgaben. Das erzählerische Werk. Bd. 2), 207

Schubert, Gotthilf Heinrich: Ansichten von der Nachtseite der Naturwissenschaft [Auszug] (S. 123f.). Aus: Das Bergwerk von Falun. Varianten eines literarischen Stoffes. Hrsg. von Thomas Eicher. Münster 1996, 13

Shakespeare, William: Hamlet, Prinz von Dänemark. Tragödie [Auszug] (S. 152). Übersetzt von August Wilhelm von Schlegel. Hrsg. von Dietrich Klose. Stuttgart 1969, 30

Storm, Theodor: Der kleine Häwelmann. Ein Kindermärchen (S. 87-89). Aus: ders.: Sämtliche Werke in vier Bänden. Bd. 4. Hrsg. von Ernst Laage und Dieter Lohmeier. Frankfurt a.M. 1988, 21-24

ders.: Die Stadt [Auszug] (S. 63). Aus: Deutsche Gedichte. Von den Anfängen bis zur Gegenwart. Auswahl für Schulen. Begründet von Theodor Echtermeyer. Hrsg. von Benno von Wiese/ Katharina Paefgen, 470

Tieck, Ludwig: Wunder der Liebe [Auszug] (S. 65). Aus: Deutsche Gedichte. Von den Anfängen bis zur Gegenwart. Auswahl für Schulen. Begründet von Theodor Echtermeyer. Hrsg. von Benno von Wiese/Katharina Paefgen, 333

Walser, Robert: Die Göttin (S. 96). Aus: ders.: Kleine Dichtungen/Prosastücke/Kleine Prosa. Hrsg. von Jochen Greven. Zürich/Frankfurt a.M. 1978 (= ders.: Das Gesamtwerk in 12 Bänden. Hrsg. von Jochen Greven. Bd. 2), 11f.

7.2 Forschungsliteratur

Barthes, Roland: La mort de l'auteur. In: ders.: Essais critiques IV. Le bruissement de la langue. Paris 1984, 61-67

ders.: Die Lust am Text. Frankfurt a.M. 1974

ders.: Einführung in die strukturale Analyse von Erzähltexten. In: ders.: Das semiologische Abenteuer. Frankfurt a.M. 1988, 102-116

Bloom, Harold: Einflußangst. Eine Theorie der Dichtung. Basel/Frankfurt a.M. 1995

Bourdieu, Pierre: Zur Soziologie der symbolischen Formen. Frankfurt a.M. 1970

Brecht, Bertolt: Über das Zerpflücken von Gedichten. In: ders.: Gesammelte Werke, Bd. 19: Schriften zur Literatur und Kunst 2. Frankfurt a.M. 1967, 392-393

Culler, Jonathan: Dekonstruktion. Derrida und die poststrukturalistische Literaturtheorie. Reinbek bei Hamburg 1988

Deleuze, Gilles/Félix Guattari: Rhizom. Berlin 1977

Derrida, Jacques: Grammatologie. Frankfurt a.M. 1974

Dilthey, Wilhelm: Gesammelte Schriften V. 2. Auflage. Stuttgart 1957

Eagleton, Terry: Einführung in die Literaturtheorie. 2. Auflage. Stuttgart 1992

Eco, Umberto: Semiotik. Entwurf einer Theorie der Zeichen. München 1987 ders.: Vom offenen Kunstwerk zum Pendel Foucaults. Umberto Eco im Gespräch mit Jean-Jacques Brochier und Mario Fusco. In: Lettres International 5 (1989), 38-42

Eibl, Karl: Kritisch-rationale Literaturwissenschaft. Grundlagen zur erklärenden Literaturgeschichte. München 1976

Enzensberger, Hans-Magnus: Ein bescheidener Vorschlag zum Schutz der Jugend vor den Erzeugnissen der Poesie. In: Tintenfisch 11 (1976), 49-58

Faber du Faur, Curt: Der Abstieg in den Berg. Zu Hofmannsthals „Bergwerk zu Falun". In: Monatshefte für den deutschen Unterricht, deutsche Sprache und Literatur 43 (1951), 1-14

Fietz, Lothar: Strukturalismus. Eine Einführung. Tübingen 1982

Fish, Stanley: Literatur im Leser: Affektive Stilistik. In: Rezeptionsästhetik. Theorie und Praxis. Hrsg. von Rainer Warning. 2. Auflage. München 1979, 196-227

Foucault, Michel: Was ist ein Autor? In: ders.: Schriften zur Literatur. Frankfurt a.M. 1988, 7-31

Geiger, Heinz/Harald Haarmann: Aspekte des Dramas. 2. Auflage. Opladen 1982

Goethe, Johann Wolfgang: Sämtliche Werke. Briefe, Tagebücher und Gespräche. II. Abteilung, Bd. 6: Napoleonische Zeit. Briefe, Tagebücher und Gespräche vom 10. Mai 1805 bis 6. Juni 1816. Teil I: Von Schillers Tod bis 1811. Hrsg. von Rose Unterberger. Frankfurt a.M. 1993

Gottsched, Johann Christoph: Versuch einer Critischen Dichtkunst. Unveränderter photomechanischer Nachdruck der 4., vermehrten Auflage, Leipzig 1751. Darmstadt 1962

Grimm, Gunter: Einführung in die Rezeptionsforschung. In: Literatur und Leser. Theorien und Modelle zur Rezeption literarischer Werke. Hrsg. von Gunter Grimm. Stuttgart 1975, 11-84

ders.: Rezeptionsgeschichte. Grundlegung einer Theorie. Mit Analysen und Bibliographie. München 1977

Habermas, Jürgen: Exkurs zur Einebnung des Gattungsunterschiedes zwischen Philisophie und Literatur. In: ders.: Der philosophische Diskurs der Moderne. Zwölf Vorlesungen. Frankfurt a.M. 1985, 219-247

Hauptmeier, Helmut/Siegfried J. Schmidt: Einführung in die Empirische Literaturwissenschaft. Braunschweig/Wiesbaden 1985

Iser, Wolfgang: Die Appellstruktur der Texte. Unbestimmtheit als Wirkungsbedingung literarischer Prosa. Konstanz 1970

ders.: Der Akt des Lesens. Theorie ästhetischer Wirkung. München 1976

Jakobson, Roman: Linguistik und Poetik. In: Literaturwissenschaft und Linguistik. Ergebnisse und Perspektiven. Hrsg. von Jens Ihwe. Frankfurt a.M. 1971, 142-178

Kayser, Wolfgang: Die Vortragsreise. Studien zur Literatur. Bern 1958

ders.: Das sprachliche Kunstwerk. Eine Einführung in die Literaturwissenschaft. 16. Auflage. Bern/München 1973

ders.: Kleine deutsche Versschule. 24. Auflage. Tübingen/Basel 1992

Lämmert, Eberhard: Bauformen des Erzählens. 8., unveränderte Auflage. Stuttgart 1993

Lessing, Gotthold Ephraim: Werke und Briefe in zwölf Bänden. Bd. 6: Werke 1767-1769. Hrsg. von Klaus Bohnen. Frankfurt a.M. 1985

Lévi-Strauss, Claude: Strukturale Anthropologie. Frankfurt a.M. 1969

Link, Hannelore: Rezeptionsforschung. Eine Einführung in Methoden und Probleme. 2. Auflage. Stuttgart 1980

Link, Jürgen: Das lyrische Gedicht als Paradigma des überstrukturierten Textes. In: Literaturwissenschaft. Ein Grundkurs. Hrsg. von Helmut Brackert und Jörn Stückrath. Reinbek bei Hamburg 1981, 192-219 (=Link 1981a)

ders.: Generative Texttheorie. In: Literaturwissenschaft. Grundkurs 2. Hrsg. von Helmut Brackert und Jörn Stückrath. Reinbek bei Hamburg 1981, 464-481

ders.: Literaturwissenschaftliche Grundbegriffe. Eine programmierte Einführung auf strukturalistischer Basis. 3. Auflage. München 1985

Link, Jürgen/Rolf Parr: Semiotische Diskursanalyse. In: Neue Literaturtheorien. Eine Einführung. Hrsg. von Klaus-Michael Bogdal. Opladen 1990, 107-130

Mahler, Andreas: Aspekte des Dramas. In: Literaturwissenschaft. Ein Grundkurs. Hrsg. von Helmut Brackert und Jörn Stückrath. Reinbek bei Hamburg 1992, 71-85

Mann, Otto: Deutsche Literaturgeschichte. Von der germanischen Dichtung bis zur Gegenwart. Gütersloh 1964

Mann, Thomas: Versuch über das Theater. In: ders.: Gesammelte Werke in dreizehn Bänden. Frankfurt a.M. 1974, Bd. X, 23-62

Martyn, David: Dekonstruktion. In: Literaturwissenschaft. Ein Grundkurs. Hrsg. von Helmut Brackert und Jörn Stückrath. Reinbek bei Hamburg 1992, 664-667

Pascal, Roy: „Ein Traum, was sonst?" Zur Interpretation des „Prinz Friedrich von Homburg". In: Formenwandel. Festschrift zum 65. Geb. von Paul Böckmann. Hamburg 1964, 351-362

Petersen, Jürgen H.: Textinterpretation. 3. Das Drama. In: Einführung in die neuere deutsche Literaturwissenschaft. Ein Arbeitsbuch. Von Dieter Gutzen/Norbert Oellers/Jürgen H. Petersen unter Mitarbeit von Eckart Strohmaier. 6., neugefaßte Auflage. Berlin 1989, 50-62

Pfister, Manfred: Das Drama. Theorie und Analyse. 5. Auflage. München 1988

Pikulik, Lothar: Handlung. In: Norbert Greiner/Jörg Hasler/Hajo Kurzenberger/Lothar Pikulik: Einführung ins Drama. Handlung, Figur, Szene, Zuschauer. 2 Bände. München/Wien 1982, Bd. 1

Platz-Waury, Elke: Drama und Theater. Eine Einführung. 2. Auflage. Tübingen 1980

von Polenz, Peter: Deutsche Satzsemantik. Grundbegriffe des Zwischen-den-Zeilen-Lesens. 2. Auflage. Berlin/New York 1988

Polheim, Karl Konrad: Die dramatische Konfiguration. In: Beiträge zur Poetik des Dramas. Hrsg. von Werner Keller. Darmstadt 1976, 236-259

Popper, Karl R.: Logik der Forschung. 4. Auflage. Tübingen 1971

Posner, Roland: Strukturalismus in der Gedichtinterpretation. Textdeskription und Rezeptionsanalyse am Beispiel von Baudelaires „Les Chats". In: Literaturwissenschaft und Linguistik. Ergebnisse und Perspektiven. Hrsg. von Jens Ihwe. Frankfurt a. M. 1971, 224-266

Pütz, Peter: Die Zeit im Drama. Zur Technik dramatischer Spannung. 2. Auflage. Göttingen 1977

Schmidt, Siegfried J.: Empirische Literaturwissenschaft in der Kritik. In: SPIEL: Siegener Periodicum zur Internationalen Empirischen Literaturwissenschaft 3 (1984), 71-81

ders. (Hrsg.): Der Diskurs des Radikalen Konstruktivismus. Frankfurt a.M. 1987

Schulte-Sasse, Jochen/Renate Werner: Einführung in die Literaturwissenschaft. München 1977

Schulte-Sasse, Jochen/Wolfgang Kaurer/Georg Behse: Theorie literarischer Texte und Methoden des Zugangs. In: Die Literatur. Freiburg u.a. 1973, 391-417

Schwanitz, Dietrich: Systemtheorie und Literatur. Ein neues Paradigma. Opladen 1990

Sontag, Susan: Krankheit als Metapher. München/Wien 1978

dies.: Kunst und Anti-Kunst. 24 literarische Analysen. München/Wien 1980

dies.: Aids und seine Metaphern. München/Wien 1988

Spree, Axel: Kritik der Interpretation. Analytische Untersuchungen zu interpretationskritischen Literaturtheorien. Paderborn u.a. 1995

Staiger, Emil: Die Zeit als Einbildungskraft des Dichters. 2. Auflage. Zürich 1953

ders.: Die Kunst der Interpretation. Studien zur deutschen Literaturgeschichte. Zürich 1963

Stanzel, Franz K.: Theorie des Erzählens. 4., durchgesehene Auflage. Göttingen 1989

Stierle, Karlheinz: Die Struktur narrativer Texte. In: Funkkolleg Literatur. Studienbegleitbrief 4. Weinheim/Basel 1976, 11-35

ders.: Die Struktur narrativer Texte. Am Beispiel von Johann Peter Hebels Kalendergeschichte Unverhofftes Wiedersehen. In: Funkkolleg Literatur, Bd.1. Hrsg. von Helmut Brackert und Eberhard Lämmert. Frankfurt a.M. 1977, 210-233

Strube, Werner: Analytische Philosophie der Literaturwissenschaft. Untersuchungen zur literaturwissenschaftlichen Definition, Klassifikation, Interpretation und Textbewertung. Paderborn u.a. 1993

Theweleit, Klaus: Buch der Könige, Bd.1: Orpheus und Eurydike, Frankfurt a.M. 1988, 21991

Weinrich, Harald: Erzählstrukturen des Mythos. In ders.: Literatur für Leser. Essays und Aufsätze zur Literaturwissenschaft. München 1986, 167-183

von Wiese, Benno: Gedanken zum Drama als Gespräch und Handlung. In: Der Deutschunterricht 4, H. 2 (1952), 28-46

von Wilpert, Gero: Sachwörterbuch der Literatur. 6. Auflage. Stuttgart 1979

8. Vokabeln für die Textanalyse
(sofern nicht über das Inhaltsverzeichnis erschließbar)